a Cruz
Quiché — Panajachel
GUATEMALA — Guatemala-Stadt
Sololá — Copán
San Pedro Sula
Atitlán — HONDURAS — Tegucigalpa
Antigua
NICARAGUA
Managua — Granada
Playa del Coco — COSTA RICA
San José — Puerto Limón
Cahuita

Karibisches Meer

FRANZÖSISCH-
GUAYANA
Cayenne

Quito
ECUADOR
Guayaquil — Vulkan Tungurahua
Tumbes — Baños

Amazonas

Madera

Recife
Maceió

Huaraz
PERU
Lima — Machu Picchu
Sacsayhuamán
Moho — Cusco
Juliaca — Reyes
Titicacasee — Puno — Rurrenabaque
La Paz — Cochabamba
Arequipa — Oruro — Santa Cruz
Sucre
Challapata
Potosí

BOLIVIEN

Salvador
da Bahia

BRASILIEN

Rio Beni

Iquique

Altiplano

Vitória
Ribeira — Guarapari
Rio de Janeiro

Antofagasta

São Paulo

PAZIFISCHER

OZEAN

Santiago de Chile

CHILE

Temuco

ATLANTISCHER

Puerto Montt
Chiloé

OZEAN

N
W — O
S

0   500   1000 km

REISEN DIGITAL
2005–2015

Karibisches Meer

NICARAGUA
Managua o—o Granada
COSTA RICA o—Cahuita
San José o
Santa Teresa

Lago Atitlán

Amazonas

Madeira

Río Beni

Titicacasee
Madidi-Nationalpark
Rurrenabaque
Coroico
Isla del Sol
La Paz
Huatajata
BOLIVIEN

Altiplano

Salzwüste
von Uyuni

A n d e n

PAZIFISCHER

OZEAN

URUGUAY
Rocha o—o Cabo Polonio
o—Valizas
Montevideo o José Ignacio

ATLANTISCHE

OZEAN

N
W—O
S

0   500   1000 km

Wiedererwachen

Eines Morgens ist die Idee plötzlich da. Ich liege noch im Bett, gerade aufgewacht, die Haare wirr, die Lider schwer, und denke: *Montevideo*. Wie ein Hauch von zartem Frühnebel, der sich jeden Moment verflüchtigen will, schwebt und wabert der Gedanke hinter meiner Stirn. Müsste ich jetzt einen Wecker abstellen oder einen Blick auf die Uhr werfen, er wäre fort. Bestimmt. Hätte ich einen ganz normalen Job mit festen Arbeitszeiten, wäre ich ins Bad geeilt, hätte unter der Dusche gedanklich meine To-do-Liste aktualisiert, dann einen starken Kaffee getrunken, und es wäre nicht mal mehr der Ansatz einer Erinnerung daran geblieben. So aber halte ich die Augen geschlossen und sehe den Schriftzug *Montevideo* vor mir. Der nächste Gedanke ist: *Da muss ich hin. Unbedingt!*

Das Dösen am Morgen kann ich mir erlauben, denn ich bin Freiberuflerin. Vor mehr als drei Jahrzehnten habe ich meinen sicheren Arbeitsplatz in einem Reisebüro aufgegeben, das Abitur nachgeholt und studiert. Seitdem verdiene ich mein Geld mit Jobs für Film und Fernsehen. Die Aufträge kommen mit beständiger Unregelmäßigkeit herein und rauben mir oft den Schlaf, den ich erst wiederfinde, wenn das Honorar eingegangen und die Miete gesichert ist. Dann geht alles von vorne los. Themen suchen, Exposés schreiben, Klinken putzen ...

Heute habe ich keine Termine, nur einen ahnungslosen Schreibtisch, der auf Einfälle wartet, während ich in Jogginghose und XXL-Pullover in die Küche schlurfe, um mir einen großen

Latte macchiato zu machen. Es ist einer jener Tage des großen Freiheitsversprechens. Für diese Tage habe ich meine finanzielle Sicherheit und die »Wie war dein Wochenende?«-Gespräche aufgegeben.

Ich trinke meinen Kaffee, und der Montevideo-Gedanke schaut mir dabei zu. *Wo zum Teufel liegt das eigentlich, Montevideo?*, denke ich und schalte meinen Laptop ein, um nachzuschauen. Jetzt sind die Würfel gefallen. Aus dem Gedanken ist Handeln geworden, somit kann er sich nun nicht mehr verflüchtigen. Ich gebe »Montevideo« bei Google Maps ein und blicke gespannt auf die sich aufbauende Landkarte. Na klar! Uruguay, dieses winzig kleine Land zwischen den beiden Riesen Argentinien und Brasilien. Hauptstadt: Montevideo. Uruguay ist eines der ganz wenigen Länder in Südamerika, die ich während einer Rucksackreise vor 35 Jahren nicht besucht habe. Ich habe den kleinen Staat wohl schlicht übersehen. Und nun sitzt er in meinem Kopf und will nicht mehr fort.

Während ich mir einen Smoothie zubereite, starre ich, den Kopf in die Hände gestützt, auf das wirbelnde Grünzeug im Mixer vor mir. Feldsalat und Spinat drehen sich mit zunehmender Geschwindigkeit und lassen das Bild einer Pirouetten drehenden Eisprinzessin entstehen. Mit einem leicht durchsichtigen Tutu und einem dicken grünen Rucksack auf dem Rücken vollführe ich Sprünge und doppelte Rittberger. *Was für ein verrücktes Bild*, denke ich. So ein Rucksack wäre ja wohl eher hinderlich auf der Eisfläche. Aber das Gefühl von Leichtigkeit, von Freude und Freiheit, wie ich da über das imaginäre Eis schwebe – es kommt mir irgendwie bekannt vor. Und tatsächlich, ein grüner Rucksack spielt in dieser Erinnerung auch eine Rolle. Es ist lange her, aber immer noch lebendig. 1980.

Nix wie weg

Ich gehöre zur Generation der Babyboomer. Wir waren damals viele, und eines einte uns: Wir wollten anders sein als unsere Eltern, total anders. Weg von den Wohnzimmern mit Schrankwänden aus deutscher Eiche, weg vom Wirtschaftswunder und Konsumterror der Siebzigerjahre, weg vom spießigen Sonntagnachmittagsmief, von Hütchen, Schühchen, passenden Täschchen, weg von all dem, was nach Konvention und Langeweile roch. Man könnte auch sagen, ich bin Generation N, Generation Nix-wie-weg. Manche tuckerten in den Siebzigern und frühen Achtzigern mit dem VW-Bus durch Afghanistan, andere flogen nach Indien und meditierten in Aschrams oder fuhren nach Ibiza, wo sie in Höhlen wohnten und Armbändchen flochten. Einige bauten Schulen in Nicaragua oder gruben Brunnen in Afrika, andere schlossen sich den Beduinen an und fanden das Glück in der Wüste. Ich schaute mit 13 am Kölner Hauptbahnhof den Zügen hinterher und wanderte mit 19 nach Paris aus. Mit 23 stand ich in der Wartehalle des Flughafens Roissy und wollte mal wieder nix wie weg, aber diesmal richtig. Richtig weit. Und richtig lange.

Meine Stiefel waren gut zwei Nummern zu groß, aus schwerem Leder mit dicker Sohle. Trotzdem kam ich mir darin kein bisschen klobig vor. Im Gegenteil: Ich fühlte mich leicht wie eine Eisprinzessin. Die groben Schuhe gaben meinen zu dünnen Beinen sicheren Halt und das gute Gefühl, zuverlässigen Kontakt zur Erde zu haben. Auch wenn ich noch auf dem zubetonierten Grund der Abflughalle Paris-Roissy stand. Noch. Doch schon bald sollten sie mich trockenen Fußes durch Urwaldflüsse bringen. Im hohen Gras der Tropen sollten sich Giftschlangen die Zähne an ihrem harten Leder ausbeißen, und auf 4000 Meter Höhe in den Anden sollten mich die dicken Sohlen vor Steinen, Geröll und Dornen schützen. Wohlwollend betrachtete ich sie. Handarbeit, maßgefertigt vom Schuster meines Stadtviertels Montmartre. Ich wollte sie so groß. Schick waren sie nicht gerade, und in Paris, wo ich die letzten drei Jahre gelebt hatte, waren sie allemal ungewöhnlich. Sie wogen gut zwei Kilo. Schon deshalb würde ich sie unterwegs immer tragen müssen, damit ich sie nicht im Rucksack zu schleppen brauchte.

Unverwüstlich stand ich also in den neuen Schuhen am Check-in-Schalter, während um mich herum flatterhafte Betriebsamkeit herrschte. Menschen blickten nervös auf ihre Uhren. Männer trugen Aktenkoffer geschäftig hin und her, so, als hätten sie Dringendes zu tun. Gepäckstücke wurden geschleppt, gezogen, eine ältere Dame suchte verzweifelt nach ihrem Flugticket. Lautsprecherdurchsagen meldeten krächzend den kleinen Henry, der seine Mutter verloren hatte, sowie Ankommende, die ihre Abholer nicht finden konnten. Inmitten dieser planmäßigen Unruhe fühlte ich mich seltsam ruhig. So ruhig wie noch nie. Alles war in diesem Moment perfekt. Ich musste nichts mehr tun, nichts mehr überlegen und nichts entscheiden. Es war, als stünde die Zeit still. Ich stand ähnlich still, atmete tief durch und fühlte mich großartig. Ich war jung, hatte unendlich Zeit, keine Verpflichtungen, keine Verabredungen, nicht einmal eine Flugreservierung. Ich flog Stand-by. Das war billiger und hieß: Gab es einen freien Platz, flog ich um 14 Uhr nach Cayenne. Gab es keinen, flog ich am nächsten Tag oder am übernächsten. Und zwar nur hin. Es war ein One-Way-Ticket.

Ich hatte auch keinen materiellen Ballast: keine Wohnung, um die ich mich kümmern musste, keine Rechnungen, die auf Bezahlung warteten. Alles, was ich besaß, war stillgelegt. Bücher und

Kleider in Kisten gepackt, der Haushalt aufgelöst, Nützliches verschenkt und Unnützes weggeworfen. Auszeit von meinen Sachen. Bis auf zehn Kilo geplanter Nützlichkeit, verstaut in einem grünen Rucksack mit Metallgestänge. Tagelang hatte ich hin und her geräumt und gerückt, dieses rein, jenes raus, entschieden und wieder verworfen.

Zuletzt kamen fein säuberlich auf eine Liste und in den Rucksack: 1 Jeans, 1 Bermudashorts, 4 T-Shirts, Unterwäsche, 4 Paar Strümpfe, 1 langärmliges Tropenhemd, 1 Bikini, wasserfeste Sandalen, 1 Bettbezug zum Reinschlüpfen wegen der Wanzen, 1 Moskitonetz wegen der Mücken, 1 Kamera und 4 Filmrollen. Zudem 1 Wäscheleine und 4 Wäscheklammern sowie 1 Stück Kernseife, Zahnpasta und Zahnbürste. Außerdem ein nicht unerheblicher Vorrat an Zigarettentabak und Papierblättchen. Um den Bauch, direkt auf der Haut, trug ich einen cremefarbenen Geldgürtel mit 2500 Dollar in Travellerschecks und 500 Dollar in bar, sorgfältig eingewickelt in Plastikfolie, damit sich die Scheine nicht auflösten, wenn ich schwitzte. Außerdem befand sich mein frisch ausgestellter Reisepass darin, mit einem Visum für Französisch-Guayana. Frühestens in einem Jahr wollte ich zurückkommen. Wenn überhaupt.

Die letzten beiden freien Plätze in der 14-Uhr-Maschine gingen an uns. Es hatte geklappt.

Während die üblichen Durchsagen gemacht wurden, rutschten wir ungeduldig auf unseren Sitzen herum. »Kneif mich«, sagte ich, und Christian, mein französischer Freund und Reisegefährte, knuffte mich in die Rippen. »Kneif du mich«, sagte Christian, und ich startete eine Kitzelattacke. Wir beide waren die Einzigen an Bord, die ausgelassen lachten und alberten. Um uns herum nur Geschäftsleute. Klar, wer machte schon Urlaub in Guayana. Wir ja auch nicht. Wir gingen auf Entdeckungsreise nach Südamerika, und die fing nun mal in Cayenne an. Wir hatten nicht einmal eine Reiseroute und wollten so lange bleiben, wie uns die Dollar trugen.

Drei Jahre lang hatten wir beide gearbeitet und jeden Cent gespart. Ein heruntergekommenes Zimmer in der Rue Lamarck am Fuße des Montmartre war unser Zuhause gewesen. Ein Dachzimmer, eine ehemalige *chambre de bonne*, an dessen Schrägen wir uns die Köpfe stießen. Die alten, teilweise abgelösten Tapeten mit den großen gelben Sonnenblumen hatten wir notdürftig an den schiefen Wänden festgeklebt. Wir wollten ja nicht lange bleiben. Nur mal kurz arbeiten und sparen und dann nichts wie weg. Unser Leben bestand aus »*métro, boulot, dodo*«, wie die Pariser sagen, also aus »Metro fahren, arbeiten, schlafen«. Und träumen. Wir schwärmten von dieser Reise wie Teenager von einem Idol, das sie doch gar nicht kannten. Abends, wenn wir unseren billigen Wein tranken, malten wir uns aus, unter Palmen zu liegen, frischen Lobster zu essen und Cuba Libre zu trinken. Wenn der Sommer in Paris den Asphalt dampfen ließ und wir schwitzend zu unseren Jobs trotteten, stellten wir uns vor, unter tropischen Wasserfällen zu duschen oder im glasklaren Wasser des Titicacasees zu schwimmen.

Dass wir tatsächlich irgendwann am Titicacasee saßen und nicht etwa auf Ko Samui, hatte etwas mit einer Münze zu tun. Wir konnten uns nämlich anfangs nicht einigen, wohin die Reise gehen sollte. Christian wollte nach Asien, ich nach Südamerika. Unbedingt nach Südamerika. Warum, wusste ich selbst nicht so genau.

Jahre später fiel es mir dann ein. Ich hatte bei meinem ersten Freund, in den ich unsterblich verliebt gewesen war, ein Gemälde gesehen: Ein alter Mann, ein südamerikanischer Indianer, sitzt, eingehüllt in seinen Poncho und gestützt auf einen Stock, auf einem Felsen und schaut in die Ferne. Mit seinem Blick hatte er mich eingefangen und ließ mich nicht mehr los. Darin war so viel Wissen, so ein unerschütterliches Vertrauen in das Leben, die

Gewissheit, es würde schon alles gut werden. »Da geht es lang!«, sagte dieser Blick. Als wären Zukunft und Vergangenheit in seinen Augen vereint, war er von einer Präsenz, die mich fortan nicht mehr losließ.

Ich lieh mir das Bild aus und versuchte, diesen alten Mann zu malen. Das Muster seines Ponchos in allen Einzelheiten, das tiefe Kobaltblau des Himmels, das so ganz anders, so viel klarer war als in Deutschland. Ich verbrachte Stunde um Stunde, Tag um Tag mit dem Versuch, den Ausdruck des alten Mannes zu treffen, und während ich ihn betrachtete und ihn malte, freundete ich mich mit ihm an. Als das Bild fertig war, versprach ich ihm, eines Tages nach Südamerika zu kommen und ihn zu besuchen.

Christian hingegen träumte von Asien, er wusste damals auch nicht, warum. »Vielleicht war ich in meinem früheren Leben ein Thai«, probierte er mich zaghaft zu überzeugen. Weil keiner von uns nachgeben wollte, warfen wir eine Münze. Ich hatte Kopf, Christian Zahl. Es fiel Kopf. So einfach war das. Christian war ein guter Verlierer, das musste man ihm lassen. Und von da an träumten wir beide gemeinsam von Südamerika.

Als das Flugzeug endlich abhob, wurde alles wahr, wonach wir uns all die Jahre gesehnt hatten. Die große Freiheit, ja, es gab sie wirklich. Das war genau das Gefühl, für das ich meine Blitzkarriere in Paris hingeschmissen hatte. Die totale Unabhängigkeit auf Zeit. Ein Gefühl, das stärker war als all die Zweifel, die mich zwischendurch immer wieder überkommen hatten. Etwa wenn mein Chef sagte: »Warte doch noch ein paar Jahre mit der Reise.« Oder wenn die Eltern fassungslos den Kopf schüttelten und einfach nur seufzten: »Nä, nä, nä, Kindchen ...« Oder wenn Freunde rieten: »Mach das doch, wenn du alt bist.«

Alles gut gemeinte Ratschläge, aber ich roch die Lunte: Wäre ich nach ein paar Jahren Luxusleben noch bereit, in billigen Bruchbuden abzusteigen? Würde ich mich in drittklassige Züge setzen, zwischen Ziegen und Hühner? Würde ich Flusswasser trinken, wenn es kein anderes gab? Wäre ich dann nicht schon viel zu vernünftig?

Vielleicht hätte ich bereits Kinder. Und ein Haus, das abbezahlt werden müsste. Und einen Friseur, zu dem ich einmal im Monat ginge; »meine« Kosmetikerin, »meinen« Käseladen, »meine« Boulangerie, »mein« Oberbekleidungsgeschäft. Wie alle Pariserinnen. Vielleicht liefe ich in ein paar Jahren nur noch in High Heels herum, und die Vorstellung, klobige Stiefel anzuziehen, wäre völlig absurd. Selbst wenn nicht: Hätte ich dann überhaupt noch den Mut, alles hinter mir zu lassen? Den schönen Arbeitsplatz, das satte Gehalt, den guten Wein (den ich dann bestimmt trinken würde), die Restaurantbesuche mit Austern, Coq au vin und fünf Nachspeisen, die geräumige Wohnung mit begehbarem Kleiderschrank, das fließende Leitungswasser, den Kühlschrank, das französische Bett? Würde ich alles hinter mir lassen können, wenn ich einmal ins Reich der Bequemlichkeit abgetaucht wäre? Vielleicht. Vielleicht auch nicht. Ich hatte da so meine Zweifel. Und diese Reise wollte ich unbedingt machen. Nicht später. Nicht wenn ich in Rente war. Oder an Krücken lief. Sondern jetzt.

Die Wolken flogen wie Zuckerwatte am Fenster vorbei, und ich saugte das Gefühl von unendlicher Freiheit und zitternder Erwartung in mir auf, als gelte es, den Rekord im Glücklichsein zu brechen.

Mit dem Rucksack durch Südamerika? Alter!

Der Montevideo-Gedanke schlummert am Jahresanfang unter Bergen von zu erledigenden Dingen, die ich gerne so lange aufschiebe, bis unerwünschte Konsequenzen drohen. Da erreicht mich die Nachricht meines Vermieters, Küche und Bad müssten einer Grundsanierung unterzogen werden, um alte Bleirohre zu entfernen. Die Bauarbeiten würden drei bis vier Wochen dauern. Ich male mir die Situation aus: meine Wohnung ein staub- und schuttüberzogenes Schlachtfeld. Handwerker und Bauarbeiter stampfen von morgens bis abends durch die Räume, reißen Wände auf, sitzen rauchend und fluchend auf meinem Sofa, weil wieder eine Schraube klemmt oder ein Rohr nicht passt. Bad und Küche sind für mich tabu. Inmitten dieser Horrorvorstellung erwacht auf einmal meine Devise »Nix wie weg«, und es mischt sich auch gleich der Montevideo-Gedanke wieder ein. Da wollte ich doch unbedingt hin!

Also kurzerhand einen Deal mit dem Vermieter geschlossen: Der nächste Monat ist mietfrei. Dafür überlasse ich den Bauarbeitern aus Polen und Kasachstan die Schlüssel meiner Wohnung in der Hoffnung, dass ich sie wiedererkennen werde, wenn ich zurückkomme.

Ziemlich mutig, wie ich finde. Und bevor ich länger darüber nachdenken und es mir noch einmal anders überlegen kann, buche ich online den Flug. Frankfurt–Montevideo–Frankfurt. *So*, denke ich, *das ging fix und war einfach. Und jetzt? Was mache ich da eigentlich, in Uruguay?*

In den letzten Jahren bin ich zwar viel gereist, aber eigentlich immer nur beruflich. Da gab es nicht viel zu überlegen: Rolli gepackt, Businesskram hinein, Flugzeug genommen, mit dem Taxi ins Hotel und dann arbeiten. Oder Urlaub: Rolli gepackt, Bikini hinein, Flugzeug genommen, mit dem Bus ins Hotel, Strand. Ich recherchiere auf diversen Plattformen, und der Schreck ist groß: Uruguay, dieses Land, von dem ich so gar nichts weiß, ist richtig teuer. Vier Wochen Hotel kann ich mir gar nicht leisten. Verflixt, der Plan ist wohl nicht so gut durchdacht. Aber dann habe ich plötzlich eine Idee. Wie war das noch 1980, als ich ein Jahr lang mit dem Rucksack durch Südamerika getingelt bin? Zwölf Monate mit 3000 Dollar? Okay, heute komme ich damit sicher nicht mehr hin, aber eines steht fest: Eine Rucksackreise ist sicher billiger als ein Hotelurlaub. Und spannender allemal.

In dem Alter? Geht's noch?

Noch in der gleichen Woche treffe ich mich mit Freunden. »Mit dem Rucksack durch Südamerika? In dem Alter? Ganz alleine? Bist du panne?« ist einer der harmloseren Kommentare. Meine fast zehn Jahre jüngere Freundin Ulla zieht ungläubig die rechte Augenbraue hoch und meint in einem Ton, der keinen Zweifel lässt: »Nee, ich würde das nicht machen. Alleine herumreisen, allein im Restaurant sitzen, zugucken, wie glückliche Paare sich zuprosten oder Grüppchen von Freunden Spaß haben? Diese Blicke aushalten, die dann sagen: Ja, und was ist mit der armen Frau? Hat die keinen abgekriegt? Da könntest du mir die Reise bezahlen und noch 100 000 obendrauf legen. Ich würde das nicht machen!« Was soll ich sagen? Ich fühle mich unverstanden. Gut, das mit dem Restaurant kann komisch sein. Das kenne ich von meinen Dienstreisen. »Möchten Sie mit der Bestellung noch warten, bis Ihre Begleitung kommt?« – »Nein danke, ich esse alleine.«

Alleinreisende Frauen werden gerne an den unattraktivsten Tisch des Hauses direkt neben dem Toiletteneingang oder der Küche geführt. Da hilft nur eines: Widerstand leisten und um einen anderen Tisch bitten. Wie viele Stunden habe ich allein im Restaurant, an der Hotelbar oder auf dem Hotelzimmer verbracht, wenn der Job es erforderte. Manchmal war ich froh darüber, weil ich den ganzen Tag mit oder zu Menschen gesprochen hatte und es genoss, am Abend still und friedlich mit mir allein zu sein. An anderen Tagen habe ich eine nette Begleitung und anregende Gespräche bei einer guten Flasche Wein schmerzlich vermisst. In einem Businesshotel läuft man ja nicht einfach los und fragt, ob man sich dazusetzen darf. *Aber so eine Reise mit dem Rucksack ist bestimmt ganz anders*, denke ich und spreche mir selbst Mut zu.

Gemeiner ist die Frage eines Freundes, ob es sich denn bei meinem Plan um eine Midlife-Crisis handele. Also bitte! In dem Alter? Ich habe gerade meinen 58. Geburtstag gefeiert. Zu spät für eine Midlife-Crisis, aber keineswegs zu spät, etwas Verrücktes zu tun. Finde ich. Andere finden das nicht.

Meine Verwandtschaft zum Beispiel. »Nä, Kindschen«, sagt Tante Gertrud in ihrem unverwechselbaren rheinischen Dialekt, »dat häste doch alles schon jemaht. Warüm mähste dat denn jetzt at widda? Un dann ohne Kähl?« Was so viel heißt wie: »Kind, das hast du doch schon hinter dir, und jetzt auch noch ohne Mann?« Ja, Tantchen, ohne Mann geht auch und sogar ganz besonders gut in diesem Alter. Da muss ich ja nicht mehr fürchten, entführt oder vergewaltigt zu werden, verstehst du?

Tante Helga findet auch, es sei viel zu gefährlich, in dem Alter allein zu reisen. Und dann auch noch Südamerika. Obwohl sie gar nicht weiß, wo das liegt. Nach ihrer Einschätzung ist es allerdings auch gefährlich, nach Einbruch der Dunkelheit über die Hohe Straße in Köln zu gehen. So etwas tut sie nicht, jedenfalls nicht mit Handtasche und ohne Begleitung. Im allerbesten Fall mit Begleitung, aber dann ohne Handtasche. Meine Eltern hingegen halten es genauso wie bei meiner ersten Rucksackreise 1980: Sie sagen gar nichts. Schütteln nur mit dem Kopf.

Meine Physiotherapeutin Maren, Anfang zwanzig, stellt ihre Massagebewegungen für einen kurzen Moment ein und verweilt im Supraspinatusmuskel, als sie hört, was ich vorhabe. »Mit dem Rucksack?«, fragt sie ungläubig. »Da wird sich Ihre Schulter aber freuen!« *Wie jetzt? Das bisschen Schulter wird mir doch wohl nicht die Tour vermiesen*, denke ich. Ich bin ja schließlich kein Pflegefall! Meine junge Physiotherapeutin erzählt, sie sei noch nie mit dem Rucksack unterwegs gewesen. Wenn sie für eine Woche in den Urlaub fahre, habe sie so viel Gepäck, dass es in keinen Rucksack passe. Zwei Koffer brauche sie. Und die trage ihr Freund. »Man will sich ja stylen«, lacht sie.

Gepäck wird total überbewertet

Ich will mich nicht stylen. Wenn ich schon 1980 mit zehn Kilo Gepäck hingekommen bin, warum nicht auch 35 Jahre später? Die gute Nachricht ist nämlich: Heute ist es sogar noch viel leichter, mit wenig Gepäck zu reisen, weil man überall alles bekommt. Das war früher anders.

Auf meiner ersten Rucksackreise habe ich zwanzig Packungen Zigarettentabak und einen Stapel Papierblättchen mitgenommen. War doch klar, dass es das in Südamerika nicht gab. Es gab auch keine Sonnencreme, keine Kosmetikartikel, keine Marmelade, keine Schokolade, keine Butter, kein »richtiges« Brot. Es gab kaum etwas von alledem, was wir hier aus Europa kannten. Deshalb bestand etwa ein Viertel meines Gepäcks aus Tabak. Ich konnte ja nicht wissen, dass der komplette Vorrat an einem Checkpoint in Bolivien beschlagnahmt werden würde, weil der Zollbeamte meinte, das sähe schwer nach Drogen aus, auch wenn es keine waren. Das *South American Handbook*, damals der einzige

Reiseführer für Backpacker, beschlagnahmte er gleich mit, weil er fand, das sehr dünne Papier des sehr dicken Buchs sei durchaus dazu geeignet, Joints zu drehen.

Der Vorteil heute ist: Ich rauche nicht mehr, und einen Reiseführer brauche ich auch nicht. Dafür gibt es ja genug Apps. Ich benötige keine schicken Schuhe und schon gar kein zweites Paar schicke Schuhe. Schminkutensilien habe ich schon lange abgelegt, weil ich mich ungeschminkt schöner finde. Was ich auch nicht mehr brauche, ist ein Schlafsack. Denn eines ist klar: Auch wenn ich Hotels wegen der hohen Kosten meiden werde, in Kaschemmen auf dem nackten Erdboden schlafen wie vor 35 Jahren – das mache ich nicht mehr. Kurz und gut: Ich werde weniger Gepäck benötigen als damals. Aber ich werde genauso sorgfältig überlegen müssen, was ich mitnehme, um überflüssigen Ballast zu vermeiden. Schließlich habe ich Schulter. Deswegen kaufe ich jetzt erst mal ein Theraband. Die nächsten drei Wochen bis zum Abflug stehen ganz im Zeichen der Schultergymnastik. Stärkung der Rotatoren und des Deltamuskels, die Motivation ist hoch.

Adios, Bedenken!

Je mehr Bedenken mein persönliches Umfeld äußert, desto mehr Argumente fallen mir ein, die für eine Rucksackreise und gegen meine eigenen Zweifel sprechen. Die ich zwar nicht äußere, aber durchaus habe. Ich hole einen großen Zettel heraus und schreibe auf:

1. Was, wenn ich krank werde?
Aus leidvoller Erfahrung weiß ich, dass eine Amöbenruhr einen schneller einholt, als man das Bad aufsuchen kann. 1980 in Brasilien hat es mich zum ersten Mal erwischt. Es waren Momente, in

denen ich mir wünschte, ich wäre zu Hause geblieben und hinge jetzt nicht stöhnend über der Toilettenschüssel. Ich wog damals 45 Kilo im Normalzustand. Da kommt man schnell an seine Grenzen. Heute habe ich Gewicht in Hülle und Fülle. Schlicht gesagt: Es wäre nicht schlimm, ein paar Kilo zu verlieren, ganz im Gegenteil, ich hätte gar nichts dagegen. Zudem könnte ich an jedem Ort der Welt in eine Privatklinik gehen, wo in null Komma nichts die Diagnose und eine Therapie stünden. Die Kosten einer Auslandskrankenversicherung sind heutzutage ein Witz. Wenn mir danach ist, kann ich mich ein paar Tage im Krankenhaus an den Tropf legen lassen. In jedem gottverlassenen Ort und in jeder Wüste der Welt gibt es heute Netz. Ich kann von überall die Notfallnummer meiner Auslandskrankenversicherung anrufen und warten, bis mich ein Hubschrauber ins nächste Krankenhaus oder ein Flugzeug nach Hause fliegt. Meine privatärztliche Versorgung im Ausland ist gefühlt hundertmal besser als die kassenärztliche in Deutschland. Oder anders gesagt: Die Wahrscheinlichkeit, an einer Mittelohrentzündung in Deutschland zu sterben, ist höher als im Ausland an einer Hirnhautentzündung. Warum? Weil ich in Deutschland drei Monate auf den Facharzttermin warten muss, während ich im Ausland sofort in einer Privatklinik behandelt werde.

2. Was, wenn ich ausgeraubt werde?

Ich bin noch nie ausgeraubt worden. Nirgendwo. Jedenfalls nicht richtig. Ich kann nicht mit Räubergeschichten prahlen, die unter Reisenden erzählt werden, als gäbe es eine Auszeichnung für denjenigen, der die meisten Unannehmlichkeiten erlebt hat: wie wir im Restaurant überfallen wurden und alle Damen ihren Schmuck in ein Körbchen legen mussten. Wie meine Tasche aufgeschlitzt wurde. Wie mir eine Pistole unter die Nase gehalten wurde. Wie ich in einem Taxi gekidnappt wurde. Nein. Ist mir nie passiert. Gehört habe ich diese Geschichten tausendfach. Am Lagerfeuer, in Hostels und in Reisebussen. Waren es Augenzeugenberichte oder Nacherzählungen? Man weiß es nicht.

Ich bin nur einmal beklaut worden. In Peru, hatten mich viele vorher gewarnt, werde man immer ausgeraubt. Immer. Vielleicht war es eine sich selbst erfüllende Prophezeiung, was sich am Strand von Lima zutrug. Wir hatten alle Wertgegenstände in unserem Hostel in der Stadt gelassen. Nur mit ein paar Münzen in der Hosentasche für Bus, Wasser und vielleicht einen gegrillten Fisch waren wir mit Badesachen und Handtuch an den Strand gefahren. Dort lagen wir, lauschten den Wellen und ließen uns die Sonne auf den Bauch scheinen. Es war mitten in der Woche, der Strand menschenleer. So vor uns hin dösend, hörte ich plötzlich einen Schrei. Christian sprang auf, fluchte auf Französisch und rannte hinter zwei Jungen her, die unsere Jeans geklaut hatten. Doch sie waren wacher, jünger und schneller als er. Die Jeans also futsch. Das bisschen Geld darin auch. Der Verlust hielt sich in Grenzen, aber wir mussten den Heimweg ohne Wasser in der Mittagshitze antreten und marschierten in Badekleidung und Flipflops etwa zweieinhalb Stunden durch den Großstadtdschungel von Lima. Was ziemlich peinlich war. Sonst ist mir nie etwas abhandengekommen.

Ein Glück. Denn anders als heute gab es damals keine Möglichkeit, Bares in Südamerika abzuheben – zumindest nicht, ohne ein Vermögen dafür hinzublättern. Wir trugen deshalb unser Budget für ein ganzes Reisejahr teils in bar, teils in Travellerschecks bei uns. Dafür hatten wir aus dünnem Stoff eine Hüfttasche mit Reißverschluss genäht, die unter der Jeans getragen wurde und nach außen unsichtbar war. Darin befanden sich das Bargeld, die Schecks und unsere Pässe. Im Lauf der Zeit wurde unsere Barschaft derart von Schweiß durchtränkt, dass das Geld trotz der schützenden Plastikfolie anfing zu stinken und wir es in regelmäßigen Abständen im Zimmer unseres Hostels auf Wäscheleinen hängen mussten, damit es trocknen und lüften konnte. Hätte man es uns gestohlen, wäre unsere Reise zu Ende gewesen. Heute ist das viel einfacher, denn es gibt kaum ein Land, in dem man kein Geld abheben kann. Was also, wenn ich doch mal ausgeraubt werde? Ich gehe zum nächsten Bankautomaten und hole mir neues. Und für den Notfall habe ich immer eine zweite Kreditkarte an Bord.

3. Was, wenn ich mich langweile oder einsam fühle?
Diese Frage ist schnell beantwortet: Das wird nicht passieren, und wenn doch, dann ist mir eben mal langweilig oder fühle ich mich einsam.

Nachdem ich die drängendsten Zweifel also ausgeräumt habe, komme ich zu folgendem Schluss: nicht viel reden, nicht viel denken, einfach machen.

Rucksack kaufen

Machen, machen, machen, denke ich bei jedem Schritt auf dem Weg zum Outdoorladen. Nach der Flugreservierung zünde ich damit die zweite Stufe meines Reiseprojekts. In der Abteilung »Gepäckstücke« herrscht gähnende Leere. Gut für mich. Ein junger Verkäufer mit Rastalocken ist mit seinem Handy beschäftigt und sieht vor lauter Snapchat seine Kundin nicht, bis ich ihm so nahe komme, dass wir Fußspitze an Fußspitze stehen.

Ich: »Guten Tag, ich hätte gerne einen Rucksack.«

Verkäufer (guckt noch immer auf sein Handy): »An was haben Sie denn da gedacht?«

Ich: »Ja, also so ein Teil, das ich auf dem Rücken tragen kann, damit die Hände für andere Dinge frei sind.«

Jetzt schaut er auf, eine Augenbraue in die Höhe gezogen. Ich habe seine Aufmerksamkeit.

Verkäufer: »Ja, ist schon klar. Geht es etwas genauer?«

Ich: »Braun wäre gut oder Grau, nichts Auffälliges.«

Verkäufer: »Ich meine, welche Art von Rucksack soll es sein?«

Ich: »Ähm. Keine Ahnung. Was gibt es denn alles?«

Es folgt ein Vortrag, von dem mir schwindelig wird. Ein Rucksack sei ja schließlich nicht einfach ein Rucksack. Es gebe Babyrucksäcke (klar, an die denkt man zuerst, wenn eine Frau Ende fünfzig fragt), Fahrradrucksäcke, Fotorucksäcke, Kamerarucksäcke, Kinderrucksäcke, Militärrucksäcke, Wanderrucksäcke, Trekkingrucksäcke. Außerdem Herrenrucksäcke, Damenrucksäcke, große und kleine Rucksäcke, Rucksäcke mit oder ohne Rollen, Rucksäcke zum Bepacken von oben oder von der Seite. Ja, ja, ist ja gut!

Als ich vor meiner letzten Backpackerreise nach einem Rucksack suchte, hatte ich genau drei Modelle zur Auswahl. Und jetzt? Wenn es nach den Anbietern ginge, bräuchte man für jede Reise einen anderen Rucksack. So, wie man angeblich für jeden Straßenbelag andere Laufschuhe benötigt. Am einfachsten ist noch die Unterscheidung nach Größen. Aus mir nicht nachvollziehbaren Gründen wird die Rucksackgröße in Litern gemessen. Normale Rucksäcke fassen 40, 50, 60, 70 oder 80 Liter. Falls jemand 80 Liter Bier im Rucksack transportieren will, ist der 80er also der richtige. Ich habe keine Ahnung, wie viele Liter Kleidung ich mitnehmen werde. Vielleicht sollte ich meine T-Shirts vorher mal probehalber in Flaschen abfüllen. Aber ich sehe auf den ersten Blick, dass die Rucksäcke groß sind. Auch der 40er erscheint mir riesig.

Ich: »Darf ich mal probieren?«

Verkäufer: »Welchen denn?«

Ich (auf den kleinsten zeigend): »Den hier.«

Verkäufer: »Aber das ist ein Trekkingrucksack!«

Ich: »Und?«

Verkäufer: »Ich dachte, Sie wollten einen Backpackerrucksack.«

Ich: »Einen *Rucksack*rucksack? Mir reicht eigentlich ein einfacher Rucksack.«

Ein Backpackerrucksack klingt in meinen Ohren wie ein weißer Schimmel oder ein schneller Porsche. Doch ich lerne schnell: Der Backpackerrucksack ist ein Rucksack für Backpacker. Backpacker sind Menschen, die eine lange Reise machen und mehrere Wochen oder Monate mit ihren Rucksackrucksäcken unterwegs sind. Diese sind groß und haben viele Fächer. Sie können wahlweise von oben, unten oder der Seite beladen werden. Ihr Tragesystem muss gut gepolstert sein, weil sie schwer sind. Wer jetzt glaubt, lieber einen größeren Rucksack zu kaufen und den dann nicht so voll zu packen, der irrt. Rucksäcke soll man grundsätzlich füllen, damit die Last nicht hin und her rutschen kann. Die Größe muss also wohlüberlegt sein.

Ich: »Ich möchte nicht so schwer tragen, lieber nehme ich weniger mit. Also einen kleinen Rucksack. Dann eben einen Trekkingrucksack.« Meine Hand greift nach einem Modell, das nicht ganz so wuchtig aussieht.

Verkäufer: »Der ist für Herren.«

Ich: »Wieso? Wird der linksrum geknöpft?«

Verkäufer: »Herrenrucksäcke sind anders geschnitten.«

Ich frage mich, wo der Unterschied liegt. Lustige Bilder ziehen an mir vorbei: Damenrucksäcke mit innen angebrachter Stange zum Aufhängen von Kleidern und Blusen. Oder mit eingenähtem Kosmetikspiegel in der oberen Klappe. Oder Außenschlaufen zum Einstecken von High Heels. Vielleicht sollte ich mir diese Ideen patentieren lassen.

In Wahrheit stecken gute Gründe hinter dem Genderrucksack. Damenrucksäcke sind meist kürzer und passen sich laut Hersteller besser an die Rückenpartie der Frau an. Die Brust- und Hüftgurte seien so eingestellt, dass sie nicht einschneiden können. Im Internet lese ich später: »Der allgemeine Schnitt ist anders, sodass er die weiblichen Formen betont.« Ja, klar. Nichts ist so sexy wie eine Frau mit Rucksack. Sonst noch was? Allerdings. Weiter heißt es nämlich: »Für Damen gibt es den Rucksack nicht nur in Schwarz, sondern auch in Pink.« Vielen Dank, liebe Hersteller, wieder erfolgreich alle Klischees bedient. Das kann sich doch nur ein Mann ausgedacht haben ... Beliebt bei Frauen sollen auch die Trekkingrucksäcke mit Rollen sein. So kann man sein Gepäck wahlweise tragen oder ziehen. Die Rollen machen den Rucksack jedoch schwerer, das sollte man nicht vergessen.

Unabhängig vom Geschlecht haben Trekkingrucksäcke ein Netz am Rücken. Es sorgt dafür, dass die Rückenpartie gut belüftet wird und sich keine Schweißflecke bilden. Das ist nämlich besonders unangenehm, wenn man danach in einen Bus steigt, dessen Klimaanlage auf Hochtouren läuft. Nichts ist gemeiner, als bei 30 Grad Außentemperatur mit Fieber und Schnupfen im Bett zu liegen.

Rucksäcke haben an den Seiten häufig Fächer für Trinkflaschen und Taschen mit Reiß- oder Klettverschluss, in denen Zubehör verstaut werden kann. Zudem haben sie Schnüre und Schnallen, um Isomatten oder Ähnliches zu befestigen. Zu viele Fächer, Taschen und Schnüre führen meiner Meinung nach nur zu Chaos. Ich mag es lieber schlicht und übersichtlich. Deshalb »deaktiviere« ich überflüssige Befestigungen, indem ich sie untereinander verbinde. So baumelt nichts herum, und man bleibt nicht damit hängen. Um Kleidung zu komprimieren und mehr im Rucksack unterzubringen, kann man für viel Geld Kompressionsbeutel kaufen. Das sind Plastikbeutel mit einer Art Ventil, aus dem man nach dem Bepacken die Luft presst. Ich bevorzuge stattdessen – ganz die praktische Hausfrau – Aufbewahrungstüten mit Zip-Verschluss. Also beispielsweise eine für Unterwäsche, eine für Strümpfe, eine für Medikamente und so weiter. Bei den Zip-Tüten kann man ebenfalls die Luft auspressen, sodass die Sachen auf ein Minimum zusammengedrückt werden. Aber aufgepasst: Je mehr man komprimiert, desto mehr passt in den

Rucksack und desto schwerer wird er. Körperlotion, Mückenspray, Shampoo kommen ebenfalls in einen Extrabeutel, denn wenn sie auslaufen, ist die Sauerei groß.

Sollte man länger nicht oder noch nie mit dem Rucksack unterwegs gewesen sein, lässt sich schwer einschätzen, welche Größe man braucht und wie viel man überhaupt tragen kann. Nachdem ich etwa 80 Prozent der Rucksäcke im Laden getestet habe und immer noch nicht so richtig durchblicke, bietet mir der Rastalockenverkäufer an, eines der Modelle zu Hause Probe zu packen und danach umzutauschen, falls es nicht passt. Ich weiß nicht, ob das der übliche Service ist oder ob ich ihn mit meinen Fragen einfach zermürbt habe und er mich so schnell wie möglich loswerden will. Ich nehme das Angebot jedenfalls dankend an und kaufe den kleinsten Trekkingrucksack. Er ist schön handlich und war mir auf Anhieb sympathisch. Wir beide müssen schließlich gut zusammenpassen. Der Verkäufer schüttelt nur den Kopf und meint: »Das ist ja eher was für eine Dreitagestour.« Meine Meinung dazu? Was für drei Tage reicht, kann durchaus auch für drei Monate genug sein. Es müssen ja nicht immer gleich Kochwäsche und Meister Supersaubermann sein. Ein T-Shirt ist mit Kernseife und lauwarmem Wasser schnell durchgewaschen.

Das Probepacken daheim ist ein voller Erfolg. Der kleine Rucksack reicht aus, und ich behalte ihn. Später fällt mir noch ein, dass ich meine Technik wie Kamera, Laptop, Objektive, Verlängerungskabel, Ladestation während des Flugs nicht mit aufgeben, sondern bei mir führen will. Deshalb wähle ich als Handgepäck einen kleinen Trolley, in dem ich die schweren Dinge verstaue. *Damals hatte ich gar keine Technik dabei*, denke ich während des Packens. Nur einen Reiseführer in Buchform.

Willkommen in Südamerika

Es war das Zeitalter ohne Internet, und wir waren jung und naiv. Wir wussten nichts von Militärdiktaturen, die überall in Südamerika wüteten, nichts von Ausgehsperren, von Folter und Willkür. In den europäischen Medien existierte Südamerika nicht. Wir hatten uns den einzigen und ultimativen Backpackerreiseführer besorgt, das *South American Handbook*, ein Buch so dick wie die Bibel.

Als wir da ankamen, wo bekanntlich der Pfeffer wächst, war es draußen schon dunkel. Der europäische Herbst steckte mir noch in Kopf und Gliedern, als die Maschine landete. Dunkelheit assoziierte ich bis dahin mit Kälte. Umso verwirrender war es, den feuchtheißen Wind zu spüren, der uns beim Verlassen der Maschine entgegenschlug. Ich hatte überhaupt keine Ahnung, welche Jahreszeit und welches Klima uns erwarten würden in Französisch-Guayana.

Während wir die Einreiseformalitäten erledigten, pellten wir uns schwitzend aus Jacke und Pullover. Wir stanken, als hätten wir in einem Aschenbecher geschlafen. Rauchen im Flugzeug war damals genauso normal wie Rauchen auf dem Schulhof, Rauchen am Arbeitsplatz, Rauchen in der Straßenbahn, Rauchen im Kino. Raucherplätze auf der Langstrecke bedeuteten zudem: doppelt rauchen, nämlich aktiv und passiv. Alle Raucher, die keinen Raucherplatz ergattert hatten, drängelten sich in den hinteren Reihen und qualmten, was die Stängel hergaben. Mir war schwindelig, vielleicht ein Nikotinflash oder erste Entzugserscheinungen.

Der Zollbeamte donnerte mit einem herzhaften »*Bienvenue*« seinen Stempel in unsere noch druckfrischen Pässe. Willkommen in einer anderen Welt. Ich war 24 Jahre alt, meine weiteste Reise bisher: Spanien. Es schien, als wäre mit einem Schlag alles Bekannte nicht mehr wahr. Die Luft schwer und schwül, meine Haut dampfte, als kochte mein Blut, es roch süß-sauer-faulig nach Undefinierbarem. Ich konnte es nicht zuordnen. War auch egal. Ich wollte nur noch ins Bett.

In halsbrecherischer Fahrt, kurvenschneidend und ununterbrochen laut hupend, angefeuert durch dröhnende Reggaemusik aus dem Autoradio, brachte uns das Taxi nach Cayenne, der Hauptstadt der ehemaligen französischen Kolonie.

»*Ca fait 80 Franc, M'sieur Dames.*«

Wie bitte? 80 Franc für zehn Minuten Autofahrt?

»Das ist ja teurer als in Paris!«, beschwerte sich Christian.

»Das ist noch gar nichts«, lachte der Taxifahrer. »Sie werden sich noch wundern. Hier in Cayenne ist alles so teuer. Und wissen Sie, warum? Wir arbeiten nicht gern. Und wenn wir es doch tun, muss es sich schon lohnen!«

Wäre er ein Weißer gewesen und hätte er nicht in der ersten, sondern in der dritten Person Plural gesprochen, hätte ich ihn entrüstet in die Rubrik »elender Rassist« eingeordnet. Aber Bob war rabenschwarz. Was nun? Er schien das auch noch lustig zu finden. Jetzt sang er es sogar: »Wir-ar-beiten-nicht-gern-und tun-wir's-doch-muss-es-sich-schon-looooooooohnen.«

Oh mein Gott, wie peinlich! Ich hätte ihm so gerne widersprochen. Wäre er doch bloß ein weißer, arroganter Franzose gewesen, dann hätte ich jetzt zu Hochform auflaufen können. Aber so hörte ich kleinlaut seinem improvisierten Lied zu: »Wer-sieben-Kinder-hat-hat-aus-ge-sorgt-merci-Paris-merci-merci.«

Und ich lernte etwas, das sich nicht nur auf dieser Reise, sondern auch auf allen weiteren bestätigen sollte: Der erste Taxifahrer am neuen Ort hat immer recht.

Christian ist Franzose. Guayana ist Frankreich. Er war also quasi zu Hause. Aber genauso verloren wie ich. Fremd eben. Unvorstellbar, dass wir in einem französischen Departement gelandet sein sollten.

Der Taxifahrer hatte uns zu einem Gästehaus gebracht. Überraschung: Es gehörte seinem Bruder. Doch das war egal, Hauptsache, eine Dusche und ein Bett. Raus aus den nassen Winterklamotten und rein in die Federn – ohne Essen, wir waren total erschöpft. Über uns quietschte der Ventilator. Mein Körper war schon da, er hatte alle viere von sich gestreckt und wartete auf Schlaf. Aber mein Geist schien noch im Flugzeug zu sein. Ich konnte nicht fassen, dass ich plötzlich am Ende der Welt war.

Eine Erfahrung, die ich auch auf späteren Reisen immer wieder machen sollte. Der Geist scheint nicht Schritt halten zu können mit dem Tempo moderner Technik. Eine Reise mit dem Zug ist anders. Die bekannte Landschaft rauscht am Fenster vorbei, verändert sich langsam, Weinberge tauchen auf, dann verabschiedet sich der Rhein, in jedem Bahnhof steigen Leute ein mit ihren sprachlichen Färbungen und Dialekten. Es ist ein langsamer Wandel, dem man zusehen kann. Der Geist kommt gleichzeitig mit dem Reisenden an. Aber da, wo ich jetzt war, schien plötzlich alles anders zu sein: Die Menschen schauten freundlich, die Hitze war bleiern. Feuchtigkeit nistete sich in jeder Pore ein, die Pflanzen hingen fett und grün an den Hauswänden, in jedem Garten – mitten im Winter. Und das, obwohl wir doch in Frankreich waren.

Der wilde Jacques

Beim Frühstück am nächsten Morgen lernten wir in einem Café Jacques kennen. Stark wie ein Baum, stand er an der Bar, das geöffnete Hemd gab den Blick frei auf eine Brust, die behaarter war als sein Kopf, und auf ein daumengroßes Goldnugget, das an einem Lederhalsband baumelte. Er spülte sein Rührei mit einem doppelten Rum hinunter, knallte sein leeres Glas auf den Tisch und dröhnte: »Noch einen!« Dann ordnete er sorgfältig seinen gezwirbelten Schnauzbart und schaute mit zusammengekniffenen Augen unter buschigen Brauen zu uns hinüber.

Der ehemalige Fremdenlegionär erkannte uns sofort als Neuankömmlinge und lud uns ein, bei ihm Platz zu nehmen. Schnell kam er ins Plaudern. In Guayana würden die gleichen Sozialgesetze wie in der Grande Nation gelten, klärte er uns auf. Da fast jeder eine kleine Hütte besitze, keine Miete zahlen müsse und keine Heizung brauche und die Lebensmittel von den Bäumen fielen, lasse sich allein vom Kindergeld gut leben. »Es gibt 55 000 Guyaner, und davon sind 33 000 Franzosen aus Frankreich, also Metropolfranzosen. Der Rest setzt sich aus Schwarzen, Indios und Mischlingen zusammen. Sie sind genauso Franzosen wie die Metropolfranzosen, denn Guayana ist seit 1946 ein französisches Department.« Jacques schenkte sich nach und kam nun offensichtlich richtig in Fahrt: »Wisst ihr, was das bedeutet? Es bedeutet nicht nur, dass die gleiche Sprache gesprochen und in gleicher Währung bezahlt wird, es heißt eben auch, dass die gleichen Sozialleistungen gezahlt werden. Ein Witz, sage ich euch! In Frankreich will man mit einem hohen Kindergeld die Geburtenrate nach oben treiben. Hier in Guayana gibt es kaum eine Familie mit weniger als zehn Kindern. Und die bekommen alle das gleiche Kindergeld wie in Frankreich.« Jacques klopfte sich lachend auf die Knie. »Ein Witz ist das!«

Die werden schon irgendetwas davon haben, die Franzosen, dachte ich still in mich hinein. »Das tun die doch nicht aus reiner Nächstenliebe, oder, Christian?«

Der zuckte nur hilflos mit den Achseln. »Keine Ahnung«, antwortete er.

»Hey, Jacques«, fragte ich, »welches Interesse hat Frankreich denn an Guayana?«

»Na ja, man munkelt etwas von Bauxitvorkommen in den Kaw-Bergen, so um die 42 Millionen Tonnen. Frankreich ist als Produzent von Aluminium an diesen Reserven natürlich sehr interessiert.«

Mein Weltbild wurde wieder geradegerückt, ich war beruhigt. »Und was halten die Einheimischen von ihrer Zwangsfranzösisierung?«, wollte ich wissen.

»Na«, grinste Jacques »die können sich gar nichts Schöneres vorstellen! Kindergeld, Arbeitslosengeld, Rente ... und das alles unter tropischer Sonne und Palmenrauschen. So gut lebt nicht mal Gott in Frankreich.«

Ich hatte schon während meiner Zeit in Paris nicht verstanden, wieso Gott in Frankreich so toll lebte. Jetzt sollte er also noch toller in Guayana leben? Ich blieb skeptisch.

Jacques schlug sich in Guayana als Elektriker durch und nannte das Land liebevoll »meine grüne Hölle«. Er wollte uns sein Guayana zeigen. Ich traute mich nicht zu fragen, warum er die Fremdenlegion verlassen und sich ausgerechnet in Guayana niedergelassen hatte. Ich wollte auch gar nicht wissen, wo er in der Fremdenlegion war und was er dort gemacht hatte. Ich konnte mir aber gut vorstellen, dass er nicht immer auf der legalen Seite des Lebens gestanden hatte. Wenn man eines kann in Guayana, ist es, sich vor den Behörden zu verstecken. Andererseits war er sympathisch und keineswegs Furcht einflößend. Oder vielleicht doch? Aber Angst war mir scheinbar völlig fremd, seitdem ich meinen Rucksack geschultert hatte und aufgebrochen war, die Welt zu entdecken.

Irgendwo im dunkelsten Marktviertel stieß Jacques dröhnend die Tür eines zerfallenen Holzhäuschens auf und erklärte, dies sei das beste Restaurant der Stadt. Der Hausherr drückte uns ein Glas Alkohol in die Hand und wies uns an, eine rote Chilischote zu zerkauen und sie dann mit einem kräftigen Schluck aus dem Glas zu löschen. Von Löschen konnte da keine Rede sein. Jetzt wusste ich, woher der Name Feuerwasser kam. Das sei der Apéro, erklärte Jacques, total harmlos. Wir waren die einzigen Gäste am einzigen Tisch. Sonst gab es nur noch die Köchin, rund und füllig, herzensgut und eben eine ausgezeichnete Köchin. Das Essen war fantastisch.

Später schlenderten wir über den Hauptplatz, wo die Einwohner ihr Jahresfest feierten. Alle schienen die Sonntagskleidung angelegt zu haben, waren herausgeputzt und in bunte Stoffe gehüllt. Bob-Marley-Fans tobten vor Begeisterung beim dröhnenden Rhythmus der Reggaemusik. Vor Spieltischen und Wurfbuden herrschte Gedränge. Würfelspiele, Glücksspiele, Geschicklichkeitsübungen und Schießstände erfreuten sich großer Beliebtheit bei Jung und Alt. »Lache, spiele, trinke, esse, tanze, bis du umfällst«, rief uns ein junger Kreole zu.

Auf dem Rückweg zu unserer Unterkunft kamen wir am Marktplatz vorbei. Schwarze Guyaner demonstrierten dort. Sie hielten Plakate in die Höhe: »Franzosen raus.« Ein schwarzes, unabhängiges Guayana forderten sie. Sie protestierten gegen ungerechte Behandlung und Willkür, gegen Rassismus und Amtsmissbrauch durch französische Beamte, ausnahmslos Metropolfranzosen, also Weiße. Schwarze hätten hier keine Chance auf Arbeit, erklärte uns eine Demonstrantin. Dieses kleine Detail hatte Jacques während seiner Schilderung wohl vergessen ...

Am Abend packten wir zum ersten Mal unsere Rucksäcke aus. Wir waren angekommen.

Rucksackreisen für Anfänger

Ich hieve meinen Rucksack im Flughafen von Montevideo vom Gepäckband und trage ihn wie eine Riesenwurst quer auf dem Arm zu den Zollkontrollen. Das ist unbequem. Einen Rucksack sollte man aufsetzen können. Ich kann meinen jedoch nicht schultern, weil ich dem Rat eines Reisenden im Netz gefolgt bin: »Lasst eure Rucksäcke vor der Gepäckaufgabe mit Plastikfolie verpacken.« Habe ich gemacht. So ein moderner Rucksack hat nämlich eine Menge Schnallen, Steckschließen und Blitzverschlüsse. Überall kann man etwas verstellen, weiter oder enger machen, dranhängen, festzurren. Man kann damit auch irgendwo hängen bleiben und etwas kaputt machen. Damit das unterwegs nicht passiert, so der Ratgeber im Internet, solle man das gute Stück in Folie einschweißen lassen.

Wahnsinn!, dachte ich, als ich am Flughafen Düsseldorf in der Einschweißwarteschleife stand. Da lassen nämlich Reisende auch ihre Koffer einwickeln. Wozu denn das? Ist der Koffer nicht sich selbst schon Schutz genug? Nein, zumindest dann nicht, wenn man den Anbietern Glauben schenken mag: »Sie haben hochwertige Gepäckstücke, die Sie vor Kratzern und Schmutz schützen möchten? Dann nutzen Sie den Folierungsservice«, pries ein Anbieter den Service an, »so ist Ihr Gepäck bestens für den Flug gewappnet.« Oje, jetzt musste sich sogar schon der Koffer für den Flug wappnen: »Kofferfolierung« nennt man das.

Früher galt es als cool, einen möglichst abgewetzten, zerbeulten Koffer zu haben, war das doch ein eindeutiges Zeichen für den viel gereisten und weltgewandten Globetrotter. Heute ist der makellose Koffer Trumpf, vielleicht ein Zeichen dafür, dass man für jede Reise und jedes Kleidungsstück einen anderen, passenderen Koffer parat hat. Und der wird dann für 15 Euro auf einer sich drehenden Plattform mehrlagig mit Folie umwickelt. Während der Verpackungskünstler meinen sich drehenden Rucksack in zwölf Meter Folie einwickelte, wurde mir bereits klar, dass das eine Riesenumweltsauerei ist und ich das nie wieder machen würde. Nie wieder, hört ihr, liebe Kofferfolierer an den Flughäfen dieser Welt, nie wieder!

Jetzt stehe ich also am Flughafen von Montevideo und trage meinen Rucksack in der Pelle wie ein Baby auf dem Arm. Denn die Trageschlaufen sind ja mit eingewickelt. Und die Plastikpelle sitzt so fest wie eine zweite Haut. Ohne Messer keine Chance auf Befreiung. Gut, dass ich eines dabeihabe. Im Rucksack natürlich ... Doch der Zöllner will wohl kein Plastikgewusel am Schalter und winkt mich müde durch.

Kaum bin ich auf der anderen Seite der Sperre, befällt mich das untrügliche Gefühl, etwas Wichtiges vergessen zu haben. Wie angewurzelt bleibe ich stehen, als mich der Gedanke wie ein Starkstromschlag durchzuckt: mein Bordcase, der kleine Rollkoffer. Ich habe ihn am Gepäckband einfach stehen lassen, um mich auf meine Mission »eingeschweißter Rucksack« zu konzentrieren. Ich habe ihn schlicht vergessen. Mit Kameraausrüstung, Laptop und allem, was mir sonst noch wichtig und schwer war. Mein genialer Plan lautete nämlich: alles, was schwer und kostbar ist, in den rollenden Handgepäcktrolley; alles, was leicht ist, in den Rucksack. Funktioniert aber nur, wenn man nicht – wie ich – mit zwei Gepäckstücken überfordert ist.

Jetzt gilt es, die freundlichen Uruguayer an Zoll und Passkontrolle zu überzeugen, dass ich unter Umgehung der Kontrollen beim Check-in noch mal zurück in den Sicherheitsbereich darf.

Der Zöllner lehnt inzwischen lässig am Schalter, in der einen Hand einen Matebecher und unter dem anderen Arm eine Thermoskanne mit heißem Wasser. Alle Reisenden sind durch, Zeit also für das uruguayische Nationalgetränk. Ich erkläre dem Beamten die Lage, und er winkt mich nachsichtig lächelnd durch. Meine Plastikwurst muss ich allerdings mitnehmen. Ob er vielleicht ein Messer habe, frage ich, denn ich habe keine Ahnung, wie ich ein zweites Gepäckstück mit dieser unhandlichen Last bewältigen soll. Im Handumdrehen schlitzt er die Folie auf, die ich jedoch nicht zurücklassen darf. Ich stopfe den Riesenballen Plastik deshalb in meinen Rucksack und trotte zur Gepäckausgabe, wo mein dunkelblauer Trolley einsam in der Halle steht, genau da, wo ich ihn abgestellt hatte. Ein zweiter Gang durch alle Kontrollen, dann verlasse ich schweißgebadet die Ankunftshalle und nehme mir ein Taxi.

Die erste Taxifahrt

Ich gönne mir immer ein Taxi, wenn ich nach einer langen Reise in einer Großstadt ankomme. Nicht nur, weil ich müde bin und die Aussicht auf Durchfragen, Busse nehmen, Umsteigen und Zieladresse suchen ernüchternd finde, sondern auch, weil ein Schwätzchen mit dem Taxifahrer in einem unbekannten Land zu meinen Reiseritualen gehört.

Es ist sieben Uhr morgens, die feuchtwarme Februarluft weht durch das geöffnete Fenster herein, und ich eröffne das Gespräch mit einem Small Talk über das Wetter. Dann frage ich Raul, warum der Zöllner schon am Morgen Mate getrunken hat. Mate, das Getränk, von dem sowohl Argentinier als auch Uruguayer behaupten, es sei ihr Nationalgetränk, ist ein leicht bitter schmeckender Kräutertee, der in einer Kalebasse aufgegossen wird. Den tränken die Uruguayer den ganzen Tag, ebenso nachts, also eigentlich immer, erklärt Raul. Die uruguayischen Babys kämen mit einer kleinen Minikalebasse in der rechten Hand und einem unter dem linken Arm festgewachsenen Thermoskännchen auf die Welt, damit die linke Hand noch frei ist für einen Fußball. Damit weiß ich schon mal, was dem Uruguayer das Wichtigste ist: Mate und Fußball, genau in dieser Reihenfolge. Raul schildert die Vorrunde der Weltmeisterschaft von 1950, als hätte das Spiel gestern erst stattgefunden. Ich habe keine Ahnung von Fußball und verstehe nur: Uruguay hat gegen Bolivien 8 : 0 gespielt und an jenem denkwürdigen Tag, dem 16. Juli 1950, gegen die Fußballgiganten Brasilien die Endrunde der Weltmeisterschaft mit 2 : 1 gewonnen.

Inzwischen haben wir das Zentrum von Montevideo erreicht, und Raul fährt ein Stück die Rambla, die Uferstraße, entlang, damit ich Meeresluft schnappen könne, wie er sagt. Die Adresse, die ich ihm genannt habe, liegt nordöstlich vom Zentrum. Dort habe ich mir für die erste Woche eine preiswerte Privatunterkunft über Airbnb besorgt. Auf den Fotos sieht die Altbauwohnung gemütlich aus, hohe Stuckdecken, Holzböden und minimalistische Möblierung. Genau mein Geschmack. Mein Gastgeber heißt José, er wartet auf mich, bevor er zur Arbeit geht. Ich bin gespannt auf mein neues Zuhause.

Das Haus liegt an einer Hauptverkehrsachse in einem der Mittelstandsviertel. Der Vorteil: Es fahren jede Menge Busse hier ab. Der Nachteil: Es fahren jede Menge Busse hier durch. Und nicht nur Busse. Auch Lastwagen, Motorroller und andere Verkehrsmittel, die, wenn sie nicht schon kraft ihres alten Motors oder defekten Auspuffes laut sind, sich durch Hupen oder rasantes Anfahren im ersten Gang bemerkbar machen. *Hoffentlich hat José doppelt verglaste Fenster*, denke ich und bemerke im selben Augenblick, da ich vor der Tür stehe und den Klingelknopf nicht finde, dass eines der Fenster überhaupt kein Glas hat. Vielleicht kann ich José meine Plastikfolie anbieten? Ich rufe durch das kaputte Fenster: »*Hola? Hay alguien?*«

Privat wohnen mit Charme

José hat mich gehört. Der Mittdreißiger öffnet die quietschende, schwere Eingangstür und begrüßt mich herzlich mit Küsschen links und Küsschen rechts. Er ist knapp 1,70 Meter groß, sehr schlank, hat schütteres Haar und winkt mich mit einem einladenden Lächeln ins Haus. Wir gehen durch den Hausflur. Vorne links, mit Fenster zur Straße, befindet sich ein Zimmer, das an Pablo, einen Chilenen, vermietet ist. Rechts liegt Josés Zimmer, »das kleinste«, sagt er und macht kurz die Tür auf, wie um das zu beweisen. Das muss tatsächlich das kleinste sein, denn es ist eher ein Verschlag mit einem Bett und einem kleinen Tisch. Auf dem Bett liegen Kleidungsstücke, wahrscheinlich weil er seinen Schrank für die Gäste freigeräumt hat, das Tischchen wird von Hammer, Säge, Schraubenziehern, Nägeln und Schrauben eingenommen. Man hat den Eindruck, als wohne hier ein Messie. Dann kommen wir in einen überdachten Patio, in dem ein Fernseher, ein abgewetztes Sofa, ein dreibeiniger Couchtisch und zwei baufällige Stühle stehen. Das sei das Wohnzimmer für alle, sagt José. Er habe ein Netflix-Abo, und beide, Pablo und er, seien Serienjunkies. Falls ich gerne *Breaking Bad* gucken würde oder *Better Call Saul* – willkommen im Klub!

Vom Patio aus gelangen wir in »mein« Zimmer, augenscheinlich das größte, sowie in Küche und Bad. Alle drei Räume gehen nach hinten raus und haben keine Fenster. Ein Zimmer ohne Fenster? Kein Problem, meint José, Luft komme oben durch ein Oberlicht. Spricht's und führt mich schnell in die Küche. »Da oben im Schrank sind zwei Fächer für deine Lebensmittel«, erklärt er mir. Er zeigt auf ein Regal, in dem Kaffee, Zucker, Salz, Mehl, Reis und Gewürze stehen, und lädt mich ein, mich zu bedienen. Das sei Allgemeingut. Die Töpfe und Pfannen hängen von der Decke herab, Tassen, Kellen, Messer an einem Regal. Ein alter Holztisch steht in der Mitte, und auf den vier wackeligen

Stühlen werden wir so manche Mahlzeit zusammen einnehmen, wie sich noch herausstellen wird.

Von der Küche aus führt eine wackelige Leiter, der zwei Sprossen fehlen, durch eine Luke auf den Dachboden, wo allerlei spinnenumwobenes Gerümpel steht. Von dort kommt man durch eine Fensteröffnung auf das Dach. »Hier kannst du Wäsche trocknen. Abends sitzen wir hier manchmal zum Sternegucken und rauchen einen Joint«, sagt José. »Alles ganz legal«, fügt er noch schnell hinzu, denn Anbau und Konsum von Cannabis sind erst seit Kurzem erlaubt in Uruguay. Die Pflänzchen auf dem Dach sind noch entsprechend jung und zartgrün. Ich habe den Platz hier oben schon jetzt in mein Herz geschlossen und beschließe, zum Sonnenaufgang meine Yogamatte hier auszurollen. Ab morgen.

José drückt mir den Hausschlüssel und ein Fahrradschloss in die Hand. Die Räder stehen im Flur, ich könne mir eines aussuchen. Und dann ist er weg. José arbeitet in einem Büro als »Knecht«, wie er mir später erzählt. Er ist der Mann für alle Fälle, verteilt die Post, macht Kaffee und sortiert Akten. Das kleine Haus hat er vor Jahren zusammen mit einer Freundin gekauft. Die Freundin ist weg und die Hypothek geblieben. Deshalb hat er die Zimmer für Gäste geräumt und wohnt selbst auf neun Quadratmetern.

Der lange Flug hat mich mürbe gemacht. Ich bin viel zu müde, um mich über kaputte oder gar fehlende Fenster aufzuregen. Was auf den Fotos im Internet aussah wie eine edle Patina auf den Altbauwänden, entpuppt sich bei näherem Hinsehen als Wasserflecken. Überall blättert die Farbe ab. Es müffelt nach Moder. Montevideo liegt nun mal am Atlantik. Feuchtigkeit in Häusern ohne Heizung ist daher nichts Ungewöhnliches.

Doch egal, José ist nett, und das ist die halbe Miete! Was ich an diesen Privatunterkünften so liebe: Man fühlt sich weniger als

Tourist und mehr zu Hause. Ich habe gleich einen netten Kontakt, noch dazu einen Mitbewohner, der sich auskennt, und kann die Küche und alle Einrichtungen nutzen. Es ist vielleicht weniger bequem als im Hotel, aber dafür freier und entspannter.

Trotz Müdigkeit ist an Schlaf nicht zu denken, denn es ist gleißend hell draußen, inzwischen elf Uhr, und ich bin ziemlich aufgekratzt. Ich tausche meine europäischen Winterklamotten gegen ein Sommerkleidchen und will auf Entdeckungstour gehen. Von den zwei Fahrrädern im Hausflur hat eines keine Bremsen und eines keine Gangschaltung. Ich wähle das kleinere Übel und bugsiere das Fahrrad durch den schmalen Ausgang. Auf geht's.

Mit dem Fahrrad durch Montevideo

Von der Avenida geht es auf einer vierspurigen, stark befahrenen Straße Richtung Regierungsgebäude. Busse und Lkw donnern mit nur wenigen Zentimetern Abstand an mir vorbei. Der Wind fegt durch die Straßen, und mein Sommerkleidchen fliegt mir um die Ohren. Als ich die Orientierung verliere, halte ich an einer Kreuzung an und frage einen Passanten nach dem Weg in die Altstadt. Die Altstadt sei hier überall, bekomme ich zur Antwort, ganz Montevideo sei eine einzige Altstadt. Ich weiß selbst nicht so genau, wo ich hinwill. Schließlich habe ich noch nichts über die Stadt gelesen und bin völlig unvoreingenommen. Ein Stadtviertel mit Straßencafés und hübschen Plätzen, irgendwo in der Sonne sitzen und ausruhen, das wäre schön. Aber wo finde ich das? Der Passant lacht und erklärt mir einen Weg. »Aber du solltest mit dem Fahrrad auf dem Bürgersteig fahren«, fügt er an. »Die Leute sind Fahrradfahrer nicht gewöhnt und nehmen keine Rücksicht auf sie. Das ist sehr gefährlich.«

Ich versuche es eine Weile über den Gehweg, muss aber alle 30 Meter absteigen, weil die Bordsteine so hoch sind, dass ich einen Reifenschaden riskiere. Also doch weiter auf der Straße. Auf der belebten 18 de Julio, der Einkaufsstraße von Montevideo, gelange ich bis zur Plaza Independencia, einem beeindruckenden Platz mit dem Präsidentensitz Torre Ejecutiva und dem Palacio Estévez. Beeindruckend auch der Kreisverkehr, der keinerlei Regeln zu gehorchen scheint. Ich ziehe den Kopf zwischen die Schultern (als ob das helfen würde!) und wusele mich zwischen den von links und rechts heranschießenden Autos irgendwie durch. Auf der anderen Seite des Platzes befindet sich ein Überbleibsel der historischen Stadtmauer, ein Tor. Hier beginnt die Fußgängerzone, ich bin gerettet. Endlich radle ich entspannt und außer Lebensgefahr bis zur Plaza Zabala, einem wunderschönen kleinen Platz mit schattigen alten Bäumen, und endlich auch einem Café, das draußen Stühle anbietet. Erst als ich das Fahrrad abgeschlossen habe und in der Sonne sitze, merke ich, wie die Müdigkeit in mir hochkriecht. Doch ich muss noch ein bisschen durchhalten.

Es ist erst Mittag, und am Nebentisch wird gerade ein sehr appetitlich aussehender Salat serviert. So einen bestelle ich mir auch. Obwohl mein Warnstimmchen meldet: »*Mayday! Mayday!* In Südamerika nur Gekochtes oder Geschältes, sonst droht Ungemach!« Zu spät, schon bestellt, wider besseres Wissen. Ich schließe ein wenig die Augen und döse neben meinem Kaffee vor mich hin. Unschöne Erinnerungen an Amöben und Salmonellen werden wach. Für immer eng verbunden mit dem Sternenhimmel des Südens.

Von Sternen und Amöben

Drei Tage hatte es gedauert, bis wir endlich die Zugtickets von Potosí nach La Paz in der Tasche hatten. Zunächst anstellen am Bahnhof. Nein, der Zug morgen sei schon ausgebucht. Übermorgen ginge noch. Aber wir brauchten erst die Genehmigung …

Bolivien wurde 1980 von harter Hand regiert. García Meza hieß der Diktator, der nicht nur seinen eigenen Leuten das Leben schwer machte. Für jede Reise benötigten wir eine Genehmigung der Militärpolizei. In diesem speziellen Fall eine Sondergenehmigung, denn nachts herrschte Ausgangssperre, *toque de queda*. Wir wurden von hier nach dort geschickt, immer wieder warten, Pässe zeigen, erklären, was wir wollten. Stempel hier und Stempel da. Unangenehme Gesellen waren das, finster dreinblickend, oft noch halbe Kinder, die nervös an ihren Maschinengewehren herumfuchtelten, wenn man sich zu schnell bewegte oder laut wurde. Man musste selbst noch keine schlechten Erfahrungen mit ihnen gemacht haben, um zu begreifen: eine falsche Bemerkung, und man ist der Willkür dieser Bewaffneten ausgeliefert.

Absolutes Neuland für mich. Wo in Europa hätte man in den Siebzigerjahren solche Erfahrungen machen können? Nur einmal, als ich über die Grenze in die DDR gefahren bin, erhielt ich eine leichte Ahnung davon, was es bedeuten musste, in einem totalitären Staat zu leben. Schnell konnte es gehen, ein falsches Wort von irgendwem, und schon saß man in der Tinte. Das Leben in einer Diktatur kann sehr ungerecht sein. Aber mehr wusste ich darüber nicht.

Wir befanden uns auf dem Weg durch Bolivien, von Santa Cruz nach Sucre mit einem Bus, der statt der angekündigten acht Stunden vier Tage brauchte; und von Sucre nach Potosí weiter auf einem offenen Lastwagen. Hinter und vor jeder Ortschaft Straßensperren, eine Schranke, *la tranca*, und Militärkontrollen. Immer mussten alle aussteigen, sich in Reih und Glied aufstellen, Gesicht zum Bus, die schwitzenden Hände auf das kalte Metall. Dann wurden wir abgetastet nach Waffen, auch mal unwirsch mit einem Maschinengewehr beiseitegeschoben, und mussten unsere Pässe und unseren *permiso*, die Reisegenehmigung, vorzeigen. Ohne *permiso* keine Chance.

Also warteten wir mal wieder in Potosí auf Unterschriften und Stempel. Als wir endlich alles beisammenhatten, hieß es am Bahnhof, nun sei leider der Zug übermorgen auch schon ausgebucht. Aber überübermorgen gebe es noch Plätze. Also das ganze Genehmigungsverfahren wieder von vorne für den neuen Reiseplan.

Und dann war es so weit: Wir saßen im Zug, der sich mühsam schnaufend und ratternd über die bolivianische Hochebene nach Norden quälte.

Der Zug ist schon ein paar Stunden unterwegs, als er plötzlich mitten auf dem Altiplano anhält. Die Lok schnauft und zischt, die Bremsen quietschen müde. Es ist vier Uhr morgens, kein Bahnhof, kein Dorf, nichts in Sicht bis auf die vom Mond beschienene Hochebene der Anden. Hier wirft ein Kaktus Schatten, dort ein Dornenstrauch. Einige Leute beginnen sich zu fragen, was wohl los sei, andere sitzen gleichgültig da und verziehen keine Miene. Ein Mann steigt aus, andere folgen ihm, um ihre Notdurft zu verrichten.

Dem Universum so nah

Das Knattern der Lok ist verstummt, es ist mucksmäuschenstill. *Ich müsste auch mal verschwinden, aber wohin nur?*, denke ich, denn ich habe keinen Poncho, mit dem ich mich geschickt verhüllen könnte. Ich brauche einen Baum, hinter dem ich mich verstecken kann. Ich gehe also ein Stückchen weiter, entferne mich vom Zug, und nach einer Weile stoße ich hinter einem kleinen Kaktuswald auf eine leichte Bodensenke. *Da ich den Zug nicht mehr sehe, sieht mich also auch keiner*, denke ich und hocke mich hin. Nur mein Kopf schaut noch hinaus auf die unendliche Ebene. Kakteen werfen lange Schatten, das Licht ist fast silbern, gespenstisch, irgendwie überirdisch. Über mir glitzert die Milchstraße mit einer Strahlkraft, dass es mich fast umhaut. Noch nie habe ich ein Sternenfirmament so nah erlebt. Je länger ich schaue, desto mehr überwältigt mich das Gefühl, Teil eines unendlich großen Ganzen zu sein. Wahrscheinlich sehe ich total lächerlich aus: Gringa mit heruntergelassener Hose im Mondschein bei minus 15 Grad auf 4000 Metern über dem Meeresspiegel. Aber mir ist so feierlich zumute, als stünde ich in einer Kirche und hätte gerade eine Erleuchtung erfahren.

Würde der Zug ohne mich weiterfahren, es wäre mir egal. Ich würde einfach in dieser Position verharren, andächtig, dem Leben und den Sternen anvertraut. Auf immer. Aber dann ruft Christian nach mir, er sucht mich. Ich raffe mich auf – völlig aufgelöst und doch irgendwie euphorisch, als hätte ich Drogen genommen – und laufe ihm entgegen, falle ihm in die Arme und weine vor Glück. So nah war ich dem Universum noch nie. So eindringlich hat das Leben mich zuvor noch nie berührt. Mir ist, als hätte ich den lieben Gott persönlich getroffen.

Oder war es etwa der Teufel? Circa zwei Stunden später, es wird gerade hell, fühle ich mich hundeelend, fast so, als wäre ich seekrank auf einem Boot bei Windstärke 11. »Du siehst blass aus«, sagt Christian, »was ist los?« Keine Ahnung, ich weiß es nicht. Das Letzte, was ich zu mir genommen habe, war ein Tee im Zug. Der schmeckte komisch und war nur lauwarm. Auf 4000 Meter Höhe kocht das Wasser nämlich schon bei 80 Grad. Wenn man es nicht lange genug weiterkochen lässt, haben Bakterien und Viren gute Chancen, zu überleben und sich rasant im neuen Wirt zu vermehren.

Den Rest der Reise habe ich auf der ziemlich unappetitlichen Zugtoilette verbracht. Durchfall und Kotzerei gleichzeitig zu haben ist eine üble, eine sehr üble Sache. Ich erinnere mich daran, dass die Zugfahrt nicht enden wollte. Wir waren schon in La Paz, aber der Zug quälte sich die Serpentinen hinunter ins Zentrum, von 4000 auf 3400 Meter, wo sich noch heute der wunderschöne Jugendstilbahnhof befindet. Inzwischen fahren dort allerdings keine Züge mehr ein, sondern er wird als Zentralstation für das hochmoderne Seilbahnnetz von La Paz genutzt.

Damals jedenfalls ruckelte der Zug vorwärts, rückwärts, hin und her, fast eine Stunde dauerte die Abfahrt, Zeit genug, mir die Seele aus dem Leib zu würgen. Was für ein Riesenglück, dass uns Freunde in La Paz erwarteten. Dort lag ich dann eine ganze Woche mit Amöbenruhr und einem Geschmack nach fauligen Eiern im Mund flach. Unser Gastgeber war Chemiker bei der UNO und strikt gegen Pharmazeutika. »Der Körper kriegt das schon selbst wieder hin«, wurde er nicht müde, mir zu versichern. Und von diesem weit gereisten Mann hörte ich auch zum ersten Mal die weisen Worte: »Außerhalb von Europa nur Gekochtes oder Geschältes! Dann lebst du länger.«

Ganz entspannt in Montevideo

Mein Salat mit Roter Bete, Endivien, Möhren, Paprika und Brunnenkresse, Mango und Papaya, Pinienkernen und mir unbekannten Nüssen sieht großartig aus! Die Worte von unserem Freund, der übrigens 96 Jahre alt wurde und bis zum Schluss versicherte, niemals Medikamente genommen zu haben, habe ich fortan immer beherzigt. Es ist tatsächlich das erste Mal, dass ich ohne jede Vorkehrung (beispielsweise mit jodiertem Wasser den Salat desinfizieren) in Südamerika einen Rohkostsalat esse. Ich habe irgendwie das Gefühl, hier gelten andere Maßstäbe. Uruguay ist ein bisschen wie Europa. Vielleicht liegt das an den vielen Italienern, die möglicherweise auch die Kochkultur beeinflusst haben. Denn Rohkost und Gemüse habe ich im Land der Steaks und Grillmeister nicht erwartet. Uruguay hat drei Millionen Einwohner und zwölf Millionen Kühe. Da kann man sich leicht ausrechnen, was das Hauptnahrungsmittel ist – Fleisch in allen Variationen.

Nachdem ich eine Weile in der Sonne gegessen habe, bin ich ziemlich schläfrig. Die lange Reise und der Jetlag stecken mir noch in den Knochen. Ich beschließe zurückzufahren, denn lange halte ich das Wachbleiben nicht mehr durch. Inzwischen ist der Wind weiter aufgefrischt, er pfeift durch die Gassen und reißt mich fast vom Fahrrad. Die Altstadt von Montevideo liegt leicht erhöht auf einer Landzunge. Das heißt für den Wind: freier Eintritt aus allen Himmelsrichtungen. Ich stemme mich nach Kräften gegen die kühle und zunehmend steife Brise. Sie zerrt an meinem Sommerkleidchen, und Gänsehaut macht sich breit. Ich lerne meine erste Lektion: In Montevideo kann der Tag vier Jahreszeiten haben und ganz überraschend von heiß auf kalt umschlagen. Zumindest ein Jäckchen sollte man immer dabeihaben. Ich habe keines dabei, friere und bin erschöpft.

Mit diesem Klapperfahrrad ohne Gänge schaffe ich bei dem Gegenwind auf keinen Fall den Weg zurück, denke ich. In einer Seitenstraße am Hafen schließe ich es an einem Baum an, schlendere daraufhin durch die Markthallen des Mercado del Puerto und bestaune die Auslage. Alle Stände sehen ähnlich aus. Auf überdimensionalen Holzgrills brutzeln Fleischstücke von gigantischer Größe. Ein Stück würde für eine fünfköpfige Familie reichen, aber der Uruguayer verputzt es ganz allein und mit links. Und was für mich alles gleich aussieht, nämlich nach Fleisch, ist für den Uruguayer *pulpa*, *lomo* und *asado de tira*. Letztere sind »Rippchen«, ein Meter lange Rippen inklusive Knochen. Daneben liegen Würste, Innereien und allerlei Undefinierbares. Riecht super, aber danke, ich bin noch satt von meinem Salat.

Es wird Zeit, ins Bett zu kommen. Ich lasse das Fahrrad stehen und schaue mich stattdessen nach einem Bus um. Es gibt eine Menge Busse in Montevideo, allerdings weiß man nie, wo welcher Bus abfährt und wo er hinfährt. Das ist nur etwas für Insider, und selbst die kennen oft nur die Linie, die sie regelmäßig benutzen. Gut, dass ich Spanisch spreche. Ich frage mich durch und nehme schließlich eine Linie, die mich zumindest in die Nähe meiner Unterkunft bringt. Unterwegs steigt ein junger Mann ein, der für vegetarische Kost wirbt. Der Typ ist gerade mal Mitte zwanzig, hat Rastalocken und sieht aus wie ein Hippie. Er steht neben dem Fahrer, hat in der einen Hand Prospekte, und mit der anderen fuchtelt er wild in der Luft herum, während er sich vorstellt. Er sei Juan aus Spanien und habe gerade ein Restaurant in Montevideo eröffnet. Ganz gesundes Essen gebe es dort.

»Und ja, bitte erschrecken Sie nicht, meine Damen und Herren, es ist ein vegetarisches Restaurant.«

Die Leute im Bus schmunzeln.

Er wisse ja, dass man in Uruguay Fleisch liebe, aber es sei wirklich gesünder, Gemüse zu essen. Er habe sogar ein paar Rezepte mitgebracht, vegetarische und auch vegane.

Einer der Fahrgäste hat schon die ganze Zeit sein Kichern unterdrückt, jetzt platzt es aus ihm heraus, und die Uruguayer, obwohl sehr höflich und tolerant, prusten alle los. Der Bus brüllt vor Lachen, auch der Fahrer kann sich kaum noch halten. Juan aus Spanien lacht mit, was soll er machen, einen Versuch war es wert.

Schneller auskennen mit Apps und Maps

Nach nur wenigen Stunden in Montevideo bin ich vollends angekommen. Ich fühle mich nicht mehr ganz so fremd, habe vieles verstanden, kann mich orientieren. Im Lauf der Jahre und der vielen Reisen ist der Geist dem Körper immer schneller an das neue Ziel gefolgt. Vielleicht hat es auch damit zu tun, dass die Gedanken mit zunehmendem Alter dazu tendieren, woanders zu sein, zeitlich einen Schritt voraus- oder zurückzueilen, aber nie ganz da zu sein. Vielleicht liegt es auch an den digitalen Medien: Nichts kann den Geist im Hier und Jetzt halten, wenn es doch überall etwas zu schauen, nachzulesen oder zu recherchieren gibt. Anders ausgedrückt: Wie eine Horde wilder Affen springen die Gedanken von einer Zeit in die andere, von einem Ort zum anderen.

Da gibt es kaum noch Anpassungsschwierigkeiten, wenn der Körper in wenigen Stunden woanders ist: Die Gedanken waren längst dort, der Geist weiß bereits, wie es dort aussieht, was es zu essen gibt, welches Klima gerade herrscht, ob es regnet oder schneit – genau in diesem Moment. Er kann eine Webcam aufrufen oder über Google Maps die Adresse am anderen Ende der

Welt anklicken. Herrscht dort viel Verkehr, oder ist es eine ruhige Straße, gibt es Restaurants in der Nähe, wie werden sie bewertet, welche Busse fahren von dort, was kosten sie ... Es gibt fast nichts, was man nicht schon vorher erfahren könnte. Das große Staunen bleibt aus. Nur die Gerüche können uns noch überraschen, wie die würzig duftenden Früchte des Baums vor dem Haus meines Gastgebers. Noch nie gerochen, eine einsame Premiere.

Ich will nur noch ins Bett, beichte José noch schnell, dass ich das Fahrrad im Zentrum lassen musste, weil mir die Puste ausging. José und Pablo lachen, sie wollen später Richtung Altstadt joggen und das Rad holen. Meine Helden!

Ganz entspannt im Pepe-Land

Am nächsten Morgen laufe ich nach dem Frühstück am Meer entlang zum Strand nach Pocitos, vorbei an unaufgeregten Leuten, die auf der Kaimauer sitzen und Mate trinken. Der Uruguayer scheint die personifizierte Ruhe zu sein. Jeder ist, wie er ist, niemand scheint sich um Mode oder Gadgets zu scheren. Man(n) trägt bequeme Schuhe oder Flipflops, lockere Hosen – gerne halblang oder kurz –, ein einfaches T-Shirt oder Hemd dazu. Krawatten sind Exoten. Eigentlich kein Wunder. Der bis März 2015 amtierende Präsident José »Pepe« Mujica hat sich ganz offiziell als Krawattenhasser geoutet, trägt Sandalen, wohnt in seinem kleinen bescheidenen Lehmhäuschen, fährt einen uralten hellblauen VW Käfer und gibt über 80 Prozent seines Einkommens an soziale Einrichtungen und politische Organisationen ab. Der Exguerillero bezeichnet sich gerne selbst als »Erdklumpen mit zwei Füßen« und liebt es, in seinem Garten zu buddeln. Seine entspannte Haltung scheint auf die Landsleute abgefärbt zu haben.

Abgesehen von der unauffälligen Kleidung trägt der Uruguayer unter dem linken Arm immer eine Thermoskanne und in der rechten Hand einen Matekrug mit sich herum. Genau wie der Zollbeamte am Flughafen, und hatte nicht auch der Taxifahrer davon erzählt? Wie war das noch mal? Ich frage einen Uruguayer am Kai. Ohne eine Miene zu verziehen, antwortet er, die uruguayischen Babys würden mit einer kleinen Thermoskanne unter dem linken Arm geboren. Wenn nicht, wäre es kein Baby aus Uruguay. Später, wenn aus dem Baby ein Jugendlicher geworden sei, brauche er die Thermoskanne nämlich, um Mate zu trinken. Von da an trage er links die Thermoskanne und in der rechten Hand eine Kalebasse mit einem metallenen Strohhalm und dem anregenden Matekraut.

Jetzt wird mir auch klar, warum bei 34 Grad Hitze an den Kiosken ein Schild hängt: »Hier heißes Wasser.« Tatsächlich brauchen alle jederzeit Nachschub für ihren Mate, egal, ob im Bus, zu Fuß, auf dem Weg zur Uni, zum Strand oder zur Arbeit, ob jung oder alt. Zeit für Mate ist immer. Einige tragen ihn samt Thermoskanne in einer speziellen Umhängetasche mit zwei Kammern, einer Matetasche also. Manche sind aus schwerem Leder, aufwendig verziert. Anders als in Argentinien, wo der Mate eher zu Hause getrunken wird und immer ein soziales Ritual ist, hat der Uruguayer den Mate stets zur Hand, egal, wo er ist. Der Matebecher wird allerdings auch in Gesellschaft herumgereicht, jeder darf einmal am Strohhalm ziehen und gibt ihn dann weiter. Am Strand, auf der Straße, im Kino, im Bus, wo auch immer.

Gäbe es einen Preis für die entspannteste Großstadt in Lateinamerika, Montevideo hätte ihn sicher. Die Uhren ticken langsam, wenn überhaupt. Niemand rennt oder stresst sich. Autos halten am Zebrastreifen; ja, sie halten sogar ohne Zebrastreifen, wenn Fußgänger über die Straße wollen. Das Leitungswasser scheint sauber zu sein, und zum ersten Mal esse ich in Südamerika völlig ungestraft knackige Salate, trinke Smoothies, esse Eis und andere ungekochte Leckereien. Mein Darm regt sich weder auf, noch macht er dicht. Er ist so wie dieses Land: völlig entspannt.

Ich bin reich, und du bist arm

Wir blieben nur drei Tage in Guayana. Das ganze Land war ein einziger Urwald. Ein französischer Urwald mit französischen Preisen. Aber leider ohne öffentliche Verkehrsmittel. Deshalb gab es für zwei Backpacker wie uns, ohne Jeep und ohne Macheten, nicht viel zu tun. Außerdem hatten wir einen Weiterflug bis Recife in Brasilien gebucht, die Tickets würden in zwei Tagen verfallen. Bis dorthin wollten wir fliegen, dann sollte Schluss sein mit Luxus *in the air*. Wobei wir zu diesem Zeitpunkt nicht einmal annähernd ahnten, wie abenteuerlich das Reisen am Boden sein konnte. Tatsächlich war jede Fortbewegung in einem noch so schrottigen Flugzeug, verglichen mit dem Landweg, wie das sanften Gleiten in einer Sänfte.

Mit einer kleinen Propellermaschine ging es stundenlang südwärts, und der grüne Urwaldteppich schien kein Ende zu nehmen. Links, also im Osten, das Blau des Atlantiks, rechts, im Westen, das Grün des Dschungels. Ein endloses Vegetationsband, einschläfernd wie das Summen der Propeller. 5,2 Millionen Quadratkilometer groß ist der tropische Regenwald im brasilianischen Amazonasgebiet. Noch sah man nichts von seiner Verwundbarkeit. Ganz selbstverständlich lag er da in seiner unüberschaubaren Dichte und langweilte mich fast ein bisschen mit seinem satten Grün. *Wenn wir hier abstürzen, fallen wir nicht sehr tief. Vielleicht überlebt man das. Aber ob man uns da jemals findet?*, fragte ich mich. Wahrscheinlich nicht. Dann endlich Abwechslung: Wir überflogen einen Strom, braune Wassermassen, die sich unermüdlich in das Meer hineindrängten, bis sie sich schließlich, weit draußen, mit dem Blau des Atlantiks verbanden – der Amazonas.

»Amazonas«, zwinkerte ich Christian zu und dachte an Amazonen: hüftwackelnde, kaffeebraune Frauen, die mit verheißungsvollem Lächeln für Rum werben. Mandeläugige Schönheiten in knappen Höschen, deren Bilder, herausgerissen aus irgendeinem Reiseprospekt, an den Brettern einer Werksbude oder in dem rostigen Spind eines Automechanikers hingen. Ich dachte an Karneval in Rio, an Samba und an Caipirinha. Ich hatte den Kopf voller kitschiger Klischees und freute mich auf Sonne, Strand und exotische Früchte. Wir überflogen Macapá, und dann begann das Flughopping: Zwischenlandung in Belém, dann in São Luís, in Fortaleza und schließlich Landung in Recife.

Unglaublich, wie groß dieses Land ist, dachte ich, während ich auf die Landkarte schaute, die wir uns in Europa besorgt hatten. Da sah die Entfernung zwischen Guayana und Recife aus wie ein Katzensprung. Obwohl wir neun Stunden im Flugzeug gesessen hatten, befanden wir uns nach wie vor im Norden von Brasilien.

Eben noch die Bilderbuchklischees im Kopf, wurde ich vor Entsetzen ganz still, als wir mit dem Bus vom Flughafen Richtung Innenstadt fuhren. Die schlammige Straße führte mitten durch die Favelas der Vorstadt. Elendsviertel mit Tausenden von wild zusammengehämmerten Buden, oft nur aus Wellblechen und Pappkartons bestehend, flogen an uns vorbei. Zwischen den Behausungen lag der Müll. Mitten im Unrat spielten Kinder und verrichteten Erwachsene ihre Notdurft. Wenn ich hinschaute, fühlte ich mich wie ein Voyeur. Also blickte ich starr nach vorne. Mir war schlecht.

Was ich vorher nicht wusste: Der Nordosten Brasiliens war nicht nur eine der ärmsten Regionen des Landes, sondern auch des Kontinents. Mit einem kleinen Umweg über das französische Department Guayana waren wir direkt aus dem satten Frankreich hineingepurzelt in ein Land, dessen natürlicher Reichtum seit

Jahrhunderten aufs Schlimmste ausgebeutet wurde. Die Monokulturen von Zuckerrohr und Sojabohnen hatten die ehemals fruchtbaren Böden der Küstenregion ausgelaugt und in eine Mondlandschaft verwandelt. Die Lebenshaltungskosten in Recife waren die höchsten des Landes, denn Nahrungsmittel mussten aus dem Süden teuer herbeigeschafft werden. Später las ich in einem Bericht der Vereinten Nationen aus den Sechzigerjahren, dass der »Mangel an Proteinen bei den Kindern einen 40 Prozent größeren Gewichtsverlust hervorruft, als im Allgemeinen in Afrika zu beobachten ist«. Anders gesagt: Der Hunger und die Armut im Nordosten Brasiliens waren schlimm und brachen traurige Rekorde. Und das Elend begegnete uns auf Schritt und Tritt.

Recife liegt auf mehreren dem Festland vorgelagerten Inseln und Halbinseln, verbunden durch eine Reihe von Brücken. Eine dieser Brücken führte von unserem Hotel aus direkt ins Zentrum. Der Gang über diese Brücke wird mir für immer im Gedächtnis bleiben, eingebrannt wie ein Tattoo. In fünf Minuten konnte ich sie überqueren, wenn ich mich beeilte. Aber sobald ich sie betrat, verwandelte sich die gefühlte Zeit in eine zähe, klebrige Kaugummimasse.

Es ist, als liefe ich, käme aber nicht voran. Meine Beine sind schwer wie Blei, sie wollen sich kaum lösen, scheinen wie festgetackert. Ein wahr gewordener Albtraum. Der kurze Weg führt durch eine nicht enden wollende Welt des Elends. Eine Welt, die mich in Deutschland und Frankreich gelegentlich über den Bildschirm eines Fernsehers erreichte, die aber nie wirklich bei mir ankam. Jetzt bin ich plötzlich mittendrin, so real und unwiderruflich, dass ich daran zu ersticken glaube.

Rechts und links sitzen, stehen, krümmen sich Seite an Seite geschundene Leiber, in Lumpen gehüllte Kinder. Eine endlose Kette von anklagenden Blicken, verstümmelten Körpern, Leprahänden, die sich mir entgegenstrecken, und aufgeblähten Kinderbäuchen, die ihre ganz eigene Sprache sprechen. Ein Krüppel ohne Arme und Beine schaut mich aus seinen sanften, tiefbraunen Augen erwartungsvoll an. Ein verhaltenes Murmeln flehender, weinender und klagender Stimmen, eine Reihe stummer, bittender Hände.

Mir ist übel. Ich bin garantiert die einzige Fremde weit und breit. Gut genährt und die Taschen voller Geld. Was mache ich eigentlich hier? Ich schaue über die Brücke hinunter zum Fluss. Ein stinkendes Abwasserrinnsal quält sich durch das schlammige Bett ohne Wasser. Mitten im Unrat wühlen Kinder auf der Suche nach etwas Brauchbarem. Der Druck auf meinen übersättigten Magen wird größer. Der Kloß im Hals sitzt so fest, als wolle er ein fester Bestandteil meines Körpers werden.

»Schau weg«, sagt mein Verstand. Aber auch bei geschlossenen Augen ist sie noch da, die Brücke. Ich rieche, fühle und schmecke sie.

»Lauf weg«, sagt mein Verstand, aber ich glaube ihm nicht mehr.

»Entrüste dich, sei wütend«, sagt mein Verstand, aber die Gefühle weigern sich, Vernunft anzunehmen. Sie sind zu sehr mit Schmerz, Schuld und Scham beschäftigt.

Darauf war ich nicht vorbereitet. Ich bin ein Wirtschaftswunderkind. Kenne keinen Krieg, keinen Hunger. Ich hatte immer gedacht, ich käme aus einfachen Verhältnissen. Verhältnismäßig einfachen Verhältnissen. Zu Hause wurde einmal pro Woche gebadet, erst die Eltern, dann die drei Kinder, im gleichen Badewasser, unten in der Waschküche. Einmal pro Woche gab es Fleisch. Zum Frühstück Margarine statt Butter und zum Abendbrot eine Kanne Hühnerbrühe aus Maggi-Brühwürfeln. Im Schrebergarten bauten wir Gemüse und Obst an, das für den Winter eingekocht und in großen Gläsern in einer Vorratskammer gelagert wurde. Wir heizten mit Kohleöfen, und die Toilette befand sich auf halber Treppe. Mit den Jahren zogen wir mehrmals um, und es kam immer mehr Wohlstand hinzu. Bald hatten wir eine Wohnzimmer-schrankwand mit eingebauter Bar, beleuchtetem Spiegel und dem obligatorischen Eierlikör. Auf dem ovalen Wohnzimmertisch standen stets Zigaretten und Salzstangen. Am Wochenende kam Besuch, es gab Kartoffelsalat und sonntags auch mal Kuchen. Wir besaßen einen Schwarz-Weiß-Fernseher, ein Tonbandgerät, einen Diaprojektor und ein Auto.

Manchmal schämte ich mich dafür. Wenn meine Oma etwa erzählte, wie sie und ihre drei Kinder gehungert hatten im Krieg, oder wenn mein Vater darüber sprach, wie er als 13-Jähriger im zerstörten Köln Kohle klauen ging und bis in die Eifel wanderte, um heimlich und im Schutz der Nacht ein paar Kartoffeln auf dem Feld auszugraben. Dann fühlte ich mich schuldig. Ich empfand Schuld, weil es anderen schlecht gegangen war beziehungsweise ging und mir gut.

Wenn ich an den dumpfgrauen, eilig in den Fünfzigerjahren hochgezogenen Reihenhäusern vorbeiging, glaubte ich manch-mal zu spüren, wie an den vergilbten Vorhängen der Fenster grausige Geheimnisse klebten, die niemals nach außen dringen durften. Geschichten um Verrat, Misstrauen und Ohnmacht. Ge-schichten um Krieg, Gewalt und Unrecht.

Mein Schulweg führte ebenfalls über eine Brücke. Ich war ein elfjähriges, viel zu dünnes kleines Mädchen und stellte mir vor, es sei Krieg, Panzer kämen die Straße hinuntergerollt, genau auf mich zu. Bomben fielen vom Himmel, und Häuser stürzten ein. Ich sah Verwundete und Mütter, die sich wie ein Schutzschild auf ihre Kinder warfen. Ich stellte mir vor, wie meine Eltern genau das als Kinder erlebt hatten, und versuchte mich so zu fühlen, wie sie sich gefühlt haben mussten. Verängstigt und das Grauen im Nacken.

Solche Bilder überfielen mich oft völlig unerwartet. Zusam-men mit diesem im Magen bohrenden Gefühl, dem Wissen um den Schmerz der anderen, dem Mitgefühl, obwohl ich nicht dabei war. Über der kriegsgebeutelten Stadt Köln waberte auch Jahrzehnte später noch die Wolke eines kollektiven Gedächtnisses.

Das traf mich als Kind – ohne es zu verstehen – mit der gleichen Wucht wie 16 Jahre später beim Überqueren der Brücke in Recife. Aber jetzt war ich 24 Jahre alt. Nicht mehr schutzlos den Bildern und Gefühlen ausgeliefert. Und ich hatte Christian an meiner Seite. Er war neun Jahre älter als ich und Franzose. Für ihn war die Welt in Ordnung.

»So ist das nun mal. Es gibt Arme und Reiche«, sagte er. »Wir wurden eben zum richtigen Zeitpunkt am richtigen Ort geboren. Reine Glückssache.« Ja, Schwein gehabt. Aber was sollte ich jetzt machen? Jedem Bettler Geld geben? Oder nur jedem zweiten? Oder auf dem Hinweg all jene beschenken, die am rechten Brückenrand saßen, und auf dem Rückweg die auf der anderen Seite? Und wie viel sollte ich geben? Musste der ohne Beine mehr bekommen als der mit Beinen? Oder war es besser, Essen zu kaufen und auf der Brücke zu verteilen? Ich kam zu keinem Ergebnis. Ich war weiß und fühlte mich schuldig. Es waren »meine Leute«, die sich hier seit der Entdeckung durch Kolumbus bereichert hatten und über Leichen gegangen waren. Und das Schlimmste: Sie taten es noch immer. Ich schämte mich meiner Hautfarbe.

»Dafür können wir doch nix«, argumentierte Christian. »Mir tun die armen Teufel ja auch leid«, fügte er hinzu, »aber wenn wir jedem etwas geben, müssen wir bald wieder nach Hause fahren. Es sind einfach so viele. Wir sind ja auch nicht gerade reich.« In Europa mochte das stimmen. Aber hier fühlte ich mich gerade steinreich. Verglichen mit all den Menschen, die in absoluter Armut lebten. Verstohlen gab ich hier eine Münze und dort einen Schein. Christian hatte schon recht: Das löste keine Probleme. Im Lauf der Reise trafen wir immer wieder Leute, die sogar davon abrieten, Almosen zu geben. Das sei nicht gut für die Menschen.

So etwas sagt sich jedoch leicht, wenn der eigene Magen nicht knurrt. Ob gut oder schlecht, ich habe die Frage nie wirklich klären können. Aber manchmal bin ich Menschen begegnet, die in großer Armut lebten, und habe gelernt, dass es vielleicht gerade diese eine Münze ist, die entscheidet, ob es am Abend etwas zu essen gibt oder nicht. Also löst sie vielleicht keine globalen Probleme, aber doch ein ganz konkretes, existenzielles. Und dabei ist es völlig egal, ob der Spender mit seiner Gabe sein Gewissen beruhigen will oder nicht. Bedürftigen etwas zu schenken kann einfach nicht falsch sein. Teilen ist keine Schande, im Gegenteil!

Viele Jahre später unterhielten wir uns einmal über unsere Südamerikareise, Christian erinnerte sich an Recife: »Weißt du noch, diese Stadt mit den vielen Brücken, dieses südamerikanische Venedig?« Natürlich wusste ich das noch. Aber Venedig, von wegen! Knietief in der Scheiße waten oder über elende Brücken gehen, das ist für mich Recife. Noch heute glaube ich manchmal, einen Hauch von Fäulnis und Verwesung zu riechen, wenn ich eine Brücke überquere.

Von Airbnb zum Hostel

Vorletzte Nacht hat es in meiner Unterkunft in Montevideo geregnet – richtig: hereingeregnet, bis auf mein Bett. Sintflutartig. Aus undichten Oberlichtern und Dachbalken. Mein Gastgeber José war ausgegangen, und ich habe alle Eimer, Töpfe und Schüsseln, die ich finden konnte, im Haus verteilt. Ich bin auf allen vieren mit Putzlappen durch das Wohnzimmer gekrochen, um das Schlimmste zu verhindern und damit das Erbstück von Tante Ana, einen muffig riechenden, aber angeblich sehr wertvollen Teppich, vor einem Wasserschaden zu retten. An Schlaf war nicht zu denken. Als meine Mitbewohner um vier Uhr morgens feuchtfröhlich nach Hause kamen, war ich gerade eingenickt. Doch sie waren so begeistert ob meiner Fürsorge, dass sie das gleich mit mir feiern wollten. Die beiden sind Anfang dreißig, wer kann es ihnen verdenken. Den Rest der Nacht verbrachten wir also bei Rotwein und Chips zwischen halb vollen Eimern und Schüsseln.

»Tut mir leid, dass du nass geworden bist«, lacht José. »Dauernd gibt es etwas zu reparieren in diesem Haus. Aber, na ja, mit der Kohle ist das so eine Sache: Es kommt wenig rein, und das Leben ist verdammt teuer hier.«

Stimmt, das habe ich auch schon gemerkt. »Wie überleben die Leute hier eigentlich?«, frage ich. Denn ich weiß: Die Gehälter sind wirklich mickrig.

»Das geht eigentlich nur, wenn du zu zweit wohnst und beide verdienen. Wenn du wie ich allein lebst, musst du halt vermieten. Und kreativ sein in der Freizeitgestaltung.«

José ist leidenschaftlicher Tangotänzer. Er und seine Freunde treffen sich regelmäßig draußen, um zu üben. »Kostet nichts und macht Spaß«, schwärmt er.

Sein chilenischer Mitbewohner Pablo ist auf der Suche nach einem Job. »In Chile ist es noch verrückter als in Uruguay«, erzählt er mir. »Das Leben ist so teuer, dass du zwei oder drei Jobs gleichzeitig brauchst. Aber die sind verdammt rar.«

Am Tag danach ist es so schwül, dass wir sogar nachts sämtliche Türen und damit auch die Haustür offen lassen, damit es ein wenig Durchzug gibt. Neben der erwünschten Luftzirkulation kommt damit leider auch der Lärm herein. Ohrenbetäubend. Das Haus liegt an einer Hauptstraße. Es fahren Busse und Lastwagen im Minutentakt vorbei. Da die Straße leicht ansteigt, schalten die Fahrzeuge, vor allem die dicken Brummer, kurz vor unserer Wohnung ein oder zwei Gänge herunter und geben dann richtig Vollgas. Mit aufheulendem Motor donnern sie also an uns vorbei. Wenn die Türen geöffnet sind wie heute Nacht, hört es sich an, als führen sie mitten durch das Wohnzimmer direkt in mein Zimmer, lediglich zehn Zentimeter an meinem Bett vorbei und hinten wieder hinaus. Der Boden zittert, mein Moskitonetz gerät in Schwingungen, und der Lärm dringt selbst durch meine Ohropax hindurch.

Im Wohnzimmer sitzen meine beiden Mitbewohner und brüllen sich gegenseitig an, um den Verkehr von draußen und den auf maximale Lautstärke gestellten Fernseher zu übertönen. So gern ich die beiden habe, morgen schaue ich mich nach einem Hostel um. Noch eine schlaflose Nacht, und ich werde zum Monster, das töten will. Ich schwöre!

Yoga für Backpacker

Am nächsten Morgen klettere ich wie immer über die defekte Stiege durch die Dachluke nach oben, um meine Yogamatte auf der Terrasse auszurollen. Ich weiß jetzt schon, was ich vermissen werde, wenn ich umziehe: die beiden Jungs und mein Morgen- ritual auf dem Dach. In der Frühe weht eine leichte Brise vom At- lantik herüber, die Luft ist rein und kühl. Mein Blick fällt auf die noch feuchten Baumkronen der Palisander, die mit ihren blauen Blüten zahlreiche Vögel anziehen. Noch ruht der Verkehr. Die Menschen in Montevideo sind nachtaktiv und Spätaufsteher.

Ich liebe es, zu dieser frühen Stunde unter freiem Himmel Yoga zu machen. Tägliche Yogaübungen gehören zu meinem Rei- sealltag wie Zähneputzen und Frühstücken. Lasse ich sie einmal ausfallen, fühle ich mich steif und eingerostet. Aber das passiert selten. Denn Yoga kann man überall machen, auch in kleinen Ho- telzimmern. Mehr Platz, als die Yogamatte beansprucht, braucht man nicht. Inzwischen gibt es ganz dünne Matten, die sich klein zusammenrollen oder -falten lassen und kaum etwas wiegen. Ideal für die Reise.

Ich kenne ein paar wunderbare Asanas, also Übungen, die vor allem den beanspruchten Backpackerrücken entlasten, die Be- weglichkeit der Wirbelsäule fördern, Sehnen dehnen und Mus- keln kräftigen. Eine ganz einfache und effektive ist zum Beispiel die »Katze«.

Die Katze

Dafür begebe ich mich in den Vierfüßlerstand, das heißt, ich gehe auf die Knie, meine Hände stelle ich unter die Schultergelenke auf den Boden. Dann wölbe ich meine Wirbelsäule in einen C-Bo- gen, mache also einen Buckel wie die Katze, und atme dabei aus. Danach kippe ich das Becken und lasse den unteren Rücken ins Hohlkreuz sinken, dabei hebe ich den Kopf und atme tief ein.

Meine Wirbelsäule wölbt sich nun in einem C-Bogen nach unten. Danach wieder Katzenbuckel und ausatmen, Hohlkreuz und einatmen und immer so weiter.

Der Hund mit dem Gesicht nach unten

Vom Vierfüßlerstand geht es in den »Hund« (nichts für Leute, die unter Bluthochdruck leiden): Beide Handflächen fest auf den Boden pressen, die Finger weit auseinanderspreizen und den Druck in die Fingerkuppen und den Daumenballen bringen. Jetzt das Gewicht von den Knien auf die Fußballen verlagern und den Rumpf nach hinten und oben schieben. Ich stehe nun da wie ein umgekipptes V und schaue mir auf den Bauch. Dabei atme ich tief und ruhig ein und aus und bleibe etwa zehn Atemzüge lang in dieser Haltung. Der Kopf wird dabei schön durchblutet und der Rücken gestreckt, die Lendenwirbelsäule entstaucht, Arme und Schultern gekräftigt, was für den nächsten Rucksackeinsatz allemal von Vorteil ist. Falls die hintere Beinmuskulatur vom vielen Laufen zu verkürzt ist, kann man die Knie ein wenig beugen und dafür den Rücken mehr strecken – genauso, wie man es bei einem Hund beobachtet, der gerade aufgestanden ist.

Beine hoch

Wer Verspannungen im unteren Rücken hat, wird diese Dehnungsübung ganz oben auf seine Hitliste setzen. Ich lege mich mit dem Rücken auf die Yogamatte, winkele das linke Bein an und hebe das rechte, gestreckt mit angezogener Fußspitze, bis es im rechten Winkel zur Matte steil nach oben zeigt. (Wer wenig Übung und eine verkürzte Muskulatur hat, kommt wahrscheinlich nicht so weit. Das macht aber nichts – einfach so weit, wie es geht, nach oben strecken.) Mit den Händen greife ich den Unterschenkel und ziehe das Bein noch ein bisschen mehr ran. Wer das nicht kann, nimmt einfach einen Gürtel oder ein Tuch, legt es um den Fuß und zieht vorsichtig das Bein zu sich. Die Schultern sollten dabei immer auf dem Boden bleiben. Die Dehnung ruhig eine Minute halten. Das Bein langsam wieder ablegen, die Augen schließen und nachfühlen. Fühlt sich das rechte Bein jetzt drei Kilometer länger an als das linke, dann haben Sie alles richtig gemacht. Anschließend ist das andere Bein dran, danach sollten sich beide wieder gleich lang anfühlen. In einer zweiten Runde kommt eine kleine Steigerung, diesmal wird das angewinkelte Bein gestreckt, sodass es gerade auf der Matte liegt und das andere Bein steil nach oben zum Himmel zeigt. Diese Übung dehnt die hintere Beinmuskulatur und schafft Raum im unteren Rücken.

Gleichermaßen angenehm für den Rücken: einfach beide Beine hochstrecken, vielleicht noch ein Kissen unter das Kreuzbein legen oder die Beine an der Wand anlehnen und so zwei bis drei Minuten verweilen. Das entspannt ohne Mühe und regt den Lymphfluss an. Sehr gut geeignet nach langen Busfahrten oder Flugreisen.

Der Drehsitz ist ebenfalls nützlich für die Reise. Einerseits sorgt er für eine bessere Beweglichkeit des Brustkorbs, und andererseits regt er die Verdauung an, weil die Organe des Oberbauchs dabei schön massiert werden. Genauso die Vorwärtsbeuge, bei der ich, mit ausgestreckten Beinen auf dem Boden sitzend, meinen geraden Rücken langsam nach vorne neige, bis der Bauch auf den Oberschenkeln liegt. Auch dabei wird die Verdauung angeregt. Wer diese Übungen regelmäßig macht, braucht weder Abführmittel noch Koffein zum Frühstück.

Eine schöne Übungsreihe und ein effektives Ganzkörpertraining ist der Sonnengruß. Mit ihm werden sowohl Vorder- als auch Rückseite des Körpers intensiv gedehnt, der Kreislauf angeregt, die Gelenke mobilisiert und die Muskeln gekräftigt. Es lohnt sich, vor einer längeren Reise einen Yogakurs zu besuchen, um die Abfolge richtig zu lernen.

Hostelsuche

Nach meiner Yogasession kann der Tag beginnen. Ich mache mir Frühstück und stelle meine beiden Mitbewohnern, die noch schlafen, frisch gepressten Orangensaft hin. Dann verlasse ich die Wohnung Richtung Altstadt. Ich will zum Teatro Solís, einem wunderschön restaurierten Theater aus dem 19. Jahrhundert, und dort Karten für ein Konzert besorgen. Mittags gönne ich mir heute mal eine *parrillada*, Fleisch vom Grill, natürlich im Mercado del Puerto, dem Eldorado der Fleisch- und Grillliebhaber. Ganz in der Nähe soll es auch ein nettes Hostel geben. Ich habe es im Internet auf der Plattform *hostels.com* entdeckt. Bevor ich dort buche, will ich es mir aber erst mal in »echt« ansehen.

In der Calle Perez Castellano, mitten in der Altstadt, finde ich das Hostel, die Posada al Sur. Ich bin ein bisschen aufgeregt, habe ich doch keine Erfahrungen mit Hostels und kenne sie nur aus den Erzählungen meines Sohnes. 1980, als ich zuletzt mit dem Rucksack unterwegs war, gab es noch keine Hostels. Nur billige Absteigen mit Mehrbettzimmern und versifften Toiletten, aber nicht diese gepflegten Häuser, in denen man zwar das Bad teilt, aber eben auch selbst kochen kann und andere Reisende kennenlernt. So eines suche ich jetzt.

Juan, einer der Mitarbeiter, zeigt mir das Haus. Es gehört zu einer Kooperative, die sich dem nachhaltigen Tourismus verschrieben hat. Die Posada befindet sich in einem alten, sehr schön restaurierten Haus in der Fußgängerzone. Es gibt Mehrbettzimmer, aber auch Doppelzimmer mit gepflegten alten Holzböden und originalen Steinwänden sowie einen Aufenthaltsraum und eine große Küche, in der gekocht und geklönt werden darf. Anschließend führt er mich auf die Dachterrasse, und ich weiß schon jetzt: Das wird mein Lieblingsplatz sein. Blumentöpfe stehen rund um eine Sitzgruppe, und eine Hängematte ist auch vorhanden. Von hier aus blickt man auf die Altstadt und das

Meer. Dieser Ort ist eindeutig besser als meine bisherige Unterkunft.

Am Abend spreche ich mit José und erkläre ihm die Lage. Ob es für ihn ein Problem sei, wenn ich morgen umziehen und früher als geplant das Zimmer räumen würde?

»*No, corazón*, überhaupt kein Problem! Klar verstehe ich das.«

»Und du bist bestimmt nicht böse?«

»Auf keinen Fall. Aber wir werden dich ein bisschen vermissen. Das schon.«

»Ich euch ganz bestimmt auch!«

Danach umarmen wir uns herzlich. José besteht darauf, dass er und sein chilenischer Mitbewohner heute eine Abschiedspizza backen. Ich steuere den Wein bei. Südamerikaner sind eben einfach unkompliziert. Das hat sich in all den Jahren überhaupt nicht verändert.

Brasilianisch für Anfänger

Es war nicht nur die Armut, mit der ich seit Recife lernen musste umzugehen. Es war auch diese einnehmende Freundlichkeit der Menschen, diese mir bis dahin gänzlich unbekannte Gastfreundschaft. Sie kam völlig fraglos daher, ohne jeden Anspruch auf Wiedergutmachung oder Gegenleistungen. Und sie verblüffte uns. »Dürfen wir das überhaupt annehmen?« und »Wie können wir etwas zurückgeben?« waren Fragen, die uns zunächst verunsicherten.

Wir waren zum Informationsbüro gegangen, in der Hoffnung, einen Portugiesischkurs für Ausländer zu finden. Denn anders, als erwartet, halfen unsere Englischkenntnisse in Brasilien überhaupt nicht weiter, und wir mussten unbedingt die Sprache lernen, bevor wir unsere Reise fortsetzten. In dem schmucklosen Büro hing eine Karte von Brasilien an der Wand. Ein junges Mädchen, kaum älter als ich, gab freundlich Auskunft.

»Portugiesisch«, sagte sie mit einem verschmitzten Lächeln, »wird hier nicht gesprochen. Hier spricht man Brasilianisch, klar?« Das sei nämlich längst nicht das Gleiche. Es ergoss sich ein melodischer Redeschwall über uns, und ich verstand: Brasilianisch = Portugiesisch mit Herz und Musik.

Roxana redete so charmant auf uns ein, ihre Worte facettenreich mit Gesten und Mimik unterstreichend, dass das Wichtigste ankam: Nein, Portugiesisch für Ausländer gebe es nicht in Recife, weil es keine Ausländer gebe. Sie hieß uns trotzdem herzlich willkommen, gab uns ihre Telefonnummer und bestand darauf, dass wir sie anriefen, damit sie uns die Stadt und ihre Umgebung zeigen könne. Und das meinte sie ganz und gar ernst. Am nächsten Tag ging sie mit uns ins Museu do Homem und anschließend auf ein Bier zum Pátio do São Pedro. Am Wochenende fuhren wir gemeinsam zu einem Strand, wo sie mit Freunden ein kleines Fischerhaus bewohnte. Es befand sich auf einer Anhöhe und gab den Blick auf eine traumhafte Bucht mit weißem Sand, Palmen und Mangobäumen frei. Roxana gehörte zu den Privilegierten des Landes, sie bekam Geld von zu Hause, hatte einen Job im Büro und studierte. Wenn die Universität nicht gerade geschlossen war ...

Für Montagabend hatte Roxana uns auf den Campus bestellt. Wenn ich sie richtig verstanden hatte, gab es nun doch einen Brasilianischkurs für Ausländer, und sie wollte uns dorthin bringen. Sie kam etwa 45 Minuten später als verabredet, was für uns Südamerika-Greenhorns irritierend war, aber wohl ganz und gar den gesellschaftlichen Konventionen entsprach. Roxana führte uns über das Gelände, das wie eine Geisterstadt dalag. Die meisten geisteswissenschaftlichen Fakultäten waren seit Monaten geschlossen. Der Staat fürchte »politische Umtriebe«. Man habe Studentenheime gebaut, aber gleich nach der Fertigstellung wieder geschlossen, damit sich dort keine revolutionären Kräfte bündeln konnten.

»Der Staat fürchtet sich zu Recht«, erklärte Roxana grimmig. Achtzig Prozent der Bevölkerung verdienten weniger als 2000 Cruzeiros (etwa 50 Euro) monatlich. Grundnahrungsmittel wie Reis und dicke Bohnen müssten zum Teil importiert werden. »Und warum?«, fuhr Roxana fort. »Weil ein großer Teil der landwirtschaftlichen Produktion auf den Anbau von Zuckerrohr umgestellt wurde. Und zwar nur deshalb, weil irgend so ein Schreibtischfritze auf die Idee gekommen ist, aus Zuckerrohr Alkohol zu machen und diesen als Benzinersatz einzusetzen.« Jetzt kam Roxana richtig in Fahrt. »Die Ölimporte werden eingeschränkt, Devisen gespart. Mit dem Ergebnis, dass das Autofahren für die

Reichen billiger ist und die Nahrungsmittel der Armen teurer wurden!«

Wir kamen an den halb verfallenen, nie genutzten Studentenwohnheimen vorbei. Das ganze Gelände wirkte unheimlich. Vor einer alten Holztür blieben wir schließlich stehen. Roxana schaute uns feierlich an, zog einen großen Schlüssel aus der Tasche und öffnete knirschend das Tor zu einem riesigen Hörsaal, der offenbar schon lange nicht mehr benutzt worden war.

»Unser Hausmädchen hat früher hier geputzt und mir den Schlüssel geliehen.«

Roxana eilte entschlossen nach vorn zu der großen Tafel. »Setzt euch«, bat sie uns und deutete auf die treppenförmig angelegten Stuhlreihen. Etwas verloren saßen wir auf den klapprigen Holzsitzen in den leeren Reihen und warteten gespannt auf das, was jetzt kommen sollte. Roxana schnappte sich eine Kreide und schrieb an die Tafel:

»*Falo brasilero*. Ich spreche brasilianisch.«

»*Tudo bem?* Alles klar?«

Wir schauten uns verblüfft an und prusteten los vor Lachen. Unsere lustige Lehrerin machte auf streng und schlug mit dem Zeigestock dreimal aufs Pult. »Kinder, Ruhe bitte!«, rief sie grinsend, und wir packten brav unsere Hefte und Stifte aus. Unsere erste Brasilianischstunde hatte begonnen. Mit einer Lehrerin, die keine war, in einem Hörsaal, der längst nicht mehr benutzt wurde, in einem Land, das wir kennenlernen wollten. *Tudo bem!*

Aber die wichtigste Lektion hatten wir schon gelernt: Freundlichkeit ist ein unbezahlbares Geschenk. Wenn sie von Herzen kommt, erwartet sie keine Gegenleistung. Man darf sie dankbar annehmen, ohne sich schlecht dabei zu fühlen. Denn wer die Geschenke des Lebens freudvoll annehmen kann, kann auch mit Freude geben. Und wer gibt, wird vom Universum reichlich beschenkt. So schließt sich der Kreis.

Hallo, ich bin die Neue

Nun habe ich also wieder den Rucksack geschultert und laufe in Montevideo durch die verkehrsberuhigte Calle Sarandí Richtung Hostel. Zwei junge Leute, ebenfalls mit Rucksack, kommen mir entgegen und zwinkern mich im Vorbeigehen grüßend mit »Hi you« an. Irgendwie freut mich das. Ich scheine jetzt zu einer Art Backpackerfamilie zu gehören. Entgegen meinen Befürchtungen und anders als mancher Kommentar in Deutschland (»Rucksack in dem Alter, geht's noch?«) habe ich hier bis jetzt noch keine einzige doofe Bemerkung im Zusammenhang mit meinem Alter und dem Rucksack gehört. So ganz selbstverständlich liegt er mir aber noch nicht auf den Schultern. Es ist, als würde ich mich selbst beobachten: In dem Bewusstsein, dass ich beinahe sechzig bin und einen Rucksack auf dem Rücken trage, bin ich doch tatsächlich unterwegs in ein Hostel, wo die Gäste wahrscheinlich so alt sind wie mein Sohn oder jünger ...

Ein bisschen mulmig ist mir schon. Ich schwanke zwischen Übermut, dem echt angenehmen Gefühl von »Hey, ich trau mich was, ist mir doch egal, was der Rest der Welt davon hält« und Befürchtungen wie »Oh mein Gott, hoffentlich finden die mich nicht total lächerlich«. Wer in ein Hotel eincheckt, kann sich leicht hinter der Anonymität seiner Zimmernummer verbergen. In einem Hostel hingegen gibt es so etwas wie eine temporäre Reisegemeinschaft. Dort alleine anzukommen heißt, auf Menschen zu stoßen, die einander schon kennen. Auf Gruppen eben.

Und ich bin allein. Ich bin fremd. Ich bin neu.

Man muss nicht besonders schüchtern sein, um diese Situation erst mal unangenehm zu finden. Mit gemischten Gefühlen gehe ich also die Treppe hinauf zum Empfang in einem großen lichtdurchfluteten Raum, der auch als »Wohnzimmer« dient. Zwei Zwanzigjährige und die kaum ältere Mitarbeiterin an der Rezeption blicken gebannt auf ein Tablet, das eine Montevideo-Karte zeigt. Offenbar planen sie einen Ausflug. Sie schauen kurz auf, als ich grüße, und lächeln mich freundlich an: »*Hey, how are you?*« Ich schnalle meinen Rucksack ab und sinke in einen der gemütlichen, abgewetzten Sessel. Neben mir sitzt ein Mann, schütteres Haar, Bauchansatz, und surft am hoteleigenen Computer. Er flucht in breitestem Bayerisch, weil irgendetwas nicht klappt.

»Kann ich helfen?«, frage ich auf Deutsch.

»Na, die Verbindung ist gerade zusammengebrochen, ausgerechnet als ich endlich ›kaufen‹ drücken wollte.«

»Was wolltest du denn kaufen?«

»Eine Eintrittskarte zu einer Karnevalsveranstaltung. Ich versuche es gleich noch mal.«

Jürgen ist Anfang sechzig, hatte einen Burn-out und freut sich darüber. Weil er sonst vielleicht nie mitbekommen hätte, wie schön das Leben sein kann, sagt er. Vor einem Jahr hat er seinen Job gekündigt, nachdem er monatelang krankgeschrieben war. Seitdem ist er mit dem Rucksack unterwegs und fühlt sich wieder gesund und vital. Hier im Hostel ist er vor einer Woche angekommen und will mindestens zwei oder drei Wochen bleiben.

Die drei jungen Leute diskutieren immer noch, wie sie wo hinkommen. Das Internet ist gerade ziemlich launisch, und die Verbindung stürzt immer wieder ab.

»*Why don't you look on a real map?*«, fragt Jürgen und kramt aus seiner Tasche eine Karte von Uruguay, die er den beiden Amerikanern hinüberreicht. Die drehen und wenden die Karte und scheinen irgendwie die Orientierung verloren zu haben. Jürgen kommt hinzu, breitet sie fachmännisch aus und erklärt in bayerischem

Denglisch: »*Look, that is Norden und that is Süden. Easy-peasy. And you want to go to Brasil, so to the Norden.*«

»*But Brazil is in the south*«, ruft das Mädchen. »Ja, vielleicht *south of America but* Norden von Uruguay«, erwidert Jürgen. Und zu mir sagt er zwinkernd: »Die können das echt nicht mit dem Kartenlesen. Ohne Google Maps ist diese Generation verloren. Aber *don't mind,* Jürgen ist ja da und zeigt es euch.« Ich sehe in den nächsten Tagen noch öfter, wie er und junge Reisende die Köpfe über einer Landkarte – davon scheint er offensichtlich viele dabeizuhaben – zusammenstecken.

Ich habe mir inzwischen einige Zimmer angeschaut. Das Mehrbettzimmer kommt für mich nicht infrage, auch wenn es megagünstig ist und die Leute offensichtlich alle sehr nett sind. So viel Privatsphäre muss schon sein »in meinem Alter«. Ich wähle deshalb ein schönes Zimmer zur Straße hin. Es hat einen Balkon, eine Natursteinmauer und fünf Meter hohe Decken. Die Möbel sind antik, der Boden ist aus Holz. Es gibt drei Gemeinschaftsbäder und eine große Wohnküche, in der jeden Morgen an einem langen Tisch gefrühstückt wird. Und zwar bis mittags. Das Frühstück ist auch heute noch im Gang, und Lena lädt mich ein, mich zu bedienen. Es duftet aromatisch nach gebrühtem Kaffee, und auf dem Tisch stehen eine Kanne frisch gepresster Orangensaft, selbst gebackenes Brot, Marmeladen, Käse und Honig, alles Bioqualität.

Lustig ist das Hostelleben

Melanie aus Schweden, Klaus aus Hamburg und ein Paar aus Argentinien sitzen noch am Tisch. Melanie hat gerade den Bachelor gemacht und will ein halbes Jahr lang reisen, bevor es wieder an die Uni geht. Klaus, Anfang dreißig, ist Ingenieur und arbeitet projektweise für Windparks in Norddeutschland. Jetzt will er sechs

Wochen Urlaub in Uruguay und Argentinien machen. Juana und Pedro aus Argentinien sind Tangoliebhaber. Sie kennen jeden Tango-Act und die heißesten Plätze zum Abtanzen in Montevideos Straßen. Während unserer Unterhaltung springen wir zwischen verschiedenen Sprachen hin und her. Mal verständigen wir uns auf Deutsch, mal auf Englisch, mal auf Spanisch. Es gibt weder eine Sprachregelung noch eine Sitzordnung, noch Zeiten, die man einhalten muss. Wer fertig gefrühstückt hat und gehen will, wäscht sein Geschirr ab und macht Platz für den Nächsten.

Wann immer mir in den nächsten Tagen nach Gesellschaft und Gesprächen ist, ich einen Rat brauche oder kochen will, steht die Küche stets offen für mich. Es gibt zwei große Kühlschränke und alles, was man zum Kochen braucht. Wie in jeder WG wird auch mal was aus dem Kühlschrank geklaut oder »vergessen«, das Geschirr abzuwaschen. Aber dafür, dass es sich hier um eine kunterbunte und generationsübergreifende Truppe handelt, funktioniert das Zusammenleben reibungslos. Und dann gibt es ja auch noch die gute Seele des Hauses, die Reinigungskraft, die dafür sorgt, dass nichts im Kühlschrank verschimmelt und die Küche sauber bleibt.

Ich bin zufrieden. Wenn ich die Tür meines Zimmers auflasse, fühle ich mich wie zu Hause: nebenan das Wohnzimmer, die Küche zwei Türen weiter. Oben auf der Dachterrasse mache ich morgens ungestört meine Yogaübungen, und abends findet sich hier bei Wein, Bier und Chips immer eine spannende Runde ein. Manchmal werden auch Cannabiskekse angeboten, oder ein Joint wird herumgereicht. Aber die Leute sind tolerant: Man darf auch dankend ablehnen.

José ist Ende zwanzig und hat seinem Heimatland Spanien frustriert den Rücken gekehrt. Die Krise zwinge junge Menschen dort, wieder zu ihren Eltern zu ziehen. »Wie erniedrigend ist das denn?«, fragt er. Es gebe einfach keine Jobs in Spanien. Deshalb ist er jetzt ausgewandert nach Uruguay. Wenn er abends »nach

Hause« kommt, also ins Hostel, erzählt er von seinen Recherchen und Behördengängen für den Aufbau seiner neuen Existenz. Er möchte ein Cannabiscafé in Montevideo eröffnen, denn in Uruguay ist der Anbau von Cannabis seit 2013 per Gesetz erlaubt. Die Rahmenbedingungen für die Umsetzung wurden aber erst kürzlich geklärt: Für den Vertrieb in Apotheken hat José Mujicas Regierung zwei Firmen beauftragt, jährlich zwei Tonnen Cannabis anzubauen. Der Anbau für den Eigenbedarf ist ebenfalls legal. Dafür muss man sich aber registrieren lassen. Bis Ende des Jahres haben sich über 3000 Menschen dafür angemeldet. Außerdem gibt es zwei sogenannte Cannabis Social Clubs und 15 weitere im Genehmigungsverfahren. José will so einen Klub gründen, in dem nicht nur gekifft wird, sondern auch Kunst und Literatur eine Bühne bekommen sollen.

Seit gestern ist zudem die Auswanderin Ana im Hostel. Sie ist etwa in meinem Alter, Spanierin aus La Coruña und hat jahrzehntelang ein Restaurant betrieben.

»In Spanien ein Restaurant zu betreiben heißt: arbeiten, arbeiten, arbeiten«, erzählt sie. »Die Leute haben kein Geld, also musst du die Preise ganz unten ansetzen, damit überhaupt jemand kommt. Das geht bis hin zur Selbstausbeutung. Ich habe die letzten Jahre immer am Rand der Armut gelebt, bei täglich 15 Stunden Arbeit. Das kann ich nicht mehr.«

Man sieht es in ihrem Gesicht und an den Händen: Ana kann zupacken, aber die Sorgen haben tiefe Furchen in ihr Gesicht gegraben. Nur die grünen Augen blitzen jung und lebhaft aus dieser Faltenlandschaft heraus. Aufgeben scheint allerdings nicht ihr Ding zu sein. Jetzt ist sie mit zwei Koffern nach Uruguay gekommen und will sich einen Job in der Gastronomie suchen. Ich finde das mutig, mit Mitte fünfzig noch mal ganz neu anzufangen!

»Glaubst du, dass du hier mehr verdienen wirst?«, frage ich sie.

»Nee«, sagt Ana, »es wird auch hier nur knapp zum Leben reichen. Aber hey, wenn ich schon so wenig verdiene, will ich es wenigstens schön haben und mich nicht totarbeiten. Hier herrscht doch ein super Klima, die Leute sind überaus freundlich, und das Gesundheitssystem ist wahrscheinlich besser als in Spanien. Wegen Alter und krank werden«, sagt sie und will damit andeuten, dass sie vorausschauend plant.

Aber von Altwerden ist bei Ana außer Falten ohnehin nicht viel zu sehen. Fast jeden Abend zieht sie mit kleinen Grüppchen unterschiedlichen Alters los, die sich im Hostel oft spontan bilden, um dann zusammen etwas zu unternehmen.

Einige Wochen später, kurz vor meinem Rückflug nach Deutschland, treffe ich Ana im Hostel wieder. Sie strahlt über das ganze Gesicht. In Minas, einer Kleinstadt im Landesinneren, darf sie als Kellnerin in einer Gaststätte Probe arbeiten. »Und das Beste«, berichtet sie, »das Leben in der Provinz ist viel billiger. Ich bekomme dort ein Appartement und werde von meinem Verdienst vielleicht sogar etwas sparen können.« Das ist Ana seit Jahren nicht gelungen. Sie ist dabei, ihre Sachen zu packen, um am darauffolgenden Morgen nach Minas zu fahren und ihr neues Leben anzutreten. Ich bin ehrlich beeindruckt von dieser zähen und lebenslustigen Frau.

Und noch etwas anderes überrascht mich: Innerhalb kürzester Zeit hat sich im Hostel eine kleine zwanglose Reisegemeinschaft gebildet. Da sind alle möglichen Berufe und Altersgruppen vertreten, unterschiedliche Religionen und Nationen. Und doch sprechen wir auf unkomplizierte und natürliche Weise eine gemeinsame Sprache, geprägt von Toleranz und Achtung füreinander. Dabei ist es völlig unerheblich, wie alt ich bin, ob ich Professor oder Student bin, ob Schüler oder Rentner, ob mit der goldenen Kreditkarte oder mit kleinem Budget unterwegs. Hier bilden sich ungewöhnliche Allianzen, sei es zum Fahrradfahren, zum Strandtag oder zu einem Museumsbesuch, und niemand wird ausgeschlossen. Und diese Offenheit wird reich belohnt. Denn mit jedem Gespräch tausche ich mich aus und lerne Dinge von den anderen, die ich sonst nie kennengelernt hätte. Selten bin ich mit so vielen neuen Perspektiven auf alte Themen in Verbindung gekommen. Klar, auch auf meiner Rucksackreise 1980 bin ich interessanten Leuten begegnet, aber die waren damals alle so alt wie ich. Diesen Generationenmix auf Reisen, den gab es früher nicht. Andererseits war durch die fehlende Vielfalt innerhalb der Reise-Community vielleicht die Notwendigkeit größer, aktiv Kontakt mit der lokalen Bevölkerung zu suchen und den langen und manchmal beschwerlichen Weg der interkulturellen Kommunikation auf sich zu nehmen.

Von Puffs und Kakerlaken

Wo immer wir hinkamen, überall trafen wir freundliche Brasilianer, die uns kennenlernen wollten, einluden und »ihre« Stadt zeigten. Wir begegneten ihnen auf den Straßen und Plätzen, wo sie flanierten und abends die Jugend zusammenkam, sowie in Bussen und in Restaurants. Der Kontakt war unkompliziert und herzlich.

Vom Nordosten Brasiliens waren wir mit dem Bus weiter südlich nach Maceió gefahren, wo wir das glatte Gegenteil vom stinkenden und verschlammten Recife vorfanden: eine moderne Stadt mit vielen Grünanlagen, prachtvollen Alleen mit gepflegten Kolonialhäusern und wunderschönen Bäumen, die rote, blaue oder orangefarbene Blüten trugen. Als wir weiter nach Salvador wollten, ließen wir am Abreisetag das Gepäck im Hotel und verbrachten den Tag an einem der schönen weißen Sandstrände unter Palmen. Christian kletterte wie ein Äffchen auf eine Palme, und wir aßen unsere erste Kokosnuss. Am Abend holten wir dann unsere Rucksäcke und nahmen den Bus nach Salvador da Bahia. Das liegt zwar nur 600 Kilometer weiter südlich, aber der Bus brauchte zehn Stunden für die Fahrt. Wann immer jemand am Straßenrand stand und winkte, hielt er an und nahm den neuen Fahrgast mit. So lange, bis auch die Stehplätze belegt waren.

Auf längeren Strecken nahmen wir immer die Nachtbusse. So sparten wir uns eine Übernachtung und kamen bei Tageslicht an. Genug Zeit, um eine Unterkunft zu suchen. Der Nachteil war:

Man sah unterwegs nichts, und die Hotelsuche zog sich oft bis in die heiße Mittagszeit hin. So ein Rucksack ist eine feine Sache, aber wenn die Temperaturen auf 40 Grad steigen und die Luftfeuchtigkeit über 90 Prozent beträgt, wird das Tragen zur Tortur. Wir schleppten uns und unsere Rucksäcke von Hotel zu Hotel und schauten uns ein ums andere Zimmer an. Das zu finden, was wir suchten, war eine echte Herausforderung. Es musste extrem billig sein, damit unser Budget ein Jahr lang reichte. Es sollte möglichst zentral gelegen und unbedingt sauber sein. Wenn's nach mir gegangen wäre, hätte das Hotel zudem einen Patio mit vielen Blumen gehabt, Palmen mit Hängematten vor der Tür, einen gemütlichen Aufenthaltsraum und Ventilatoren auf den Zimmern. Mit der Zeit machten wir Abstriche in allen Kategorien. Aber auf den ersten Stationen nahm die Hotelbesichtigung manchmal groteske Ausmaße an und führte auch schon mal zum Streit. Während ich bereits nach der zweiten Zimmerbesichtigung nur noch den Wunsch verspürte, die Metallgestänge meines Rucksacks vom Rücken zu hieven und mich nach einer unbequemen Nachtreise im Bus aufs Ohr zu legen, zeigte Christian eine bewundernswerte Ausdauer und ließ nicht locker. »Ach komm, *vas-y*, sei kein Frosch! Lass uns noch hierhin oder dorthin gehen.« Immer zog er irgendwelche vermeintlich brandheißen Tipps aus dem Hut, die er dem *South American Handbook* entnommen hatte. Oft entpuppten sich die Schnäppchen dann als Bordelle, Bruchbuden oder beides. Leider fiel uns das meist erst mitten in der Nacht auf.

In Vitória hatten wir, ohne es zu merken, in einem Durchgangshotel eingecheckt. Es schien ein Wochenendhotel für Paare zu sein, die entweder nicht oder, wenn doch, dann mit anderen Partnern verheiratet waren. Nach Sonnenuntergang war es ein einziges Kommen und Gehen, ältere Männer mit jungen Mädchen und kichernde Pärchen gaben sich die Klinke in die Hand. Stöhnen, quietschende Betten, umfallende Flaschen und Streit ließen uns kein Auge zumachen in der Nacht. Am nächsten Morgen hieß es also wieder Rucksack packen, die nach dem Waschen noch feuchte Wäsche in Plastikbeutel pressen und zähneknirschend ein anderes Hotel suchen.

Das nächste wählten wir mit mehr Bedacht. Es sah nett aus, lag direkt am Meer und war aus Ziegeln gebaut, und zwar so, dass sich im Erdgeschoss und in der nächsten Etage zwischen zwei Ziegeln immer eine Lücke befand, durch die die Luft zirkulieren konnte. *Fein*, dachten wir, *eine tolle Idee. Dann ist es nachts nicht so heiß.* Die Betten wiesen eine ähnliche Bauweise auf: Ziegel, Matratze drauf, fertig. Fenster gab es keine. Ein paar Ziegel ausgelassen. Fertig.

Wir aßen abends im Restaurant bei tosender Brandung und fanden unsere Reise prima. Als wir uns zum Schlafen zurückziehen wollten und die Tür zu unserem Zimmer aufschlossen, war die Stimmung immer noch klasse. Das änderte sich allerdings schlagartig, als Christian drinnen das Licht anmachte. Ich blieb wie angewurzelt stehen und traute meinen Augen nicht. War das jetzt ein Hitchcock-Film oder ein böser Traum? Der ganze Boden war bedeckt mit umherzischenden, panisch kreuz und quer rennenden Kakerlaken. Ich stieß einen spitzen Schrei aus und trat die Flucht nach hinten an. Vom Flur aus beobachtete ich das Spektakel aus angemessenem Abstand und kreischte wie eine französische Concierge: »*Oh mon Dieu, que c'est dégeulasse, atroce, horrible!*« Ich fand gar nicht genug Worte, um meinem Ekel Ausdruck zu verleihen. Christian, mein Held, hatte sich einen Besen im Flur geschnappt und versuchte damit, den Kakerlaken den Garaus zu machen. Was ziemlich grotesk aussah und schier aussichtslos schien. Er war völlig außer sich, hackte wie ein Besessener auf die Kakerlaken ein und sagte so komische Dinge wie: »Euch werde ich es schon zeigen, ihr Mistviecher. Werden wir ja sehen, wer hier den längeren Atem hat.« Und: »Ihr glaubt wohl, ihr wärt schlauer als ich. Ihr Ekelbiester. Na wartet!«

Anstatt die Flucht zu ergreifen, rannten die Kakerlaken nur noch aufgeregter und chaotischer hin und her. Selbst mit gebrochenem Panzer und geknickten Füßen flitzten sie über unsere Rucksäcke, das Stuhlbein hoch, quer über den Stuhl und auf der anderen Seite wieder herunter, als gelte es, ein Hindernisrennen zu gewinnen. Und sie machten dabei sehr merkwürdige Geräusche. Ich glaube, sie lachten.

»Hör auf, Christian, lass das!«, schrie ich. Das machte doch gar keinen Sinn. Zumal die aufgescheuchten Biester auch im Zickzackkurs über das Bett liefen. Da würde ich mich niemals reinlegen. Um keinen Preis. Lieber schlief ich am Strand oder im Stehen!

Christian warf schließlich resigniert den Besen in die Ecke und zerrte unsere Rucksäcke mit spitzen Fingern fluchend aus dem Zimmer. Ich stand noch immer zitternd im Flur und schüttelte mich vor Ekel.

»Was machen wir jetzt?«

»*Merde alors!* Wir suchen den Hotelbesitzer, hoffentlich ist der noch da.«

Er war noch da und kein bisschen überrascht, als wir ihm von dem Kakerlakendesaster erzählten. Er versuchte uns weiszumachen, dass es nur bei Vollmond so schlimm sei und nur in diesem Zimmer. Wir glaubten ihm kein Wort, aber verlangten trotzdem ein anderes Zimmer. Am besten oben, weit weg vom Erdgeschoss und ohne die luftigen Löcher in den Wänden, die wir anfangs so toll fanden. Dort war tatsächlich ungezieferfreie Zone, und wir konnten endlich schlafen. Schöne Träume hatte ich in der Nacht allerdings nicht.

Einige Tage später trafen wir in Guarapari, unserer nächsten Station, einen alleinreisenden Australier, der die gleiche Route gefahren war und ebenfalls in Vitória übernachtet hatte.

»*I loved Vitória*«, sagte er. Besonders gut gefallen habe ihm das kleine luftige Hotel im Stadtteil Vila Velha, erinnerte er sich und grinste. »*Kind of a really airy one.*« Ja, genau, sehr luftig war es. Tom tauschte seine Kakerlakenerinnerung mit uns aus, die übrigens nicht auf einen Vollmond gefallen war, und jetzt konnten wir sogar darüber lachen.

»Der Nächste wird wieder darauf hereinfallen«, sagte Christian, »das Erdgeschosszimmer ist für Neulinge. Jeder, der schon mal da war, würde gleich oben buchen.«

Mit Apps wäre das nicht passiert

Hätte es damals schon Smartphones gegeben, wäre das ein guter Zeitpunkt gewesen, eine App zu erfinden, mit der man Hotels bewerten kann. Aber wir waren noch weit davon entfernt, uns ein schnurloses Telefon überhaupt vorstellen zu können. Also war man auf die mündliche Überlieferung anderer Reisender angewiesen. Für uns waren diejenigen besonders interessant, die aus Südbrasilien kamen und Richtung Norden unterwegs waren. Wie zum Beispiel Peter und Sabine, zwei Schweizer, die wir am nächsten Tag am Strand kennenlernten, wo sie ihre Rucksäcke unter eine Palme gestellt hatten, um baden zu gehen. Die beiden wollten ein paar Tage in Guarapari bleiben und dann weiter nach Vila Velha. Wir klärten sie sofort auf über das – ansonsten ja sehr schön gelegene – luftige Hotel, und sie wussten jetzt, dass sie dort auf keinen Fall im Erdgeschoss übernachten durften.

Es gefiel uns in Guarapari. Der Bundesstaat Espiritu Santo ist für seine Strände bekannt, und ja, es gab traumhafte weiße Sandstrände dort. Die Stadt war gemütlich, ein kleiner Ferienort mit Strandpromenaden und mehreren von Felsen umrandeten herrlichen Badebuchten. Wir hatten uns mit den Schweizern in das kleine Hotel Atlântico direkt am Strand einquartiert. Morgens frühstückten wir inmitten eines schönen Gartens mit vielen Blumen, dann chillten wir am Strand und spielten Volleyball mit einer brasilianischen Truppe. Abends aßen wir *torta capixaba*, einen Eintopf aus Schalentieren, Fisch, Peperoni und Koriander, im Tontopf gekocht und weit über die Landesgrenzen hinaus berühmt.

Manchmal gingen wir zum Praia do Morro, einem schwarzen Monazitstrand, der, behaupteten die Brasilianer, sehr gesund sein sollte. Tatsächlich war er ziemlich radioaktiv. Monazit enthält radioaktives Thoriumdioxid. Es wird vor allem als Rohstoff zur Gewinnung der Seltenerdmetalle verwendet. Aber auch das wussten wir nicht, weil wir es nicht googeln konnten. Es gab so vieles, was wir nicht wussten ...

Operation Condor

Das Südamerika der Achtzigerjahre war ein Kontinent der Militärdiktaturen. In Brasilien hatten wir davon nicht viel mitbekommen. Die Militärpräsenz hielt sich in Grenzen. Vielleicht lag es am als gemäßigt geltenden General João Baptista de Oliveira Figueiredo, der zu dieser Zeit an der Macht war. Junge Brasilianer hatten uns von Studentenunruhen und politischen Säuberungsaktionen in den Sechzigerjahren erzählt. Sie erreichten ihren Höhepunkt unter General Emilio Garrastazu Médici und später unter General Ernesto Geisel. Todesschwadronen versetzten die Bevölkerung in Angst und Schrecken. Menschen verschwanden, wurden verschleppt und gefoltert. Die Militärdiktaturen sorgten dafür, dass sich keine Opposition bilden konnte. In den Siebziger- und Achtzigerjahren kooperierten die Geheimdienste der Militärregierungen unter dem Decknamen »Operation Condor«.

In Brasilien bekamen wir Ende 1980 davon kaum etwas mit, anders als später in Bolivien. Das Einzige, was wir politisch deutlich wahrnehmen konnten, war die große Kluft zwischen Arm und Reich, zwischen wenigen Großgrundbesitzern und Industriellen mit ihren ausladenden Haziendas einerseits und den Tagelöhnern und Arbeitern, die in desolaten städtischen Slums versuchten zu überleben.

Der Mann in Zelle 34

Zur gleichen Zeit, als wir den Strand von Guarapari genießen, sind die Gefängnisse im Nachbarland Uruguay voll. In Montevideo, in Zelle 34, sitzt ein junger Mann, Mitte dreißig. José ist schon seit seinem 14. Lebensjahr politisch aktiv. Er setzt sich wie sein Großvater für die Rechte der Arbeiter ein und engagiert sich in der Gewerkschaft. In den Siebzigern hat er sich dem bewaffneten Widerstand angeschlossen, der Guerillagruppe MLN Tupamaros. Überall in Südamerika haben sich solche Truppen, die gegen die Diktatoren kämpfen, formiert. Uruguay ist Teil einer länderübergreifenden Strategie, dem »Plan Condor«, mit dessen Hilfe sie international aufgespürt werden.

Der Mann in Zelle 34 griff zu den Waffen, als seine Guerillagruppe Beute machen wollte, um gefangene *compañeros* zu befreien. Seit sieben Jahren ist er politischer Gefangener. Er wurde gefoltert, tage- und wochenlang verhört und in Einzelhaft genommen. Er versucht, irgendwie zu überleben. Manchmal hat er das Gefühl durchzudrehen, dem Wahnsinn zu verfallen. Aber er hält durch. Während er im Gefängnis sitzt, macht sich in der Bevölkerung zunehmend Unmut breit. 1980 veranlasst das Militärregime einen Volksentscheid. Die Herrschenden wollen sich legitimieren. Aber das Volk antwortet mit Nein.

Es ist der Anfang vom Ende einer Diktatur. Aus Protest gegen die Machthaber führen die Uruguayer nachts *caceroladas* durch. Sie löschen das Licht und schlagen auf Töpfe und Pfannen. Alle: Männer, Frauen und Kinder. Es ist ein lauter, aber gewaltloser Widerstand, bis 1982. So lange sitzt José ein.

Vielleicht denkt er schon jenen Satz, den er 31 Jahre später sagen wird. Oder er fühlt ihn. Möglicherweise hat dieser Satz ihn gerettet, all die Jahre. Aber ganz sicher weiß er noch nicht, dass er ihn im September 2013 vor der UNO-Vollversammlung sagen wird, nicht als Exguerillero, sondern als demokratisch gewählter Präsident von Uruguay – José Mujica: »Das Leben ist ein Wunder, wir leben durch ein Wunder, und nichts ist kostbarer als das Leben.«

Ein demokratischer Präsident
wie aus dem Bilderbuch

Ich hatte schon viel von ihm gehört, und nun stehe ich vor seinem Haus. Eigentlich wollte ich nur im Prado-Park spazieren gehen. Diese Grünanlagen, die sich über ein ganzes Viertel ziehen und auch den Botanischen Garten beherbergen, werden gerne als »Montevideos Lunge« bezeichnet. Zufällig komme ich dabei am Präsidentenpalast von José Mujica vorbei. Ich schaue durch das vergitterte Tor: Eine breite Auffahrt führt durch den exotischen Garten zu einer prächtigen Villa. Ein wirklich schönes Domizil. Vögel zwitschern, Bäume stehen in voller Blüte. Neben der Einfahrt befindet sich ein Häuschen mit einem Wächter darin. Ich klopfe an sein Fenster, neugierig, wie ich bin.

»Ist das die Residenz von Mujica?«, frage ich.

»Ja, ist es«, sagt der freundliche Mittdreißiger, kahl geschoren, dunkle Sonnenbrille auf der Nase und mit einem dunklen Anzug bekleidet. Obwohl der Anzug zu groß ist und das weiße Hemd ungebügelt, sieht er schon wesentlich eleganter aus als der Präsident selbst. Denn »Pepe«, wie ihn sein Volk liebevoll nennt, lehnt Anzüge radikal ab. Wenn es sich nicht gerade um offizielle förmliche Anlässe mit ausländischen Staatspräsidenten handelt, trägt Mujica gerne bequeme Dreiviertelhosen und manchmal auch Sandalen. Aber bloß keine Krawatte. Eine Krawatte trägt er nie. Sie enge nur ein, findet er.

»Ist er da?«, frage ich weiter. Vielleicht hat er ja Lust, einen Mate mit mir zu trinken. Ich spinne ein bisschen herum, denn ich weiß wohl, dass das nicht so einfach ist, auch wenn Mujica sich gerne einfach gibt, als Mann aus dem Volk. Wochenlang habe ich auf offiziellem Weg versucht, einen Interviewtermin zu ergattern. Auch wenn ich eigentlich nicht zum Arbeiten hier bin: Ich wäre keine Journalistin, würde ich mir die Gelegenheit entgehen lassen, diesen charismatischen Politiker kurz vor dem Ende seiner Präsidentschaft zu treffen. Es bleiben ihm genau drei Wochen, in denen er noch einiges auf den Weg bringen will. Und die internationale Presse rennt ihm die Bude ein. Denn so einen Präsidenten wie Mujica hat die Welt noch nie gesehen. Ein Exguerillero an der Spitze eines demokratischen Staats ist ja per se schon interessant. Sein Kleidungsstil ebenfalls. Aber das ist noch nicht alles. Die Herzen der Weltpresse hat er mit seinen bewegenden Reden erobert. Mit ihnen rührt er die Menschen zu Tränen. Mich auch. Wie oft habe ich sie mir auf YouTube angehört. Appelle an die Jugend, nicht ihre Seele an den Konsumteufel zu verkaufen, die Aufforderung: »Macht was aus eurem Leben!« Kein anderer kann so überzeugend sein wie Mujica. Dieser Mann ist so bescheiden und gleichzeitig so entschieden, dass er jüngst von der BBC als das »glaubwürdigste Staatsoberhaupt der Welt« bezeichnet wurde.

»Pepe« ist natürlich nicht da. Erstens hat er Besseres zu tun, als da zu sein, und zweitens wohnt er gar nicht in seiner Residenz. Mujica wollte nicht umziehen, als er vor fünf Jahren Präsident wurde. Er wollte da bleiben, wo er seit Jahrzehnten lebt: in einem Vorort von Montevideo, im Rincón del Cerro, auf dem Land, in einem kleinen, bescheidenen Haus mit abblätternder Farbe und einem türkisblauen Wellblechdach. Zwei Zimmer bewohnt er dort mit seiner Frau und seinem hinkenden Hund. Auch auf die Präsidentenlimousine hat er verzichtet. Stattdessen fährt er einen klapprigen hellblauen VW Käfer aus dem Jahr 1958.

Seine prachtvolle Residenz hingegen hat er syrischen Kindern zur Verfügung gestellt. Sie sollten es nach den traumatischen

Kriegserfahrungen schön haben. Dafür, befand Mujica, war die Präsidentenresidenz ideal: ruhig, mit einem schönen großen Garten, singenden Vögeln und lichtdurchfluteten Räumen. Auch Obdachlose und andere Menschen in akuter Notlage sollen hier vorübergehend untergebracht werden.

Mujica hat Herz und Verstand, was braucht er da Paläste und Reichtum. Von seinen Präsidentenbezügen gibt er 87 Prozent ab. Ein Großteil davon geht an die Linke und ein Drittel seines Einkommens an ein Projekt, das bezahlbaren Wohnraum für alleinerziehende Frauen bereitstellt, den »Plan Juntos«. Fünf Jahre lang hat Mujica regiert und dabei geradezu Revolutionäres auf den Weg gebracht. Die gleichgeschlechtliche Ehe und der kontrollierte Anbau von Cannabis wurden unter seiner Regierung legalisiert. Unternehmen, die bankrott waren, wurden in Genossenschaften überführt, und im Strafvollzug hat er dazu beigetragen, dass neue, höchst erfolgreiche Modelle ausprobiert wurden.

In Punta de Rieles, einem Vorort von Montevideo, sind 600 Gefangene in einem Dorf untergebracht, wo sie selbst kleine Unternehmen gründen und führen dürfen. Sie lackieren Autoteile, betreiben dort eine Küche, in der sie Lebensmittel für den Verkauf herstellen, haben Bäckereien und Werkstätten. Sogar einen eigenen Radiosender unterhalten sie. Es kursiert eine künstliche Währung, sie dürfen sparen, und wenn sie entlassen werden, wird das künstliche Geld in echtes umgetauscht. Für viele Strafgefangene ist es das erste Mal, dass sie tatsächlich in eine Gesellschaft integriert sind, etwas auf die Reihe bekommen und dafür Respekt ernten. Das Projekt wurde 2010 eingeführt, und es ist das erste Gefängnis, das nichts mit dem Militär zu tun hat. Hauptsächlich sind dort Sozialarbeiter angestellt. Das Gefängnis, so die Vision, soll humaner werden und auf die Welt da draußen vorbereiten. Und die Zahlen sprechen für sich: Nur 1,5 Prozent der ehemaligen Strafgefangenen aus Punta de Rieles werden rückfällig. Zum Vergleich: In Hamburg spricht man vom sogenannten Drehtürvollzug: Über 40 Prozent der entlassenen Straftäter werden innerhalb des ersten Jahrs wieder straffällig.

Es wundert mich nicht, dass »Pepe« Mujica in Uruguay so beliebt ist. Auch wenn es genauso berechtigte Kritik gibt. Das Leben ist teuer, besonders die Mieten. Die Einkommen sind niedrig. Die Uruguayer sind Überlebenskünstler. Doch bei allen materiellen Einschränkungen ist wohl ein Leben in Freiheit und Demokratie von unschätzbarem Wert und etwas, auf das sie sehr stolz sind. Auch das Reisen macht es entspannter. An die Begegnungen mit Soldaten im Südamerika der Achtzigerjahre erinnere ich mich nur ungern.

Reisen in Zeiten von Militärdiktaturen

»*Salen de aquí!*« Der Befehl des Soldaten, den Bus zu verlassen, klang nicht gerade freundlich. Wir waren auf dem Weg nach Challapata in Südbolivien, und der Bus hatte an einem der Checkpoints anhalten müssen. Der Soldat stand im Eingang unseres Busses, Maschinengewehr im Anschlag, und scheuchte alle Passagiere hinaus: »*Apuren carajo y lleven sus bultos!* Beeilt euch, los jetzt, und nehmt euren Kram mit!« Draußen vor dem Bus mussten wir uns alle nebeneinander aufstellen, die Hände über dem Kopf auf das kalte Blech der Buswand gelegt. Zwei Soldaten sicherten den Platz mit angelegten Waffen, zwei andere kontrollierten. Ein Fahrgast nach dem anderen wurde auf Waffen gefilzt, musste die Papiere und das Gepäck vorzeigen.

»*Tu equipaje?*«, fragte der Soldat den alten Mann neben mir – offensichtlich ein Bauer, mit Poncho und Chullo, jener bunten Ohrenklappenmütze, die dreißig Jahre später die Herzen europäischer Modedesigner und deutsche Fußgängerzonen erobern sollte.

»*No tengo pues maleta papito, solo ese bulto con ch'uñito, estito no mas estoy llevando, pues.* Ich habe kein Gepäck, nur dieses Bündel mit getrockneten Kartöffelchen«, antwortete der Alte in einer Mischung aus Spanisch und Aymara, der Sprache der Hochlandindianer in dieser Region. Ich blickte die ganze Zeit zu Boden, denn solange man nichts gefragt wurde, war das wohl die adäquate Haltung, wollte man keinen Ärger haben. Ich sah die Füße des Alten. Sie steckten in ausgelatschten Gummisandalen, gefertigt aus alten Autoreifen. Die Zehen erzählten die Geschichte eines Lebens, das viele Jahre und Tausende von Kilometern zu Fuß zurückgelegt hatte.

»*Papeles!*«, blaffte der Soldat den Alten an.

»*Janiw utkiti.* Ich habe keine Papiere«, antwortete der Mann auf Aymara, und es folgte mit leiser, weicher Stimme ein Wortschwall, den ich nicht verstand, aber der Ton war eindeutig: Es handelte sich um eine inständige, mit flehender Stimme vorgetragene Bitte, wahrscheinlich eine Entschuldigung.

»*Indio de mierda carajo, mentiroso!* Scheiß Indio, elender Lügner!«, fluchte der Soldat, der mit seiner bronzefarbenen Haut und der gebogenen Nase ebenso gut der Sohn oder besser der Enkel des Alten hätte sein können. »Nehmt ihn mit«, rief er seinen Kumpanen zu.

Es brannte mir wie Feuer unter den Nägeln einzugreifen, zu protestieren. Ich atmete tief ein und aus, um den spontanen Impuls unter Kontrolle zu kriegen. Einfach draufloszuschimpfen war in dieser Situation keine gute Idee. »Was geschieht mit ihm?«, fragte ich vorsichtig.

»*Qué te importa, gringa?* Was geht dich das an, Gringa?«, fuhr der Soldat mich an und rammte mir den Gewehrlauf in den Bauch.

Verdammt, mir stockte der Atem, mein Herz raste, die Knie wie Pudding. »*Disculpe, no quiero meterme.* Ich will mich nicht einmischen«, log ich mit kleiner Stimme, »aber der Mann wollte uns mit in sein Dorf nehmen und zeigen, wie man *chuños* macht.«

»*Va la mierda!* Scheiße, habt ihr das gehört? Die Gringa will *chuños* machen«, äffte er mich nach, und seine Kumpanen lachten wie auf Befehl.

Die indigene Bevölkerung im Hochland von Bolivien macht seit Jahrhunderten *chuños*, um im Winter genug Lebensmittel zu haben. Dafür werden die Kartoffeln abwechselnd dem Nachtfrost und der Tagessonne ausgesetzt. Das geht nur im Hochland, wo die Temperaturunterschiede zwischen Tag und Nacht enorm sind. Mit dieser alten Technik gelingt es, Kartoffeln für fünfzig Jahre haltbar zu machen. Sie sind dann wie gefriergetrocknet, wiegen nur noch einen Bruchteil ihres ursprünglichen Gewichts und lassen sich leicht transportieren und aufbewahren. Ich hatte eigentlich nicht die Absicht, *chuños* zu machen, aber auf die Schnelle fiel mir nichts Besseres ein. Der Soldat hatte die Geschichte offenbar geschluckt und war inzwischen mit unseren Papieren beschäftigt.

Er warf einen Blick auf unsere beiden Rucksäcke und fragte, ob das unsere seien. *Will der uns verarschen? Wem sollten die wohl sonst gehören?*, dachte ich. Wir waren die einzigen Fremden weit und breit, und Rucksäcke waren quasi das Alleinstellungsmerkmal für ausländische Reisende.

»*Sí*«, antworteten wir brav. Der Soldat tastete den Rucksack interessiert mit der Waffe ab und befahl uns, ihm zu folgen.

»*Por qué?*«, fragte Christian.

»*Cállate, gringo!* Halt's Maul, Gringo!«, war die barsche Antwort, und mit einem leichten Stoß in den Rücken trieb er uns voran. Christian drehte sich um und empörte sich: »Aber was soll das? Unsere Pässe und Papiere sind doch in Ordnung!«

»Schnauze!«, kam es zurück, und der Stoß in den Rücken wurde eine Spur härter. Inzwischen durften die anderen Passagiere wieder einsteigen.

»Mensch, Christian, lass gut sein, komm jetzt, und diskutier hier nicht rum«, raunte ich entsetzt.

»*Eh alors, ils sont cons ces mecs*«, zischte Christian in Pariser Umgangssprache zurück. »Ist doch wahr, was für Idioten!«

Die beiden Männer führten uns in ein Wachhäuschen hinter der Straßensperre. Der alte Indio saß davor und schaute gleichgültig geradeaus in die Ferne. Ich hörte den Motor unseres Busses aufheulen. Quietschend setzte er sich in Gang. Mist, nun waren wir mit diesen *milicos* allein in der Pampa. *Hoffentlich trennen sie uns nicht*, dachte ich. Alle Szenarien waren jetzt möglich: Abzocken war die wahrscheinlichste Option. Drogen unterjubeln und dann Bestechungsgeld fordern wäre die brisantere und auf jeden Fall teurere Variante. Oder sie hatten einfach Langeweile. Hier kamen nicht viele Ausländer vorbei. Das Beunruhigende war: Wenn hier einer verschwand, merkte es wahrscheinlich niemand.

Von Tyrannen und Diktatoren

Die Unterdrückung der Indigenen in Bolivien hatte eine lange Geschichte. Seit den Eroberungsfeldzügen der Spanier wurde der Rohstoff Silber abgetragen, später kamen Zinn und Wolfram hinzu. Die Einwohner mussten in den Bergwerken unter menschenunwürdigen Bedingungen schuften. Zunächst für die Spanier, später für die drei »Zinnbarone«: Simón Ituri Patiño, den in Frankreich geborenen Carlos Víctor Aramayo und den deutschen Moritz Hochschild. Auf dem Land verdingten die Indigenen sich bei Großgrundbesitzern, die sie wie Sklaven hielten.

In den Fünfzigerjahren des 20. Jahrhunderts konnte schließlich die Leibeigenschaft in Bolivien abgeschafft werden. Über vier Millionen Hektar Agrarland wurden an Kleinbauern vergeben. Die Indigenen erhielten erstmals aktives und passives Wahlrecht, die Gewerkschaften wurden gestärkt. Zur gleichen Zeit tobte in den USA ein unerbittlicher Kampf gegen alles, was links war. Die sogenannte McCarthy-Ära läutete den Kalten Krieg ein und erklärte den Kommunismus zum Staatsfeind Nummer eins. Es galt, die revolutionären Kräfte in Südamerika durch politischen Druck oder durch die Unterstützung der Militärkräfte in den jeweiligen Ländern zu unterbinden.

1964 putschte das bolivianische Militär und jagte den gewählten Präsidenten aus dem Amt. In der Folge wechselten sich die Machthaber in mehr oder weniger kurzen Zeitintervallen ab. Ein General folgte auf den nächsten, manche hielten sich nur wenige

Monate. Seit Boliviens Unabhängigkeit von Spanien 1825 gab es nahezu 200 Staatsstreiche und Putschversuche. Die Liste der amtierenden Generäle liest sich wie das Who's who der Diktatoren und Tyrannen. Als Gegenbewegung bildeten sich Guerillagruppen im Untergrund. Che Guevara kam mit einer Truppe kubanischer Widerstandskämpfer ins Land und wurde 1967 vom bolivianischen Militär, massiv unterstützt durch die CIA, erschossen.

Am 17. Juli 1980 putschte Boliviens vorletzter Diktator General Luis García Meza und ließ Panzer in die Minenstädte Potosí und Llallagua einrücken, um die gewerkschaftlich gut organisierten Bergarbeiter in die Knie zu zwingen. Erst 1982 endete die Militärherrschaft, als Mezas Nachfolger Guido Vildoso Calderón ein Parlament einberief. 1980 und 1981, als wir in Bolivien unterwegs waren, verbreitete Meza noch Angst und Schrecken im Land, ein letzter Versuch, linke Kräfte zu vernichten und das Land im Sinne der USA zu knebeln. Und wir mittendrin. Ahnungslos und naiv, aber lernfähig.

Ein Soldat ist auch nur ein Mensch

»Aufmachen!«, blaffte der Soldat und deutete auf meinen Rucksack. Ich schnürte ihn oben auf, und der Mann begann mit unendlicher Langsamkeit, Stück für Stück aus meinem Rucksack auszupacken. Jedes Teil hielt er hoch in Richtung Lampe, begutachtete es von allen Seiten und legte es dann zur Seite. Auch meine Ray-Ban-Sonnenbrille. Nur dass er sie nicht zu den anderen Sachen legte. Er öffnete die Schublade an seinem Schreibtisch und ließ sie darin verschwinden. Ende der Reise für meine Brille. Christian holte tief Luft, schluckte seine Schimpftirade aber hinunter, als ich ihn gegen das Schienbein trat.

Dann entdeckte der Soldat den Tabak und die Blättchen zum Zigarettendrehen.

»Was ist das?«, fragte er.

»Nur Zigarettentabak«, antworteten Christian und ich im Chor.

»Und das?«

»Das ist Papier, um Zigaretten zu drehen.«

»Ja, klar, Zigaretten«, grinste der Soldat, und die Blättchen wanderten ebenfalls in seine Schublade. Später konfiszierte er noch das *South American Handbook*. Dieser dicke Reiseführer war die Backbackerfibel für Südamerika, gemacht aus sehr dünnem Papier, damit man nicht so viel schleppen musste.

Nachdenklich und sehr langsam blätterte der Mann in dem Buch hin und her, hob es hoch und hielt es gegen das Licht. »Englisch?«, fragte er.

»Ja«, erwiderte ich, das Buch sei aus Amerika. Amerika, das war für die Freunde des bolivianischen Despoten das gelobte Land der CIA. Was aus Amerika kam, war gut.

»Sehr dünnes Papier«, bemerkte er mit hochgezogenen Augenbrauen. »Daraus kann man Joints drehen, oder, Paco?«, fragte er seinen Kollegen.

»*Sí, pues*«, meinte der und fügte noch etwas auf Aymara hinzu, was wir nicht verstanden.

»Nein, nein, keine Joints, so etwas machen wir nicht«, versicherten wir aufrichtig empört, weil wir um unseren einzigen Reiseführer bangten. Aber auch das Buch verschwand in der Schublade. Nichts zu machen.

Der Soldat bot uns einen Cocatee an. Aus unerklärlichen Gründen machte er plötzlich auf Schönwetter. Wo denn Deutschland eigentlich liege, ob es da Berge gebe und wie es denn da so sei. Wir spielten mit und fielen dankbar in das harmlose Gespräch ein. Am Ende dachte ich: *Eigentlich ist er ganz nett, wenn er nicht gerade seine Waffe auf mich richtet und den Rambo spielt. Wahrscheinlich ist er eine ganz arme Sau.* Vermutlich hatten sie ihn irgendwann in einer Nacht-und-Nebel-Aktion in seinem Dorf abgeholt, wo er, gerade 15 Jahre alt, aus seinem Bett und auf einen Laster gezerrt wurde. Hatten ihn erniedrigt und angebrüllt, bis er sich weich und willig zeigte. Hatten ihm eine Waffe in die Hand gedrückt und ein Feindbild gezeichnet. Zum ersten Mal durfte er sich überlegen fühlen.

Es funktionierte wie überall: Getreten wird nach unten, und wer kraft seiner Herkunft schon ganz unten aufgewachsen ist, der knüppelt vielleicht umso leidenschaftlicher, wenn man ihn darauf dressiert. Im Grunde waren sie Täter und Opfer in einer Gestalt. Und wenn man sie ließ, waren sie manchmal – so wie unser Soldat – einfach nur Menschen mit einem Namen. Victor Mamani kam aus einem kleinen Dorf nördlich von Potosí. Und sie hatten ihn tatsächlich vom Platz weg rekrutiert.

»*Viene movilidad*«, rief sein Kollege von draußen. Victor sprang auf, griff sein Gewehr und war plötzlich wieder ganz Soldat. »Packt eure Sachen ein«, rief er uns zu, als er hinauslief, um den herankommenden Lastwagen zu kontrollieren.

»Und nun?«, fragte ich Christian.

Der zuckte mit den Schultern. »Erst mal einpacken und dann unauffällig und langsam nach draußen gehen, schätze ich.«

Draußen saß noch immer der Alte auf seinem Bündel *chuños* und blickte gleichmütig vor sich hin. Er hatte bestimmt schon eine Menge Erniedrigungen und Beschimpfungen aushalten müssen. Aber was war das schon, verglichen mit den Naturgewalten, denen diese Menschen auf 4000 Metern über dem Meeresspiegel täglich ausgesetzt waren. Da beackerten sie wochenlang schweißtreibend und ohne Hilfsmittel den knorrigen Boden, räumten ein Meer von Steinen weg, pflügten den Boden, um eine Saat setzen zu können, pflegten die zarten Pflänzchen, wässerten sie, wenn der Regen ausblieb, und dann kam ein Hagelschauer und machte die ganze Ernte zunichte. Da halfen kein Hadern und kein Groll. Man fiel hin und stand wieder auf. Gleichmütig und mit der Gewissheit, dass Mutter Erde und die in den Gipfeln der Anden wohnenden Ahnen schon wussten, was sie taten, wenn sie Hagel schickten. Dass alles einen Sinn ergab. Sie hatten Jahrhunderte der Unterdrückung und der Ausbeutung überlebt. Und etliche Trockenperioden und Hagelschläge. Warum sollte der Mann also nach der Begegnung mit einem Soldaten seine Gelassenheit verlieren?

»*Vengan, gringos*«, rief Victor und winkte uns zum Lastwagen herüber. »Der fährt nach Challapata, da wolltet ihr doch hin.« Wir schnappten uns unsere Rucksäcke. Die Sonnenbrille und das *South American Handbook* in der Schublade waren mir egal. Die hatte ich abgeschrieben. »*Con el más*, zusammen mit ihm«, rief ich zurück und zeigte auf den Alten. Keine Antwort. »*Venga!*«, raunte ich dem Indio zu. »*Vámonos!* Lass uns gehen!« Schließlich stand er auf, nahm sein Bündel und folgte uns langsam. Ich winkte ihn heran. »Komm, komm schnell!« Victor sah uns ungerührt zu, wie wir die Rucksäcke den helfenden Händen heraufreichten und auf die Ladefläche des Lkw kletterten. Der Alte hatte sein Bündel auf den Rücken geschnürt und hievte sich mit einem geübten Sprung an Bord.

Victor kam auf uns zu. Er hatte nun wieder sein Maschinengewehr im Anschlag und sein finsteres Soldatengesicht aufgesetzt. Ich hielt den Atem an vor Spannung. Er würde doch wohl nicht unseren Reisegefährten wieder zurückholen? Ich wollte ihn hier keinesfalls so kurz vor der Dunkelheit zurück- und seinem Schicksal überlassen. Aber Victor dachte gar nicht daran. Er rief uns zu: »Und wenn ihr schon lernt, *chuños* zu machen, lasst euch auch gleich mal von der Frau des Alten zeigen, wie man einen guten *ch'airo*, eine *chuño*-Suppe, kocht.« Ein Soldat darf wohl in der Öffentlichkeit nicht freundlich gucken. Aber den Anflug eines Lächelns konnte Victor sich nicht verkneifen. Wer weiß, hätte ich ihn unter anderen Umständen kennengelernt, wären wir vielleicht Freunde geworden. Aber so ... Man muss ja auch nicht gleich übertreiben.

Der Lastwagen fuhr an, und ich atmete erleichtert auf. Das war noch einmal gut gegangen. Der Alte neben mir hatte seine Mütze ein bisschen tiefer ins Gesicht gezogen und seinen Cocabeutel ausgepackt. Er schaute mich kurz an und sagte nur: »*Yuspagarpuni, mamacita*«, was eine Mischung aus Aymara und Spanisch ist und so viel heißt wie: »Danke, meine Liebe.«

Politik und Karneval ohne Ende

Wie anders, wie frei ist das Leben in einer Demokratie, denke ich, als ich an der Uferstraße von Montevideo entlangschlendere. Was für ein Privileg, in einem friedlichen und demokratischen Staat zu leben oder eben auch zu reisen. Während ich auf der Mauer sitze, die Beine Richtung Meer baumeln lasse und darüber nachdenke, was wohl ohne all diese tapferen Widerstandskämpfer von damals aus Südamerika geworden wäre, lerne ich Marta und Daniel kennen. Wie die meisten Montevideanos kommen sie nach der Arbeit oder an den Wochenenden herunter an den Quai, setzen sich auf die Mauer oder bringen sich einen Klapp- oder Liegestuhl mit und trinken Mate.

»Dahinten wohnen wir, es sind nur ein paar Minuten«, erklärt Daniel und zeigt hinter sich auf einen Komplex aus Plattenbauten. Die beiden erzählen, sie kämen nur deshalb einigermaßen über die Runden, weil beide arbeiten würden. Das eine Einkommen finanziert die bescheidene Zweizimmerwohnung, das andere die übrigen Lebenshaltungskosten: Essen, Strom, Wasser und so weiter. Haushalte mit nur einem Gehalt tun sich immer öfter mit anderen zusammen, um eine Wohnung oder ein Haus gemeinsam zu bewohnen. Uruguay ist eines der wenigen südamerikanischen Länder, das lange eine ausgeprägte Mittelschicht hatte, doch die bricht zunehmend ein. Das ist allerdings längst kein Phänomen, das nur für Uruguay gilt, vielmehr trifft es auch auf zahlreiche europäische Länder zu.

»Interessierst du dich für Politik?«, fragt Marta.

»Ja, klar, wenn es hilft zu verstehen, wie die Menschen leben, was sie antreibt, welche Probleme sie haben ... Ja, sehr sogar«, versichere ich.

»Okay, dann musst du in eine Murga gehen. Komm doch heute Abend mit.« Eine Murga, erfahre ich, sei eine Karnevalsveranstaltung, in der viel über Politik geredet und gelacht würde.

»Wieso Karneval?«, frage ich. »Ist es dafür nicht ein bisschen spät?« Immerhin ist schon März und Aschermittwoch längst vorbei. Ich weiß Bescheid, bin schließlich Kölnerin. *In Sachen Karneval macht mir keiner was vor*, denke ich.

Marta lacht. »In Uruguay ist das ganze Jahr Karneval, hoch dosiert von Januar bis Ende März und danach mehr homöopathisch.«

Okay, alles klar, dann auf zur Murga, was auch immer das ist.

Ausgehen in Montevideo

Elena aus dem Hostel hat nur so viel verraten: Es handelt sich bei einer Murga um eine Art politisch-satirische Straßenoper. In der Karnevalszeit wetteifern Hunderte von Murgagruppen um die Gunst des Publikums und die einer Jury. Denn am Ende werden die besten prämiert.

Marta ruft an. Sie kann leider doch nicht heute Abend und fragt, ob ich alleine gehen möchte oder ob wir es uns ein andermal zusammen vornehmen wollen. Ich bin mir nicht ganz sicher, welche Zeitspanne mit »ein andermal« in Uruguay gemeint ist. Morgen, nächste Woche oder vielleicht nächstes Jahr? Da ich bald weiterziehen will Richtung Nordküste, beschließe ich, heute alleine dorthin zu gehen. Marta erklärt mir noch, wo es stattfindet, und wünscht mir viel Spaß.

Nur wenige Gehminuten von meiner Pension entfernt, mitten in der Altstadt, befindet sich in einer Gasse hinter dem Hafen ein

Hinterhof mit einer Freilichtbühne. Es ist eines dieser kleinen Amphitheater, die es hier in fast allen Stadtvierteln gibt. Geschützt vor den kühlen Nachtwinden des Atlantiks, sitzen die Menschen auf den von der Sonne noch warmen Stufen unter einem wolkenlosen Sternenhimmel. Die meisten scheinen sich zu kennen, sind Nachbarn oder Freunde. Sie lassen den Matebecher kreisen, scherzen und diskutieren.

Ich fühle mich ein bisschen verloren mitten im Trubel und gehe in den Beobachtermodus. Das mache ich immer, wenn vieles um mich herum passiert, das ich noch nicht richtig einordnen kann. Anstatt mich der Reizüberflutung auszusetzen, trete ich innerlich ein paar Schritte zurück und schaue mir erst mal alles in Ruhe an.

Neben der Bühne brutzeln auf dem obligatorischen Grill Riesensteaks, Rippchen und Würste. Viele Jugendliche stehen Schlange, albern herum und warten geduldig auf den Eiweißschub und den Beginn der Aufführung. An einem Tischchen am Bühnenrand lassen sich Kinder schminken. Einige sind schon fertig. Große Kulleraugen schauen erwartungsvoll aus bunt bemalten Gesichtern. Ein Moderator steht auf der Bühne und verliest eine Lotterie. Er trägt die Gewinner mit solcher Begeisterung vor, dass ich mir millionenschwere Preise ausmale. Tatsächlich handelt es sich um Gegenstände einer Tombola. Verlesen werden nur die Nummern. Die Begeisterungsschreie im Publikum bleiben aus. Lediglich der Moderator scheint sich gar nicht mehr einzukriegen. Es ist seine Show, bis die eigentliche Murga beginnt. Und er scheint es zu genießen.

Auch einige Touristen haben hierhergefunden und schauen dem Treiben fasziniert zu. Neben mir sitzt ein amerikanisches Pärchen. Er, etwa 140 Kilo schwer, Shorts, Sandalen und Strümpfe. Sie, annähernd genauso schwer, mit einem kurzen Trägerkleidchen, aus dem die Oberarme hervorquellen, als wollten sie sich aus ihrem Textilgefängnis befreien. Eine feuerrot gefärbte Kurzhaarfrisur lenkt kurz vom Körpervolumen ab. Jedes Mal, wenn der Moderator eine Zahl nennt und vor Begeisterung die Arme hochreißt, kreischt sie »Yay!«, und zu ihrem Mann gewandt: »*What did he say, sweety?*« Und der Mann antwortet: »*Just a number, honey.*«

Ich schätze, Sweety und Honey kommen von einem Kreuzfahrtschiff, das ein- oder zweimal die Woche im Hafen von Montevideo anlegt und die Stadt kurzfristig aus ihrem Dornröschenschlaf weckt. Dann strömen große Menschenmengen durch die Fußgängerzone und kaufen alles, was ihnen in die Quere kommt. Meist geht es noch am gleichen Tag wieder an Bord, und Montevideo ist abgehakt.

Die Montevideanos haben sich darauf eingestellt: Plötzlich, wie aus dem Nichts, kommen Hunderte von Kunsthandwerkern und fliegenden Händlern und säumen die Straßen mit Selbstgemachtem, Selbstgebackenem und selbst vom Müll geholten Dingen, um sie auf wackligen Tischen oder bunten Tüchern am Boden feilzubieten. Wenn beschauliche Plätze sich in quirlige Flohmärkte verwandeln und ganz Montevideo als Händler unterwegs zu sein scheint, um ein paar Pesos zu verdienen, ja, dann ist wieder Kreuzfahrttag.

Diese beiden Amerikaner sehen so aus, als seien sie direkt vom Schiff in die Murga eingelaufen. Und zwar ohne ihre Truppe, ganz allein. Vielleicht waren sie vorher im Karnevalsmuseum um die Ecke und wollen nun live sehen, was sie dort in der Theorie gelernt haben: Die Murga kam Anfang des 20. Jahrhunderts aus dem spanischen Cádiz nach Uruguay. Sie ist eine Art Straßenoper, die Humor und Protest, Chorgesänge und Theatereinlagen kombiniert. Sie ist traditionelle Karnevalsveranstaltung und moderner, humorvoller Ausdruck von Gesellschaftskritik. Heute treten auf der Bühne des Amphitheaters sogar drei verschiedene Murgas auf. Aber vielleicht wissen die Amerikaner das auch gar nicht, kamen nur rein zufällig hier vorbei und sind einfach neugierig. Das ist ja gerade das Schöne am Reisen: sich treiben lassen. Schließlich ist das kein Privileg der Backpacker.

Eine Murga ist eine Murga

Der Eintritt kostet 50 Pesos, knapp 2 Euro, und damit weniger als ein Espresso im Café.

Die Murgas werden staatlich subventioniert, genauso wie Museen, Theater und andere kulturelle Events. Sie finden in den Theatern, auf der Straße und am Strand statt, in Montevideo wie auch in der Provinz. Für die Jugendlichen ist es eine Möglichkeit, sich zu treffen und Spaß zu haben, ohne viel Geld auszugeben. Denn die Bars und Diskotheken sind für die meisten unerschwinglich. Das Mindesteinkommen betrug 2014 rund 400 US-Dollar, bei Lebensmittelpreisen, die den deutschen sehr nahe kommen.

Eine Murga hingegen kann sich jeder leisten. Sie ist ein willkommener Anlass, um über Politik zu reden und zu lachen, sagt Marcelo, der drei Straßen weiter wohnt. Er geht in dieser Jahreszeit fast täglich auf eine Murga. Nicht nur er: In der Karnevalszeit werden mehr Eintrittskarten für Murgas verkauft als im ganzen Jahr für Fußball. Und das will was heißen in Uruguay! Der fünfzigjährige Marcelo ist heute mit seiner ganzen Familie gekommen. Er liebe die Murga, sagt er, weil sie rüberbringe, was die Leute auf der Straße denken. Es sei ein populäres Instrument, um Politik im Alltag erfahrbar zu machen und Kritik daran zu üben. Und hinterher wird diskutiert. Über Politik und Fußball lässt sich nämlich trefflich und ausdauernd streiten in Uruguay, die Matekalebasse in der einen und die Thermoskanne in der anderen Hand.

Als ich mir ein Bier an der Theke hole, lerne ich Mayra kennen. »*Eres alemana?*«, frage ich sie lachend, während wir uns in die

Warteschlange einreihen. Ihr Gesicht ist fantasievoll angemalt, und zwar in den Farben Schwarz, Rot, Gold.

»*No, por qué?*«, fragt sie erstaunt. Ich erkläre das mit der Nationalflagge. »Ach so, nee«, sagt sie, »ich bin aus Montevideo und trete gleich auf.« Kurz vor ihrem Auftritt holt sie sich an der Bar schnell noch einmal heißes Wasser für ihren Mate. Ich schätze Mayra auf Anfang zwanzig und bin erstaunt, dass so junge Leute in Uruguay sich für politische Satire interessieren. »In Uruguay interessieren sich alle für Politik. Für Fußball und für Politik. Von Anfang an.« Woher die Begeisterung für Fußball kommt, vermag Mayra nicht zu erklären, aber für das politische Interesse der Uruguayer gebe es einen guten Grund, sagt sie augenzwinkernd: »Wir haben Wahlpflicht in Uruguay. Sich zu informieren und auf dem Laufenden zu sein ist wie Hausaufgaben machen. Wen willst du wählen, wenn du nicht Bescheid weißt?«

Schon als Kind hat Mayra ihre Eltern zur Murga begleitet. Damals sei die Kritik rüder gewesen. Mit der Linksregierung sind allerdings die Feindbilder ausgegangen. »Wir können ja schlecht kritisieren, was wir jahrelang eingefordert haben«, erklärt Mayra. »Heute funktioniert die Murga so: Du greifst etwas aus deinem Leben auf und hinterfragst es mit Humor. Wir sagen nicht: So ist es richtig, und so ist es falsch. Wir hinterfragen Alltägliches: Konsumgewohnheiten, Kommunikation, Arbeitsalltag. Politik ist schließlich auch, wie die Gesellschaft mit den Ergebnissen von Politik umgeht. Das ist auch der Grund, warum so viele junge Leute auf die Murga abfahren. Sie identifizieren sich mit den Themen. Wir wollen anregen, über Themen nachzudenken.« Mayra nimmt noch einen letzten Schluck Mate und verschwindet hinter der Bühne.

Und dann geht es los. Siebzehn farbenprächtig geschminkte und kostümierte Menschen betreten unter donnerndem Applaus singend und trommelnd die Bühne. Die Zusammensetzung ist in jeder Murga gleich: ein Bühnendirektor, dreizehn Sänger und drei Schlagzeuger. Die Darbietung, genannt *cuplé*, besteht aus Liedern, Sprechgesängen, Tänzen und regelrechten Clownseinlagen, unterbrochen von herzhaften Lachern und Applaus. In den Texten geht es um lange Wartezeiten beim Facharzt, um übermäßigen Computerkonsum, um Kredite und Kreditkarten und Konsum als Ersatzhandlung. Lustig, bissig und manchmal auch richtig böse. Aber nicht immer leicht zu verstehen für Outsider. Was wohl Sweety und Honey gerade machen, frage ich mich und schaue mich suchend nach ihnen um. Sie sind nicht mehr da, vielleicht wollten sie das Dinner an Bord nicht verpassen.

Einige Murgas bieten *libretos* an, damit auch ausländische Gäste mitlachen können. Aber selbst wer nichts versteht: Das musikalische und optische Spektakel ist allemal unterhaltsam. Und es dauert. Drei Murgas à 45 Minuten. Dazwischen: humoristische Einlagen durch den Moderator, Würstchen vom Grill und Spendenaktionen für das Stadtviertel. Gegen ein Uhr morgens ist die Vorstellung zu Ende. Inzwischen ist es kühl geworden. Lachend und diskutierend machen sich die Leute in Grüppchen auf den Heimweg.

Intuition: Bauch an Verstand

Obwohl ich allein unterwegs bin, habe ich den Abend genossen. Kurz überlege ich, ob ich zu Fuß zurückgehen oder lieber ein Taxi nehmen soll. Schließlich befinden wir uns im Hafenviertel von Montevideo. In der Nähe von Häfen und Bahnhöfen tummeln sich oft Kriminelle und Betrunkene, das habe ich auf meinen früheren Reisen gelernt. Selbst in Begleitung haben wir damals versucht, solche Zonen nach Einbruch der Dunkelheit zu meiden, und das, obwohl wir mit Anfang zwanzig furchtloser und verrückter im Umgang mit Gefahren waren. Aber so, wie man von sehr alten Menschen sagt, sie würden wieder zu Kindern, wird man vielleicht als mittelalte Endfünfzigerin wieder zur Jugendlichen, ein bisschen übermütig. Außerdem gibt es ja noch das Bauchgefühl. Wenn das Bauchgefühl oder die Intuition grünes Licht gibt, dann weiß ich heute mit ziemlicher Sicherheit, dass es die richtige Entscheidung ist. Und bei Rot muss ich auch nicht lange überlegen. Denn das Bauchgefühl hat sich über die Jahre bewährt und ist immer raffinierter und treffsicherer geworden. Also horche ich kurz auf meinen Bauch und beschließe, zu Fuß zu gehen. Unterwegs torkeln mir ein paar harmlose Betrunkene entgegen, und ein junges französisches Pärchen fragt nach dem Weg. Offenbar sehe ich aus wie jemand mit Ortskenntnis. Wer sonst, wenn nicht eine Einheimische, geht schon nachts um eins allein durch das Hafenviertel von Montevideo. Und das zur Karnevalszeit.

Mit den beiden Parisern gehe ich noch einen trinken. Wir tauschen uns aus: In welchem Stadtviertel hast du gelebt, wer war dein Metzger, und wo gehst du essen? Dinge eben, die jedem Pariser wichtig sind. Nur dass meine Zeit in Paris 38 Jahre zurückliegt und die beiden damals noch nicht einmal geboren waren. Sie lachen über mein in die Jahre gekommenes Argot, einen Slang, der in den Siebzigerjahren in den Straßen von Paris gesprochen wurde und unter jungen Leuten angesagt war. Heute unterhält sich die Jugend ganz anders. Michelle macht es vor: Rückwärtsreden liegt voll im Trend. Ich probiere es aus, und wir kommen aus dem Lachen nicht mehr heraus. Was auch mit dem steigenden Alkoholpegel zu tun hat. Als wir bezahlen und uns verabschieden, stellt sich heraus, dass die beiden seit heute in dem gleichen Hostel wohnen wie ich. Gegen drei gehen wir also weinselig nach Hause. Wusste ich es doch: Auf mein Bauchgefühl ist eben Verlass.

Wo die wilden Kerle proben

Mayra hat mir nach unserem Schwätzchen an der Theke ihre Telefonnummer auf den Arm geschrieben und mich eingeladen, die Gruppe beim Proben zu besuchen. Danach sei mehr Zeit zum Reden. Also besuche ich am nächsten Tag »Cayó la Cabra«. Der Name der Gruppe heißt übersetzt »die Ziege fiel auf die Schnauze«. Ein ziemlich seltsamer Name, aber genau deshalb kann ich ihn mir gut merken. In Villa Española, einem heruntergekommenen Stadtteil im Norden Montevideos, sollen sich die Mitglieder in einer alten Lagerhalle treffen. Das ist weit draußen, und nachdem ich mir im Internet mühsam die Busse dahin herausgesucht habe, stelle ich fest, dass es dafür schon zu spät ist. Ich wäre fast zwei Stunden unterwegs und müsste dann noch in dem unbekannten Stadtviertel nach dem Weg suchen. Verstand an Bauch: Soll ich lieber ein Taxi nehmen? Bauch an Verstand: auf jeden Fall.

Der Taxifahrer wundert sich, was ich da wohl vorhabe, und mahnt nach der Fahrt: Wenn ich zurückwolle, bitte vor 23 Uhr anrufen. Danach käme nämlich niemand mehr.

»Warum denn das?«, frage ich. »Gibt es heute ein Fußballspiel?«

»Nein, nein«, beeilt sich Ronaldo, der Fahrer, mich aufzuklären, »diese Gegend hier ist kompliziert. Wir fahren sie so spät nicht mehr an.«

Oha, was sagt mein Bauchgefühl jetzt? Nichts als Grummeln. Ein bisschen mulmig ist mir schon, als ich da so allein vor der Lagerhalle stehe. Ein paar Jungs lehnen lässig an der Mauer, ein anderer dribbelt einen Ball. Sie schauen ziemlich cool aus der Wäsche. *Die werden mir doch wohl nicht blöd kommen?*, denke ich leicht verunsichert. Aber Freundlichkeit schlägt Coolness, auch noch so eine Lektion, die ich irgendwann einmal gelernt habe. Also grüße ich mit einem breiten Lächeln und frage: »Wisst ihr vielleicht, wo ›Cayó la Cabra‹ probt?«

»Äh, ja, dahinten«, sagt der Obercoole und macht eine verhaltene Kopfbewegung in Richtung Halle.

»Woher kommst du?«, will ein anderer wissen.

»Aus Deutschland.« Das Eis ist gebrochen. In einer Fußballnation wie Uruguay hat jeder etwas zum Thema Deutschland zu sagen. Sachen wie: »Lahm«, »Rummenigge« ... Ich selbst habe überhaupt keine Ahnung, wenn es um Fußball geht, aber das macht ja nichts. Ich nicke zustimmend, und das reicht.

»Ich geh dann mal rein«, sage ich und winke den Jungs zum Abschied kurz zu.

Der Eingang ist eine Kneipe. Hinter der Theke steht ein tätowierter Mann, dem ich mein Sprüchlein aufsage.

»Bist du die Deutsche?«, lautet seine Antwort.

»Ja, genau. Die bin ich.«

»Merkel, ne, das ist auch in Deutschland, oder?«

»Ähm, ja, das ist unsere Bundeskanzlerin.« Test bestanden, jetzt darf ich weiter.

»Die warten bereits auf dich«, ruft mir der Barmann hinterher, und schon stehe ich in einem schmucklosen Raum, in dem der Putz abblättert und sich Feuchtigkeit fleckig auf den Wänden ausbreitet. Ein kaputtes Fenster mit durchlöcherten Gardinen, weiße Plastikstühle und an der Wand Requisiten. Drei Frauen nähen und passen Kostüme an. Diese sind allesamt selbst entworfen und geschneidert, erfahre ich später. Die anderen Gruppenmitglieder – ohne Schminke und Kostüme in ihren Jeans und Turnschuhen kaum wiederzuerkennen – sitzen im Kreis und diskutieren über die Interpretation eines Lieds. Das ganze Jahr über haben sie an dieser Murga gearbeitet. Kostüme genäht, Lieder getextet, Texte verworfen, diskutiert, gestritten und abgestimmt, Choreografien eingeübt und getrommelt. Und nach jeder Aufführung wird wieder etwas angepasst, verändert, gestrichen oder hinzugefügt. Eine Murga lebt, ist *work in progress*, erklärt mir Mayra.

Die »Cayó la Cabra« ist eine sogenannte Murga Joven. Anders als die Karnevalsmurga funktioniert sie das ganze Jahr über. Um als Murga Joven zu gelten, müssen die Mitglieder alle unter dreißig sein. Zum gegenwärtigen Zeitpunkt gibt es rund sechzig Murga Joven in Uruguay. Sie sind besonders kritisch, satirisch und immer aktuell. Und erfreuen sich wachsender Beliebtheit unter den Jugendlichen.

Für Mayra ist die Murga wie ein zweites Zuhause. »Ein Indianerstamm, nur ohne Häuptling«, so sehe sie die Gruppe. Sie wohnt noch bei den Eltern, zusammen mit zwei Geschwistern. Klar würde sie gerne ausziehen, aber solange sie in der Ausbildung ist: undenkbar! Sie studiert Psychomotorik und Logopädie, könnte aber auch Politikwissenschaften studieren, so engagiert, wie sie mir die uruguayischen Verhältnisse erklärt. Unter der Linksregierung seien immer mehr Zentren entstanden, in denen Kinder sozial benachteiligter Familien bessere Bildungschancen erhielten. In einem dieser Zentren arbeite sie neben dem Studium. In den letzten zehn Jahren habe sich viel getan, sagt sie. Die Legalisierung der Abtreibung, ein geradezu revolutionäres Gesetz in einem südamerikanischen Land, habe dazu beigetragen, dass Abtreibungen nicht mehr in Hinterhöfen stattfänden, sondern medizinisch betreut würden. Für die Frauen bedeute das einen Riesenschritt nach vorn. Jetzt könnten sie sich frei und ohne Druck für oder gegen ein Kind entscheiden.

»Für die Männer ist das auch besser«, sagt Emiliano, während wir in der Probenpause Mate trinken. »Schließlich gehören immer zwei dazu. Und wenn Frauen in der Vergangenheit ihre Gesundheit oder vielleicht sogar ihr Leben riskierten, weil sie illegal abtrieben, dann betraf das schließlich auch den Mann.« Das nenne ich mal einen emanzipatorischen Ansatz.

Auch die gleichgeschlechtliche Ehe habe in Uruguay zu weitreichenden Veränderungen geführt. »Es ist ja nicht nur so, dass ein Mann jetzt einen Mann und eine Frau eine Frau heiraten darf.

Heterosexuelle Paare können jetzt wählen, ob sie den Familiennamen der Frau oder des Mannes tragen wollen. Das ist eine Konsequenz aus dem Gesetz zur gleichgeschlechtlichen Ehe. Ich glaube, dass solche tief greifenden Veränderungen mit der Zeit eben andere Bewegungen mit sich bringen, also die Gesellschaft insgesamt verändern«, erklärt Mayra.

Veränderungen sind das große Thema der Murgagruppe. Jedes Jahr gilt es, eine neue Vorstellung auf die Beine zu stellen. Und sie haben stets einen Bezug zur aktuellen Politik. »Insofern«, sagt Mayra, »gestalten die Murgas wichtige gesellschaftliche Prozesse mit.« Die Texte der Aufführungen regen etwa dazu an, über Vor- und Nachteile von Gesetzen nachzudenken. Die Legalisierung der Abtreibung oder von Marihuana waren allemal dankbare Themen dafür.

Mit José Mujica als Präsident von Uruguay sei es in den Murgas auch viel um Konsumkritik gegangen. Mujica beeindruckte eben nicht nur die Mächtigen dieser Welt mit seinen Reden, sondern auch die Jugend von Uruguay: »Wir haben die alten Götter geopfert und einen Tempel für den Gott des Marktes erschaffen. Dieser organisiert für uns die Wirtschaft, die Politik, die Gewohnheiten, das Leben und vermittelt uns mit Preislisten und Kreditkarten ein Gefühl von Glück. Wie es aussieht, wurden wir nur geboren, um zu konsumieren und zu konsumieren, und wenn wir das nicht können, bleiben die Frustration, die Armut und die Ausgrenzung« (José Mujica im September 2013 bei einer Rede in New York).

Konsumkritik und Jugendwahn sind zentrale Themen der Murgas. In einem *cuplé*, einer Szene von »Cayó la Cabra«, heißt es:

Es ist Mode, jung zu sein.
Alle Moden fangen mit der Jugend an,
Wenn wir Kinder sind, imitieren wir sie,

Das Problem ist: Auch die Alten imitieren sie.
Mein Großvater hat sich ein Smartphone gekauft,
Er macht gern einen auf chic.
Jetzt liest er die Tageszeitung im Internet
Und macht beim Blättern die Finger nass.
Die Mode nutzt die Jugend aus,
Ohne Zweifel ihre besten Kunden.
Sie sind für jeden Trend bereit
Und kaufen alles, was du ihnen verkaufst.

Das mit dem Großvater, der gerne einen auf chic macht, trifft natürlich auch auf die Großmutter zu. Ich komme kurz ins Grübeln. Okay, ich habe auch ein Smartphone und ziehe vielleicht manchmal Sachen an, bei deren Entwurf die Designer sicher nicht an eine fast sechzigjährige Frau dachten. Aber hey, was soll's? Wenn's doch Spaß macht! Und so viel sei gesagt: Ich mache mir beim Blättern im Internet die Finger nicht nass. Aber vielleicht kommt das ja noch, sobald man Enkel hat und offiziell zur Großmutter erklärt wird.

Die Themenfindung ist gar nicht so leicht für die Murgamacher von heute. Es gibt kein klares Feindbild mehr. Die Kritik an der Konsumgesellschaft deckt sich mit der Haltung des scheidenden Präsidenten Mujica und auch mit der der nachfolgenden linken Regierung. Deshalb kommt mitunter der Vorwurf auf, man sei der offiziellen Seite zu nah. Aber die Murga kritisiere nun mal nicht die Regierung, sondern die Gesellschaft. »Die Murga kritisiert, was sie kritisieren muss«, sagt Mayra. »Und solange die Menschen darüber lachen können, ist alles gut.«

Während die Gruppe mit den Proben fortfährt, dringt plötzlich Trommellärm von der Straße durch die undichten Fenster. Eine Tanzgruppe zieht in voller Kostümpracht vorbei. Irgendwo ist immer Karneval in Montevideo. Und am Ende leide ich, genau wie beim Kölner Karneval, an einer Überdosis und bin ganz froh, dem Getrommel zu entkommen. Ich will nach Norden weiterreisen, reserviere mit dem Handy einen Bus und informiere per Mail noch schnell ein Hostel an meinem nächsten Ziel, dass ich ein Einzelzimmer möchte.

Von der Kunst, per Schneckenpost zu kommunizieren

Wir waren etwa drei Monate unterwegs gewesen, bevor wir den ersten Brief mit Neuigkeiten von zu Hause in den Händen hielten. Ein komisches Gefühl. Europa war so weit weg! Es kam in den Nachrichten Südamerikas nicht vor, und offen gestanden, interessierte es mich auch nicht die Bohne, was dort gerade abging. Wir waren einfach weit, weit weg. Auch innerlich. Telefonieren kam schon mal gar nicht infrage. Dafür hätte man nicht nur eine lange Warteschlange bei der Post in Kauf nehmen müssen, es kostete auch ein Vermögen.

Wir schreiben das Jahr 1980. Es gibt keine Handys, kein Internet, keine Social Media, keine E-Mails und kein WhatsApp. Es existiert nur das Telefon mit einer Schnur daran. Die allerwenigsten Haushalte in Bolivien können sich ein solches leisten. Dann gibt es noch die Möglichkeit, sich auf dem Postamt ein Gespräch vermitteln zu lassen, zu einem sündhaft teuren Preis und bei schlechtestmöglicher Qualität. Ich habe das ein einziges Mal ausprobiert und hatte hinterher einen Ohrkasper vom Fiepen und Rauschen in der Leitung sowie ein gewaltiges Loch im Budget. Nie wieder! Alternativ gibt es noch die Briefpost. Für die Jüngeren unter euch: Man schreibt mit einem Stift auf ein Stück Papier, faltet es zusammen, steckt es in einen Briefumschlag und klebt eine Briefmarke darauf. Wer diesen Brief nun am Schalter einer südamerikanischen Post einfach abgibt, kann davon ausgehen, dass er niemals ankommt. Der gewiefte Schalterbeamte wird den Brief entgegennehmen und in ein Körbchen für den Postausgang legen. Kaum ist man weg, fischt er den Umschlag wieder heraus, löst vorsichtig die Briefmarke ab und wirft den Brief in den Papierkorb. Wer also möchte, dass der Brief ankommt, gibt ihn ab und sagt: »Bitte stempeln.« Der Schaltermann wird dann vielleicht antworten: »Ja, später« oder »Ja, gleich« oder einfach »*Mañana*«, also morgen. Darauf muss ein höfliches, aber bestimmtes »Nein, bitte jetzt!« folgen. Der Beamte wird missmutig den Stempel auf den Umschlag knallen und den Brief ins Körbchen werfen. Jetzt kann das gute Stück auf die vorgesehene lange Reise gehen, denn die Briefmarke ist entwertet und kann nicht mehr weiterverkauft werden.

So einen Brief hatte ich zu Beginn unserer Tour aus Nordbrasilien geschrieben. An meine Eltern in Köln, Deutschland, Europa. »Wir sind gut angekommen, das Wetter ist prima und das Essen lecker«, hatte ich in etwa notiert. Ich hatte berechnet, dass mein Brief etwa vier Wochen unterwegs sein müsste, dass es dann zwei bis drei Wochen dauern würde, bis meine Eltern zurückschrieben, und anschließend noch mal vier Wochen, bis ihr Antwortbrief in Südamerika ankam. Wo würden wir dann sein? Schwierige Frage. Ich tippte auf Bolivien. Wenn wir Pech hatten, kam der Brief erst an, wenn wir schon wieder weg waren. Dann würde er zurückgeschickt. Oder weggeworfen. Dieses Risiko schien uns in diesem Fall aber gering zu sein: Wir wollten unbedingt länger in Bolivien bleiben und dachten sogar daran, eventuell nach Chile und vor Peru noch einmal zurückzukommen.

Das Timing war perfekt: Ich saß in La Paz, blickte auf den damals noch schneebedeckten Chacaltaya und wiegte den Brief hin und her. Er war von meinen Eltern. Langsam öffnete ich den Umschlag mit den deutschen Briefmarken, die so gar nicht hierherpassten, und war gespannt auf die Neuigkeiten. Komischerweise hatte ich sie bis dahin kein bisschen vermisst. Weder die Neuigkeiten noch die Erinnerung an zu Hause.

»Vielen Dank für deinen Brief«, ging es los, »und schön, dass ihr es so gut angetroffen habt.« Dann folgten tickermäßig ein paar News von der Familie, nichts Spektakuläres. Meine Schwester habe sich eine neue Schrankwand gekauft, und die Eltern befänden sich mitten in der Urlaubsplanung. Mutti habe geträumt, ich sei im Urwald von großen Spinnen und Löwen bedroht worden. Ich nahm mir vor, im nächsten Brief zu erwähnen, dass es in Südamerika keine Löwen gibt, und zu versprechen, mich vor Spinnen in Acht zu nehmen, damit Mutti wieder ruhig schlafen konnte.

Ich hatte damals keine Vorstellung davon, was es für Eltern bedeuten muss, ihre Kinder irgendwo im vermeintlich gefährlichen Urwald zu wähnen und keine oder nur selten Nachricht von ihnen zu bekommen. Zudem war wenig bekannt über Südamerika, sie konnten ja nicht mal eben danach googeln. Sie wussten nichts von Militärdiktaturen, von Folter und Willkür, von Erdbeben und Stürmen, üblen Durchfällen und Parasiten, von realen Gefahren. Andererseits wussten sie auch nicht, wenn es uns schlecht ging oder wo wir uns gerade aufhielten, ob wir gesund oder krank waren. Die mangelnden Informationen und fehlende Kommunikation waren Fluch und Segen zugleich. Sowohl für die Eltern als auch für uns. Wir, die wir in der Ferne waren, genossen die Kontaktkarenz. Sie bedeutete Distanz zur Familie und damit auch loslassen und näher bei uns selbst sein. Wir waren wirklich dort, wo wir waren, mit Körper und Geist. Unsere Gedanken zappelten nicht – wie im digitalen Zeitalter – hin und her, waren mal hier, mal da. Wir waren einfach weg, in Südamerika. Es war ein sorgenfreies, unbeschwertes Dasein. Wir mussten keine Nachrichten beantworten, hielten uns nicht auf dem Laufenden, was unsere ehemaligen Arbeitsplätze anging. Wir wussten ja nicht einmal, ob wir je zurückkehren würden. Wir lebten einfach im Hier und Jetzt. Der Rest der Welt war uns gerade herzlich egal.

Ein Himmelreich für eine Wetter-App

Natürlich war nicht immer alles in Butter auf dem Reisekutter. Manchmal hätten wir uns gewünscht, etwas besser informiert zu sein. Zum Beispiel was das Klima angeht. Eine Wetter-App wäre damals überaus hilfreich gewesen. Aber die war ja noch nicht erfunden.

So hatte es uns in Brasilien kalt erwischt. Regen. Regen. Regen. Dafür gab es in unseren Augen nur einen naheliegenden Grund: Es war Regenzeit. Dachten wir. Es regnete seit Recife und hörte nicht mehr auf.

Auszug aus meinem Reisetagebuch 3. 11. 1980, Salvador da Bahia:
Morgens nach Ribeira gefahren. Schöner Fischerhafen. Leider Regen in Strömen! Den ganzen Tag!

4. 11. 1980:
Das ist schon kein Regen mehr, das ist eine Sintflut. Es schüttet ununterbrochen bis zum späten Nachmittag. Ich fühle mich elend. Habe einen dicken Hals, einen dicken Kopf, Darmkrämpfe, und alle Knochen tun weh.

5. 11. 1980:
Gestern Abend den Mut gehabt, das Hotel zu verlassen. Natürlich triefend nass zurückgekommen. Heute Morgen regnet es zur Abwechslung. Beim Frühstück werden heftig Medikamente ausgetauscht. Alles hat Husten und Schnupfen.

6. 11. 1980:
Zur feierlichen Untermalung meines Geburtstags regnet es wie aus Kübeln. Wir lernen aber nette Leute kennen, Gregori und Pedro. Abends zusammen in Pelourinho in einem Schulrestaurant essen gegangen. Folkloretanz ist leider wegen Regen ausgefallen.

7. 11. 1980:
Guten Morgen, es regnet.

Und so weiter. Wir hatten die Faxen dicke und machten uns auf den Weg Richtung Süden, ohne Salvador da Bahia so richtig kennengelernt zu haben. Hätten wir eine Wetter-App gehabt, hätten wir gesehen, dass der Regen am Tag nach unserer Abreise aufhören und schönster Sonnenschein über den Traumstränden von Salvador aufziehen sollte. Das hat uns später ein Mitreisender erzählt, den wir in Bolivien wiedertrafen. Auch eine Google-Recherche hätte uns geholfen. Laut Klimadiagramm gibt es in Brasilien im November nur rund neun Regentage. Und die waren jetzt vorbei.

Adios, Montevideo

Zehn Tage sind vergangen, seitdem ich in Montevideo angekommen bin. Einmal bin ich in dieser Zeit umgezogen. Sowohl die Airbnb-Unterkunft als auch das Hostel hatten ihren Charme. Bei José mochte ich dieses »sich zu Hause fühlen«. Dazu gehörten aber auch die feuchten Wände, das undichte Dach und die maroden Fahrräder.

Den Ausschlag für meinen Umzug gab jedoch der ohrenbetäubende Verkehrslärm. Wenn ich nachts nicht schlafen kann, werde ich unleidlich. Gar nicht schön für meine Mitmenschen. Deshalb war es Zeit, Entscheidungen zu treffen, auch wenn ich José und Pablo wirklich sehr mochte.

Im Hostel habe ich dann viele neue Leute getroffen. Zu manchen hatte ich sofort einen guten Draht und war traurig, wenn sie abreisten. Andere ließ ich hingegen gerne ziehen. In einem Hostel gibt es, anders als in einer Privatunterkunft, eine starke Fluktuation. Und somit auch eine ungleich höhere Chance, Menschen zu treffen, mit denen man etwas anfangen kann, oder auch solche, mit denen man nicht unbedingt Adressen tauschen will. Ein Hostel ist wie ein Bauchladen: Irgendetwas wird schon für mich dabei sein, und der Rest stört mich auch nicht

Ich packe meinen Rucksack und lasse zurück

Ich habe genug von Montevideo gesehen und deshalb beschlossen weiterzufahren. Und zwar nach Norden. Nächste Station: José Ignacio. Der Bus ist reserviert, das Hostel gebucht. Als ich den Rucksack packe, fällt mir auf, dass ich – trotz strenger Auslese in Deutschland – wieder einmal zu viel dabeihabe. Immer das Gleiche! Ich weiß es aus leidvoller Erfahrung: Auf jeder Reise gibt es mindestens fünf oder sechs Dinge, die ich niemals anziehen werde und völlig unnötig mit mir herumschleppe. *Was ich jetzt in den zehn Tagen noch nicht anhatte, ist Schlepperei für nix*, denke ich. So mache ich das übrigens zu Hause auch: Was ich selten oder gar nicht brauche, wandert erst mal in den Keller. Wenn ich es dann ein Jahr lang nicht wieder aus dem Verlies befreit habe, wird es verschenkt oder landet im Müll. So ähnlich gehe ich jetzt mit meinem Gepäck vor. Zehn Tage Montevideo. Nicht benutzt? Brauche ich nicht! Wegwerfen will ich die Sachen allerdings nicht. Es gibt zum Beispiel ein elegantes Kleid, das ich nur mitgenommen habe für den Fall, dass ich auswandern will und eine Arbeit suche. Ja, ja, daran habe ich tatsächlich gedacht. Passend dazu ein Paar Schuhe. Man will ja kein Markenkleid mit Boots zum Vorstellungsgespräch anziehen. Das Kleid bleibt also in Montevideo. Sollte ich später Auswanderungspläne hegen und unterwegs den Job meines Lebens finden, kann ich immer noch zurückkommen und es holen.

Dasselbe gilt für den Föhn. Eine Föhnfrisur brauche ich unterwegs nicht. Ich binde die Haare morgens zu einem Zopf zusammen und fertig. Oder Zopf, darüber eine Mütze und fertig. Geföhnt habe ich mich bisher kein einziges Mal. Macht nur Krach. Schminkzeug, gleicher Fall. Seit Jahrzehnten habe ich Puder, Wangenrouge, Mascara, Lidschatten und Tönungscreme im Gepäck. Dabei schminke ich mich nie. Ich finde einfach, dass ich ungeschminkt besser aussehe. Mit Make-up fühle ich mich außerdem angemalt und unecht. Geschichten von Freundinnen, die ungeschminkt nicht mal zum Bäcker gehen, konnte ich nie nachvollziehen. Werden die Brötchen knuspriger, wenn ich Lidschatten auftrage? Hat die Sahnetorte weniger Kalorien, wenn ich die Wimpern tusche? Trotzdem nehme ich eine kleine Basisausstattung immer mit. *Man weiß ja nie ...*, habe ich mir wohl dabei gedacht. *Was denn eigentlich? Was weiß man nie?*, frage ich mich jetzt, während ich in das Schminktäschchen blicke, als könnte ich dort ein Orakel finden.

Ob der Mann meines Lebens mir in der Pampa über den Weg läuft? Nun ja, das weiß man nie. Aber viel spannender ist doch die Frage: Erkennt er mich überhaupt, wenn ich geschminkt bin? Vielleicht denkt er dann, ich sei jemand ganz anderes, und zieht grußlos an mir vorüber. Und mal ehrlich: Wurde jemals eine Beziehung begründet, gerettet oder zerstört, weil die Frau sich geschminkt oder nicht geschminkt hat? Ich packe das Schminkzeug also zu den Dingen, die ich unterwegs nicht brauche, wie das Kleid, die Schuhe und den Fön. Es gibt allerdings ein paar Sachen, auf die ich nicht verzichten kann. Die kommen mit. Und das sind:

1. Ein Moskitonetz: Ich brauche ein Moskitonetz, weil ich meine Nachtruhe liebe. Ein Moskito kann die Nacht zur Tortur werden lassen. Ich rede nicht mal von den Stichen, die am nächsten Tag nerven. Nein, ich rede von »Zzzzzzzzzz, klatsch«. Ich rede von der zermürbenden Moskitojagd, die den Menschen zum Tier werden lässt. Spätestens nach dem dritten Mal Aufwachen ist es bei mir so weit, und die Jagd beginnt. Licht an. Warten. Nichts geschieht. Ich klettere auf das Bett und schwanke auf der zu weichen Matratze hin und her. Suchend schweift mein Blick über die Wände. Jeder Fleck könnte ein Moskito sein. *Na warte!*, denke ich, und mein ganzer Zorn richtet sich auf diesen einen Fleck. Ich halte den Atem an,

konzentriere mich und schlage zu. Mit meinem Flipflop. Aber der hat Rillen. Der Moskito lacht sich schlapp und fliegt zum nächsten Ort. Groll macht sich in mir breit. Diesmal sitzt das Vieh an der Decke. Da komme ich nicht ran. Ich warte. Nichts geschieht. Der Moskito scheint eingeschlafen zu sein. Oder ist es doch nur ein Fleck? Ich warte. Ein Blick auf die Uhr. Drei Uhr morgens. Ich bin müde. Also Licht aus. Ich lege mich hin. Warte kurz, die Ohren gespitzt. Nichts. Kaum bin ich wieder eingeschlafen: »Zzzzzzzzzz.« Soll es doch zustechen und mich in Ruhe schlafen lassen. Aber nein: Moskitos sind Monster. Sie haben Spaß am Quälen. Es fliegt und summt immer an meinem Ohr vorbei. Ich schlage um mich. Ruhe. Kurz nur. Dann wieder ein höhnisches »Zzzzzzzzzz«. Jetzt geht das Spiel von vorne los. Licht an, die müden Augen aufreißen, warten, zuschlagen, Moskito lacht, fliegt weiter. Wutanfall.

Deshalb brauche ich ein Moskitonetz. Das spanne ich über mir auf, und dann lache ich, wenn so ein Monster vorbeifliegt. Dumm nur, wenn es unter das Moskitonetz gelangt. Dann gibt es kein Entrinnen. Es sei denn, ich überlasse dem Biest das Bett und das Netz und lege mich daneben auf den Boden. Aber wer will das schon. Deshalb habe ich Taktiken entwickelt, wie ich das Terrain unter dem Netz zur moskitofreien Zone mache: Ich breite das Netz erst aus, wenn ich schlafen gehe. Dabei stecke ich es rundherum unter die Matratze, damit keine Einflugschneisen bleiben. Sobald ich im Bett bin, schließe ich das Netz von innen mit einer Wäscheklammer. Gute Nacht.

2. Eine Wäscheleine: Wer eine Wäscheleine hat, muss nicht so viel schleppen, weil er öfter mal was durchwaschen kann. Zudem brauche ich eine Wäscheleine, um das Moskitonetz zu befestigen. Dafür spanne ich die Leine von einer Wand zur anderen und hänge das Netz daran auf. So habe ich schon die

abenteuerlichsten Konstruktionen hergestellt, zum Beispiel indem ich das eine Ende der Leine an einem Schrankscharnier und das andere am Fenster befestigt habe. Oder das eine am Nagel eines unliebsamen Bildes, das ich dafür abgehängt habe, und das andere an der Tür. Wenn ich hier jedoch nachts zur Toilette muss und die Tür aufmache, fällt die ganze Konstruktion in sich zusammen. Fantasie ist gefragt, um die ideale Lösung zu finden. Mancher Hotelier hat angesichts meiner komplizierten Befestigung auch schon voller Mitleid zu Hammer oder Bohrer gegriffen und einen Nagel oder eine Schraube an der Decke angebracht. Das ist der Idealfall.

3. Flipflops: Sie sind in Südamerika nicht nur gesellschaftsfähige Sandalen, sie können sogar Leben retten. In einigen Ländern sind die Warmwasserduschen mit ungesicherten Elektrokabeln am Duschkopf versehen. Auch die Elektroherde sind oft nicht geerdet. Da empfiehlt es sich dringend, Gummisohlen zu tragen. Da Gummistiefel auf Reisen eher zum Sperrgepäck gehören, sind Flipflops die ideale Lösung. Abgesehen von möglichen Elektroschocks können Flipflops in Gemeinschaftsduschen auch vor Fußpilz schützen und in manch ungepflegten Unterkünften nachhaltig den Ekelfaktor senken.

4. Sonnenbrille: braucht man immer, denn wer reist schon in ein Land, in dem nie die Sonne scheint.

5. Unterwäsche: braucht man auch immer, kann allerdings auch vor Ort gekauft werden, wenn man keine allzu hohen Ansprüche an das Design hat.

6. Badesachen: versteht sich von selbst.

7. Ein Outfit mit Hose: wenn's kühl ist oder eine Fahrradtour ansteht.

8. Ein Outfit mit Sommerkleid: wenn's heiß ist oder ein Flirt ansteht (das kann man übrigens auch noch mit über fünfzig).

9. T-Shirts.

10. Waschzeug.

Zusätzlich habe ich immer einen Tagesrucksack dabei mit Laptop, Smartphone und Kamera. Eine Kamera brauche ich von Berufs wegen, ansonsten tut es auch ein Smartphone. Ein Tagesrucksack ist für jede Lebenslage praktisch. Den nimmt man mit auf Ausflüge oder zum Strand oder zum Shoppen. Ein Smartphone braucht auch jeder, wirklich jeder. Ich weiß gar nicht, wie wir damals ohne so etwas reisen konnten. Es gibt unterwegs einfach nichts Praktischeres. Außer ein …

11. Smartphone: Dabei geht es nicht nur um die Kommunikation mit zu Hause. Allein aus praktischen Erwägungen ist ein Smartphone ein absolutes Must-have. Mit ihm kann ich unterwegs alles Wissenswerte googeln. Hotels und Hostels haben in der Regel WLAN (in Südamerika: Wi-Fi), sodass ich mich kostenfrei einloggen kann. Das heißt dann auch: Ich kann kostenlos telefonieren und über WhatsApp und Skype Nachrichten verschicken. Ich kann mir Apps herunterladen, die helfen, ein Hostel zu finden und zu reservieren. Ich kann recherchieren, wann wo welcher Bus oder welcher Zug abfährt, kann in vielen Fällen Sitzplätze reservieren, Couchsurfmöglichkeiten oder Mitfahrgelegenheiten finden. Ich kann mich über Einreisebestimmungen und Impfvorschriften informieren. Ich kann Land- und Straßenkarten öffnen und schauen, wie lange die Reise mit dem Auto oder zu Fuß dauert.

In vielen Fällen kann ich mir über Google Earth sogar eine Ansicht der Straße aufrufen, in der ich wohnen werde. Ist sie belebt oder ruhig, gibt es dort Bäume oder nichts als Beton? Über Wetter-Apps erfahre ich, ob es am Reiseziel gerade regnet, ob es warm ist oder kalt, wann die beste Reisezeit ist und so weiter. Es gibt eigentlich kaum etwas, das ich nicht im Voraus in Erfahrung bringen kann. Das kann natürlich auch Nachteile haben. Hat aber auf jeden Fall mehr Vorteile als Nachteile.

Was ich sonst noch auf der Reise brauche, trage ich am Körper: Turnschuhe, Pullover, Regenjacke; oder ich kaufe es unterwegs: Sonnencreme, Seife, Waschmittel. Das Gute am Reisen heute ist nämlich: Man bekommt alles überall. Anders als vor 35 Jahren.

Elf Dinge, die ich früher immer mitgenommen habe und jetzt nicht mehr brauche:

1. Schminkzeug: siehe oben.
2. Föhn: ebenfalls siehe oben.
3. Taschen (Handtasche, Strandtasche, Fototasche): kommt alles in den Tagesrucksack.
4. Bücher zum Tauschen: Ich nehme keine Bücher mehr mit, weil sie zu viel wiegen. Stattdessen habe ich einen E-Book-Reader und lade mir unterwegs kostenpflichtig Bücher darauf. Wenn ich länger irgendwo bleibe, leihe ich mir auch gerne mal ein Buch aus, das ich mit an den Strand nehme. Papier in den Händen zu halten ist ja durchaus etwas Schönes. In den meisten Hostels liegen sogar Bücher in unterschiedlichen Sprachen bereit. Man liest sie und stellt sie dann wieder zurück. Oder man tauscht sie gegen ein Buch, das man ausgelesen hat.
5. Medikamente: Früher hatte ich immer eine kleine Notfallapotheke dabei. Denn es konnte einen überall erwischen: in der Pampa, im Busch oder auf einer einsamen Insel. Da es oft keine Kommunikationsmittel, nur schlecht oder gar nicht ausgebildete Ärzte und noch weniger Apotheken als Telefone gab, war es sinnvoll, das Nötigste dabeizuhaben. Zum Beispiel ein Antibiotikum, Desinfektionsmittel, Pflaster, eine sterile Spritze (!), Durchfallmittel, fiebersenkende Tabletten und Mut zur Lücke. Heute gibt es in Südamerika fast überall Apotheken oder Kioske, die die gängigsten Medikamente wie

Antibiotikum, Kortison und Durchfallmittel sogar rezeptfrei verkaufen. Wer das nicht so toll findet, kann gut ausgebildete Ärzte, die oftmals auch Englisch oder Deutsch sprechen, und Kliniken aufsuchen, die Stuhl- und Blutproben durchführen lassen, um die entsprechenden Medikamente zu verschreiben.

Und dann gibt es im Notfall noch den Rückholservice der Auslandsversicherung. Der ganzjährige Auslandskrankenschutz gilt für Reisen unter sechs Wochen und ist für sehr wenig Geld zu haben. Ich bin kein Fan von Versicherungen. Aber diese ist ihr Geld allemal wert. Bei Reisen über sechs Wochen gilt es, eine besondere Versicherung abzuschließen. Die ist zwar etwas teurer, aber immer noch sehr sinnvoll. Denn bei beiden Versicherungen geht es im Notfall auf direktem Weg in ein privates Krankenhaus oder mit einem Krankentransportflugzeug zurück in die Heimat.

6. Walkman und Kassetten: mittlerweile überflüssig, aber bitte nicht wegwerfen. Kommt bestimmt irgendwann wieder in Mode, und der Verkauf auf eBay finanziert dann die nächste Reise.
7. Reiseführer: Was waren das für dicke Wälzer, die man da mit sich herumgeschleppt hat! Läuft jetzt alles über das Smartphone, E-Book oder Tablet.
8. Straßenkarten: macht jetzt auch das Smartphone.
9. Kompass: kann das Smartphone.
10. Kosmetikspiegel: Smartphone.
11. Taschenlampe: alles, alles Smartphone.

Am Ende habe ich alles aussortiert, was ich nicht brauche, und lasse den kleinen Rollkoffer im Hostel in Montevideo zurück. Jetzt habe ich nur noch meinen Rucksack und fühle mich noch freier als zuvor. Es kann weitergehen, in Montevideo war ich jetzt lange genug.

Busfahren in Uruguay

Im Busbahnhof von Montevideo geht es zu wie auf einem Flughafen. Auf großen LED-Tafeln werden die Abfahrtzeiten angezeigt und die jeweiligen Ausgänge und Bussteige. Durchsagen auf Spanisch, Portugiesisch und Englisch im Minutentakt. In der Hochsaison, also von Januar bis März, wimmelt es hier von Urlaubern aus den Nachbarländern Brasilien und Argentinien. Wer von ihnen nicht mit dem Auto unterwegs ist, fährt Bus. Züge oder Inlandflüge gibt es im kleinen Uruguay nicht. In den Läden, Cafés und Restaurants auf der ersten Etage versorgen sie sich mit allem, was sie für ihre Reise brauchen. Ich geselle mich zu zwei jungen Backpackern, die an einem Stehtisch Kaffee trinken. Sie sind aus Brasilien, haben gerade ihr Studium beendet und reisen nun drei Monate lang durch Südamerika. Sie kommen aus dem Norden Uruguays, wo ich hinwill, und sind auf dem Weg nach Argentinien und Bolivien. Tipps werden ausgetauscht. Ich solle unbedingt nach Cabo Polonio, einem Dorf ohne Strom und fließend Wasser. Meine Empfehlung für Bolivien ist die Salzwüste von Uyuni, eine weiße Traumlandschaft vor dunkelblauem Hochlandhimmel. Dann bitte ich die beiden, einen Moment lang auf mein Gepäck aufzupassen, damit ich mir noch schnell ein paar Sandwiches für unterwegs kaufen kann. Wann immer es geht, nehme ich das gute Stück von den Schultern. Immerhin habe ich ein paar Jährchen auf dem Buckel und sollte Bänder und Sehnen nicht überstrapazieren. Als ich zurückkomme, gebe ich meinen vorübergehenden Reisegefährten noch schnell einen Kaffee aus, dann wird auch schon die Abfahrt meines Busses durchgesagt.

In Uruguay gibt es nichts Einfacheres als Busfahren. Das Ticket hatte ich am Vortag online reserviert. Ich musste also nur noch zum Bahnhof kommen, meinen Pass sowie die Reservierungsnummer vorzeigen und konnte direkt in den Bus einsteigen. Es handelt sich um ein modernes Modell, das genauso gut auf Deutschlands Autobahnen fahren könnte. In Erinnerung an meine wilden Touren auf Lastwagen, in Klapperbussen und rostigen Zügen in den Achtzigerjahren seufze ich, stelle die gut gepolsterte Rückenlehne zurück und gebe mich ganz dem Luxus des 21. Jahrhunderts hin.

Fast eingeschlafen, schrecke ich nach einigen Kilometern hoch. Es ist kalt. Eisig kalt. Ein Blick auf die Temperaturanzeige über dem Fahrer zeigt: 15 Grad im Bus. Außentemperatur: 32 Grad. Aus meinem Handgepäck krame ich einen dünnen Pulli hervor. Aber das reicht noch nicht. Wenig später sehe ich aus, als würde ich den Polarkreis erkunden: Ich habe meine leichte Daunenjacke über den Pulli gezogen, eine Baumwollmütze auf dem Kopf und ein Strandtuch um den Hals gewickelt.

Ich schaue mich um und sehe lauter Menschen in T-Shirts und kurzer Hose. Bei denen, die nahe genug sitzen, erkenne ich jedoch die hochstehenden Härchen auf Armen und Beinen. Entweder haben sie nicht so gut vorgesorgt wie die Deutsche, oder sie finden es einfach cool zu unterkühlen. Gänsehaut als Modetrend? Oder Unterkühlung als Zeichen für Reichtum? Kann ja durchaus möglich sein in einem Land, in dem es fast immer warm ist. Arme Leute müssen in diesen Breiten schwitzen, sie können sich keine Aircondition leisten.

Nach nur vier Stunden kommt der Bus pünktlich in La Paloma an. Pünktlich, ja. Auch das ist ein Novum für mich. Hat das 21. Jahrhundert mit der Globalisierung nun auch die Pünktlichkeit nach Südamerika gebracht? Oder liegt es daran, dass Uruguay ein Einwanderungsland ist und die meisten Zugezogenen aus Europa stammen? Obwohl ... daran kann es eigentlich nicht liegen, denn die meisten von ihnen stammen aus Südeuropa, aus Italien und Spanien, nicht gerade Weltmeister in Sachen Pünktlichkeit.

Bis auf drohende Unterkühlung wegen allzu gut gemeinter Klimaanlagen ist das Reisen heute deutlich komfortabler und sicherer als in den Achtzigerjahren, zweifellos. Auch an die Informationen und Platzreservierungen zu kommen ist dank zunehmender Digitalisierung selbst bei den lokalen Transportunternehmen ein Kinderspiel und bedarf nicht mehr tagelanger Such- und Warteaktionen. Waren es damals vor allem die Mund-zu-Mund-Informationen anderer Reisender und die eigenen mühsamen Vor-Ort-Recherchen, sind es heute Apps und im Netz verfügbare Fahrpläne und Reservierungssysteme, die bei der Reiseplanung weiterhelfen. Frohe Botschaft für alle Ü50-Reisenden: Die meisten Busse in Uruguay sind heute sogar mit einer Toilette ausgestattet. Aber auch ohne beginnende Blasenschwäche kann eine achtstündige Busreise ohne Toilette und ohne Halt zur Tortur werden.

Noch nie war spontanes Reisen so einfach wie heute. Ich vermisse sie nicht, die Hindernisse und all die Qualen, verursacht durch zu harte Sitze oder durch Stehplätze zwischen Ziegen und Mehlsäcken, auf denen wir eingequetscht waren wie Sardinen in einer scheppernden Dose. Auch die Motorpannen schrottreifer Busse, die unzähligen geplatzten Reifen und versagenden Bremsen, nein, ich vermisse sie nicht. Es ist natürlich schön, diese Abenteuer erlebt zu haben, aber jetzt bin ich froh, wenn das Gefährt, in dem ich sitze, deutlich jünger ist als ich selbst. Nur das mit der Kontaktaufnahme unterwegs ist schwieriger geworden. Reisen doch die meisten mit Kopfhörern, hören Musik oder starren wie gebannt auf ihr Handy. Oder sie schlafen in ihren bequemen Sitzen.

Viele Backpacker fahren lange Strecken mit Bus oder Zug lieber nachts. Das hat zwei Vorteile: Sie sparen eine Übernachtung im Hostel, und sie kommen morgens, also im Hellen, in dem neuen Ort an. Keine schlechte Idee, denn vor allem in den Großstädten liegen die Bahnhöfe oft in verruchten Gegenden, in denen man tunlichst die Augen offen halten sollte.

Achtung: Thromboserisiko fährt mit

Für ältere Backpacker ist das mit der Nachtfahrt aber keine so gute Idee. Das Risiko für eine Reisethrombose ist ungleich höher, wenn man schlafend und regungslos im Bus sitzt. Viele glauben, das Thromboserisiko bestehe nur bei Langstreckenflügen. Dann spritzen sie Fraxiparine oder andere Blutverdünner, um die Gefahr zu bannen. Das kann man machen. Ist aber nicht jedermanns Sache, sich mal eben so eine Spritze in den Bauch zu jagen.

Was die meisten jedoch unterschätzen: In Bussen, Autos und Zügen ist das Thromboserisiko ähnlich hoch wie im Flugzeug. Es nimmt zu, wenn man lange in der Sitzhaltung verweilt und das Blut sich in den Beinen staut. Der Grund: Die Venen haben Mühe, das Blut zum Herzen zurückzupumpen. Es fließt langsamer, staut sich, und die roten Blutplättchen (Thrombozyten) können verklumpen. Umso mehr, wenn wenig getrunken wird. Und das ist besonders bei nächtlichen Reisen der Fall. Wer schläft, trinkt nicht. Und schon kann sich so eine Thrombose in aller Ruhe entfalten. Bemerkbar macht sie sich meist durch starke ziehende Schmerzen und angeschwollene Beine. Das Tückische daran: Wenn das Blutgerinnsel sich löst, kann es in der Lunge eine Embolie verursachen. Dann ist die Reise erst mal vorbei.

Nun gibt es ja Stützstrümpfe. In meinen Ohren klingt das nach Betonpfeiler, Rollator und Altenheim. Sollte es irgendwann keine Alternativen zu Stützstrümpfen mehr geben, werde ich das Reisen also einstellen. Das kann ich getrost sagen, denn zum Glück existieren genug Möglichkeiten, das Risiko für Thrombosen auch ohne Stützstrümpfe klein zu halten. Für mich ist die beste Prophylaxe Bewegung. Dafür gibt es einfache und wirkungsvolle Übungen. Eine ist aufstehen und zum Klo gehen. Aber das kann man ja nicht acht Stunden lang machen. Abhilfe schaffen da isometrische Übungen. Die kann man sogar im Sitzen durchführen, und sie sind äußerst wirkungsvoll.

Übungen zum Nachmachen

Setzen Sie sich aufrecht hin, die Beine und Füße parallel zur Hüfte. Spannen Sie die Muskeln der Beine an, zählen langsam bis zehn und lösen die Spannung wieder. Warten Sie zehn Sekunden und wiederholen die Übung dreimal, während eines langen Flugs möglichst jede Stunde. Auch mit den Füßen wippen, also von den Zehen auf die Ferse und wieder auf die Zehen, regt den gesunden Blutfluss an.

Eine isometrische Übung für den Beckenboden kräftigt zudem die Blase. Dafür spannen Sie den Beckenboden an. Ja, wo ist er eigentlich, der Beckenboden? Und wie spannt man ihn an? Ganz einfach: Tun Sie so, als müssten Sie dringend auf Toilette und würden es anhalten – zehn Sekunden lang. Auch diese Übung dreimal wiederholen. Übrigens: Selbst Männer haben einen Beckenboden und dürfen gerne mitmachen.

Wenn Sie das lange Sitzen schlapp und müde macht, Ihr Blutdruck in den Keller geht, versuchen Sie es mal mit Zwerchfelltraining. Ziehen Sie hierfür den Bauch nach innen, zehn Sekunden halten und wieder lösen. Das regt die Milz und den Blutfluss an. Falls Ihnen langweilig ist, können Sie auch noch etwas für Brust und Bizeps tun, indem Sie die Hände vor der Brust falten und dann kräftig gegeneinanderdrücken. Die Unterarme sind dabei waagerecht und bilden eine Linie. Das geht sogar auf dem Mittelsitz an Bord eines Flugzeugs. Bis zehn zählen, lösen. Macht schöne Arme und eine schöne Brust. Kann auch im Alter nicht schaden. Doch am wichtigsten sind die isometrischen Übungen mit den Beinen, damit sich keine Thrombosen bilden können.

Neben Bewegung ist Flüssigkeit Trumpf. Während eines Flugs wird dem Körper viel Wasser entzogen, zum einen durch den Luftdruck, der in etwa einem Aufenthalt auf 4000 Meter Höhe in den Bergen entspricht, zum anderen durch die Klimaanlage. Experten raten, pro Flugstunde einen Liter Wasser zu trinken, um eine Dehydrierung zu vermeiden. Das erinnert mich ein wenig an die Empfehlung, täglich fünf Hände voll Obst und Gemüse zu essen. Macht kein Mensch. Ich weiß nicht, was die Experten sich dabei denken, wenn sie solche Ratschläge aussprechen. Denn mal ehrlich: Auf einem Langstreckenflug von zehn Stunden Dauer hieße das: zehn Liter Wasser. Viel Spaß mit dem Bordpersonal!

Auf einem Flug nach Südamerika habe ich einmal erlebt, wie den Gästen das Wasser in kleinen verschweißten Bechern gereicht wurde, etwa alle zwei Stunden einer. Macht fünf Becher pro Passagier. Bei einem ausgebuchten Airbus A380 mit Platz für 853 Passagiere käme man so auf 4265 Becher. Das ist ziemlich viel Plastik, aber bei Weitem nicht genug Wasser. Mit stoischer Geduld und einem einnehmenden Lächeln habe ich also regelmäßig nach mehr Wasser gefragt. Beim dritten Mal hatte ich die Stewardessen dann so weit, dass sie erleichtert einwilligten, meine eigene Plastikflasche, die ich leer durch die Sicherheitskontrollen gebracht hatte, aus einer großen Wasserflasche aufzufüllen.

Wenn Sie nachts reisen, egal, ob in der Luft oder am Boden, sind Sie wahrscheinlich weniger motiviert, solche Übungen zu machen und hartnäckig nach Wasser zu fragen. Müdigkeit und Schlaf führen zu mangelnder Bewegung, und das regelmäßige Trinken kommt zu kurz. Also Ü-Fünfziger: besser tagsüber reisen und vorsorgen. Aber aufgepasst: Thrombosen sind kein Privileg der Alten, es kann auch Junge treffen.

Wie mich eine Kräuterfee in Puno rettete

Lange bevor das Fliegen so selbstverständlich wie das Bus- oder Bahnfahren war, galt die Reise mit dem Flugzeug als etwas Besonderes. Geschäftsreisende oder Menschen der vornehmen Gesellschaft nahmen dieses Verkehrsmittel. Alle anderen reisten zu Land oder zu Wasser.

Unter Backpackern galten die Flüge mit der russischen Aeroflot nach Südamerika als das Schnäppchen aller Schnäppchen. Die Reiseroute an sich war schon eine Zumutung: Start war in Luxemburg. Von dort flogen die alten Rostmühlen erst mal in die falsche Richtung, nämlich nach Moskau. Gegen Rubel wurde noch mal richtig aufgetankt, und nach ein paar Stunden, die man an Bord verbringen musste, ging die Reise dann mit Zwischenlandung in Kanada weiter nach Kuba. Dort bei den Genossen wieder auftanken und anschließend nach Lima. Das Ganze dauerte rund vierzig Stunden.

Nach meiner ersten Südamerikareise zog es mich in den folgenden Jahren immer wieder auf den Kontinent zurück. Und so war ich Mitte der Achtzigerjahre mit so einer Aeroflot-Maschine Richtung Peru unterwegs. Der Lautsprecher über mir war kaputt, und jeder Versuch zu schlafen wurde durch den Piloten oder das Flugpersonal knarrend und krächzend unterbrochen. Vor mir, neben mir, hinter mir und im Gang wurde Kette geraucht und Wodka gesoffen, was das Zeug hielt. Allein durch das Einatmen der Dünste hatte mein Blut wahrscheinlich schon einen Alkoholspiegel, der das Bedienen von Maschinen und Autos nicht mehr erlaubte. Ich hing mehr in meinem Sitz, als dass ich saß. Meine Rückenlehne hatte eine Schraube locker und hing an einer Seite durch. Der Sitz vor mir hatte offenbar zwei Schrauben locker und wurde nur durch meine Knie gehalten. Darin saß ein wackerer Russe, der schon in Moskau betrunken war und bis Kuba hemmungslos durchschnarchte. Kurzum: Es war ein Schnäppchen, das wir teuer bezahlen mussten. Völlig fertig mit den Nerven, unterzuckert und mit einer Überdosis Nikotin und Koffein im Blut, das Gehirn durch den Schlafentzug vollgepumpt mit Dopamin, landeten wir mit einigen Stunden Verspätung in Lima.

Mit unseren Rucksäcken wankten wir direkt vom Flughafen zum Busbahnhof, denn unser ehrgeiziges Ziel war es, so schnell wie möglich nach La Paz in Bolivien zu kommen. Ich hatte schon im Flugzeug Mühe gehabt, meine Schuhe wieder anzuziehen. Die Füße waren stark geschwollen, kein Wunder nach der langen Sitzerei.

Auch im Bus wurde es nicht besser. Ich hatte die Schuhe ausgezogen, weil die Schwellung langsam auf die Beine überging. Als wir nach etwa acht Stunden Puno erreichten, sahen meine Beine aus wie zwei Fleischklöße. Fußgelenk und Knie waren nicht mehr zu erkennen, alles nur noch ein einziger aufgedunsener Klops. Ich drückte mit dem Finger in diese Masse, von der ich nicht glauben konnte, dass es tatsächlich meine ansonsten eher zu dünnen Beinchen waren. An der Stelle blieb eine Grube zurück, die sich erst ganz langsam wieder zurückbildete. Es fing an, unheimlich zu werden.

Als der Bus an einem Markt hielt, sprang Lucio, mein bolivianischer Freund, der seit ein paar Jahren in Deutschland lebte, hinaus und ging zielstrebig zu einem Kräuterstand direkt am Straßenrand. Ich sah ihn gestikulieren und in Aymara auf die Frau einreden. Dann kam er zurück mit einem in Zeitungspapier eingepackten Strauß Kräuter und zerrte mich aus dem Bus. »Wir müssen hier einen Zwischenstopp einlegen und dich kurieren«, sagte er. Widerspruch war offenbar zwecklos, und ich hatte auch gar nicht die Kraft dagegenzuhalten. Ich nahm den Rucksack auf den Rücken, die Schuhe in die Hand und stapfte auf meinen beiden Fleischsäulen zu einer Pension gleich um die Ecke. Lucio war seltsam autoritär und befahl mir, mich auf das Bett zu legen. Ich hörte ihn nebenan mit der Gastgeberin auf Aymara reden. Töpfe schepperten, und kurze Zeit später breitete sich ein würziger Geruch aus. Dann kam Lucio mit einem Berg Stofffetzen und einem großen dampfenden Kessel zurück. Auf seiner Stirn hatte sich seit dem Gespräch mit der Kräuterfee eine Sorgenfalte gebildet, und während er mit großer Konzentration die Tücher in die Brühe tunkte und mit einem Holzstab umrührte, schien sie sich zu glätten, und er lächelte mich an: »Mach dir keine Sorgen. Mit dieser Medizin wird es dir gleich besser gehen.«

Ich fühlte mich leicht benebelt, auch von der Höhe, in meinen Beinen zog und pulsierte es, als wollten sie jeden Moment platzen. Lucio wrang die Tücher aus und wickelte sie sorgfältig um jedes Bein. Ich sah aus wie eine Mumie. Er lächelte zufrieden und meinte, ich solle mich einfach ausruhen, er besorge uns etwas zu essen.

Ich nickte ein. Als Lucio mit dem Essen zurückkam, war etwa eine halbe Stunde vergangen. Er wickelte die Tücher ab und tauchte sie wieder in die Brühe. Ich konnte es kaum glauben, aber der Umfang meiner Beine war schon um die Hälfte geschrumpft. Meine Fußknöchel waren allerdings immer noch nicht zu sehen. Lucio wickelte noch eine zweite und dritte Runde, und nach einer weiteren Stunde hatten meine Beine wieder zu ihrer normalen Form zurückgefunden.

Ich weiß bis heute nicht genau, was es war, vermute aber, dass sich Thrombosen gebildet hatten. Wer weiß, was passiert wäre, wenn die Kräuterfee uns nicht geholfen hätte.

Allein unter Indios

Wir wollten zum Karneval nach Oruro, weil man an Karneval nach Oruro fuhr. Und zwar alles, was Beine hatte. Busse auf der Route von La Paz nach Oruro waren seit Wochen ausverkauft, der Zug sowieso. Es blieb uns also nichts anderes übrig, als eines der damals meistgebuchten Verkehrsmittel zu nehmen: den offenen Lastwagen. Es war das Transportmittel des Volks, und in Bolivien war das Volk indigener Herkunft und sprach entweder Quechua oder Aymara. Die Lastwagen fuhren von den Gemüsemärkten der Städte frühmorgens um fünf Uhr ab, zurück in die Dorfgemeinschaft irgendwo im Nirgendwo oder zum Gemüsemarkt einer anderen Stadt. Mit Ware hin, mit Menschen zurück. Oft gab es keine Alternative zu den Schwerlastern. Normalerweise saß man hinten auf der Ladefläche, als einziger Gringo unter den Indigenen, und wurde konsequent ignoriert. Als wäre man gar nicht da.

Ich hatte schon einige solcher stummen und beschwerlichen Reisen hinter mir, über 5000 Meter hohe Passstraßen, dem Hagel und Schnee schutzlos ausgesetzt. Meistens kam ich mir dabei vor wie ein Alien, weil keiner mit mir sprach, während andere Fahrgäste munter Scherze auf Aymara machten und lachten. Es stimmt nämlich nicht, dass die Hochlandbevölkerung ernst und humorlos sei. Untereinander sind sie sehr lustig. Einige Jahre später, als ich während des Studiums in Puno Aymara lernte und die Scherze zu verstehen begann, stellte ich fest, dass die Menschen einen sehr trockenen, fast englischen Humor haben. Sie scherzten und lachten also auf den langen Reisen, tauschten gekochten Mais aus, luden sich gegenseitig zu einem Schluck Wasser ein und ließen ihre Taris, kleine gewebte Tücher, in denen Coca aufbewahrt wird, herumgehen. Obwohl ich nicht verstand, was es mit diesen Blättern auf sich hatte, war mir klar, dass sie eine besondere Rolle spielen mussten. Denn die Sorgfalt, mit der die Menschen die Blätter aussuchten, zwischen den Fingern glatt strichen und sich dann in den Mund steckten, hatte schon fast etwas Andächtiges. Und es wurde immer geteilt. Jemand ließ seinen Tari kreisen, alle bedienten sich daraus, bis er wieder beim Besitzer ankam, sorgfältig zusammengeschlagen und unter den Poncho gesteckt wurde. Wann immer der Lastwagen über einen Pass fuhr, hielt er kurz an, die Leute stiegen aus, bauten am Wegesrand kleine Türmchen aus Steinen, nahmen die Coca aus dem Mund und verbargen sie unter den Steinen. Dabei murmelten sie »*Pachamamatakiw*«, was so viel heißt wie »Für dich, Mutter Erde«.

Neugierig geworden, ging ich deshalb bei unserem Besuch in La Paz in das sogenannte Hexenviertel, das sich oberhalb der Kirche San Fernando befindet. Hier wird alles verkauft, was man für traditionelle Rituale braucht. Kleine Stände mit buntem Zuckerzeug, getrockneten Lamaföten, Spinnen und Wurzeln, Kräutern und Amuletten säumen die steilen Straßen. Ich fragte eine Verkäuferin nach Coca, und sie erklärte mir den Weg. Merkwürdigerweise schien es niemand merkwürdig zu finden, dass eine Gringa Coca kaufen wollte.

Als Gringas galten alle Frauen, die reich und hellhäutig waren. Gringa zu sein hieß nicht nur, reich zu sein, sondern auch, noch reicher werden zu wollen, nach mehr zu streben, nach mehr Einfluss und Macht, nach mehr Geld und Land. Gringa zu sein hieß, geizig zu sein, nichts abgeben oder teilen zu wollen, immer die eigenen Interessen durchzusetzen und keine Zeit zu haben. Geizig auch im immateriellen Sinne: Gringas waren nur freundlich, wenn sie etwas wollten, hatten kein Mitleid mit anderen, kein Verständnis für deren Lage. Gringos, die weißen Männer, waren selbstsüchtig. Sie beuteten andere aus, rangen untereinander um Stellungen und Vergünstigungen, missbrauchten ihre Macht, kurz: Sie waren – das hatten Jahrhunderte der Unterdrückung die indigene Bevölkerung gelehrt – asozial. Sie fuhren weder mit öffentlichen Verkehrsmitteln, noch kauften sie selbst ein. Dafür hatten sie Personal. Sie ließen sich chauffieren. Zum Friseur, zum Nagelstudio und zum Schneider. Deshalb sah man sie auf der Straße selten.

Und trotzdem: Mit der gleichen Selbstverständlichkeit, wie ich auf dem Lastwagen ignoriert wurde, nahm man nun fraglos hin, dass eine Gringa nicht nur selbst einkaufte, sondern auch noch auf der Suche nach Coca war, einer Pflanze, die wie keine andere bei Ausländern und der herrschenden weißen Klasse als Teufelswerk in Verruf stand. Anthony Henman beschreibt in seinem Buch *Mama Koka*, wie schon die Kolonialherren in alten Schriften vermerkt hatten, dass »sich bestimmte Unannehmlichkeiten aus dem Gebrauch und den Sitten der Indianer dieses Landes in Hinsicht auf den Anbau von Coca ergeben, da sie ein wichtiges Element in ihrem Götzendienst, ihren Zeremonien und ihrer Hexerei darstellt, und sie vorgeben, dass sie dadurch, dass sie es im Munde haben, Stärke empfangen, was eine Vorspiegelung des Teufels ist«.

Crashkurs im Cocakauen

Ich wusste nicht allzu viel über die Coca, als ich mein erstes Pfund kaufte. Auf dem Rückweg in die Pension nahm ich ein paar Blätter, steckte sie in den Mund und kaute ein paar Minuten darauf herum. Es schmeckte bitter und grasig. Lecker war das nicht. Wirklich nicht. Eher ekelig. Nach einer Weile kämpfte ich gegen all die kleinen zerkauten Pflanzenteile im Mund und leider auch im Hals. Ich fing an, zu würgen und zu husten, und spuckte das Cocageschnipsel nach Luft ringend aus. Ein Mann im Poncho kam vorbei und fluchte auf Aymara. Nicht, dass ich seine Worte verstanden hätte, aber sein Gesicht sprach Bände. *Oje, und pfui Teufel*, dachte ich, *irgendetwas habe ich falsch gemacht*. Ich packte also mein Cocasäckchen wieder ein und ging schnell zurück zum

Verkaufsstand. Hoffentlich war sie noch da, meine *caserita*. *Caserita* oder *cholita* nannte man hier die Verkäuferinnen liebevoll.

Ich fand sie noch in der gleichen Stellung auf dem Boden neben ihrem großen Cocasack hockend wie zuvor. Wie hingemalt saß sie da mit ihren bunten bauschigen Röcken, ihrem schräg auf dem Kopf liegenden Melonenhut und wartete gleichmütig auf Kundschaft. Der Knubbel in ihrer Wange deutete darauf hin, dass auch sie Coca kaute. Ich erzählte ihr von meinem ersten ziemlich missglückten Versuch. Sie schaute missmutig, aber ein Zucken um Augen und Mundwinkel verriet ihr inneres Lachen:

»*Para qué quieres Coquita si no sabes gringuita?* Wozu willst du Coca, wenn du nicht weißt, wie es geht?«

Sie hatte wohl vermutet, ich kaufte Coca für meine Arbeiter. Dass ich sie selbst kauen wollte, war ihr nicht in den Sinn gekommen. Sie suchte drei Blätter aus, strich sie glatt, nahm sie in den Mund und erklärte mit der Geduld einer Mama: »Man kaut sie nicht. Nur Gringos kauen sie. Weil sie dumm sind. Wir lassen sie einfach im Mund und schieben sie von Zeit zu Zeit von einer Wange in die andere. Die ersten drei Blätter sind für *Pachamama*, für Mutter Erde.«

Sie nahm die drei Blätter aus dem Mund, jetzt dunkelgrün gefärbt vom Speichel, und legte sie hinter sich unter einen Stein. Dann nahm sie erneut Cocablätter, strich sie glatt, steckte sie in den Mund und biss unten die kleinen Stiele ab.

»*Ya ves gringuita, nada más.* Siehst du, Bleichgesichtchen, so einfach ist das.«

»Und wie lange lasse ich die im Mund? Wann spucke ich sie aus?«, wollte ich wissen.

»Ausspucken? Niemals spuckst du sie aus! Die Coca ist heilig, verstehst du, *gringuita*, man spuckt sie nicht aus. Du nimmst sie mit zwei Fingern aus dem Mund, wenn du genug davon hast, und dann spendest du sie Mutter Erde, legst sie unter eine Pflanze oder unter einen Stein.«

»*Gracias, caserita*«, bedankte ich mich für den Schnellkurs im Cocakauen. Dann kaufte ich mir noch bei einem Händler um die Ecke einen schönen, alten gewebten Tari aus Charazani und schüttete die Cocablätter aus dem Plastikbeutel in den fein gemusterten Stoff.

»Gib nur die Tagesration in den Tari«, sagte der Händler, »im Plastikbeutel hält sie sich besser. Sie trocknet sonst zu schnell aus. Deine *llujta* legst du mit in den Tari.«

Meine *llujta*?! »Was ist das denn?«, fragte ich.

Der Mann kramte in seinem eigenen Tari und holte unter den Blättern ein graues Etwas heraus, das aussah wie ein Stein, aber offenbar nicht so hart war. Er brach ein Stück ab. »Davon nimmst du immer eine kleine Ecke und rollst sie in ein Cocablatt ein. Das steckst du zur anderen Coca in der Backe. Dann wird die Coca erst zur Coca.«

Aha, rätselhaft, was auch immer das sein mag, aber genau so werde ich es machen, dachte ich. *Doch am besten unter Ausschluss der Öffentlichkeit, denn wer weiß, was geschieht.*

Einige Jahre später, als ich als Ethnologiestudentin zum traditionellen Gebrauch der Coca forschte, fand ich heraus, was es mit der *llujta* auf sich hat. Es handelt sich um die Asche einer Pflanze. Mit ihr reagieren die Alkaloide der Cocapflanze und setzen unter anderem minimale Mengen von Kokain frei. Das verleiht aber garantiert keine Flügel, denn bei dieser sanften Art des Konsums wird das im Blatt enthaltene Kokain mit *llujta* und Spucke in das nachhaltigere Alkaloid Ecgonin umgewandelt. Und das hilft besonders den roten Blutkörperchen beim Transport des Sauerstoffs, was 4000 Meter über dem Meeresspiegel erheblich zum Wohlbefinden beiträgt. Außerdem hat Mütterchen Coca viele Vitamine und Spurenelemente, die bei einer andinen, eher gemüsearmen Kost als willkommene Nahrungsergänzung wirken.

Mit dem Lastwagen nach Oruro:
interkulturelles Lernen

Bei meinen ersten Cocaversuchen hatte ich noch keine Ahnung, wie die Coca wirkt und wozu sie gut ist. Ich wusste nur: Sie spielt eine wichtige Rolle, und vielleicht öffnet sie mir die Türen zu den Herzen der Menschen. Die nächste Reise auf dem Lastwagen ging also nach Oruro, und diesmal war ich gerüstet. Zusammen mit meinem bolivianischen Freund war ich morgens um vier Uhr zu Fuß die steilen und weitgehend ungeteerten Straßen der Stadt am großen Friedhof vorbei bis zur Ceja hochgelaufen. Die Ceja ist eine Art Verkehrsknotenpunkt auf dem Alto, jenem Teil der Stadt, der hoch über dem eigentlichen La Paz liegt und damals ausschließlich Terrain der Aymara war. Hier siedelten sich in den Siebzigerjahren die Menschen aus den Dorfgemeinschaften an, bauten wild und illegal ihre Lehmhäuser auf der windigen Hochebene mit Blick auf die schneebedeckten Gipfel der Cordillera Real, auf den Chacaltaya und den Illimani. Um diese Uhrzeit waren die Pfützen gefroren, der Atem kondensierte in weißen Wölkchen, kurz gesagt: Es war arschkalt.

Lastwagen standen in Reih und Glied, drum herum Menschen, die Feuer machten, über denen Fischsuppen und Api, ein Maisgetränk, köchelten. Am Rande der Ceja, dort, wo es einen grandiosen Blick auf den Illimani und die vom Mond beschienene Großstadt gab, hatten Heiler und Zeremonienmeister ihre Stände. Es roch nach würzigen Hölzern, kultigen Harzen und Räucherwerken. Hier ließen Reisende sich aus der Coca lesen oder Rituale durchführen, die ihrer Gesundheit dienten oder einfach nur eine gute und sichere Reise bescheren sollten.

Wir hatten den Wagen gefunden, der nach Oruro ging. Einige Leute saßen schon auf der Ladefläche, eingehüllt in ihre Ponchos, die Mützen tief in die Stirn gezogen. Mein Freund und ich wollten noch ein wenig herumlaufen, damit wir nicht jetzt schon unterkühlten. Am Straßenrand aßen wir eine Fischsuppe. Karachi ist ein sehr leckerer Fisch aus dem Titicacasee, der heute fast ausgestorben ist, weil er zur Lieblingsspeise fremder Fischarten wie der Forelle wurde. Fischsuppe zum Frühstück ist ziemlich gewöhnungsbedürftig, aber Höhenluft und Kälte machten hungrig, und bei den frostigen Temperaturen wirkte sie zusammen mit *llajua*, einer höllenscharfen Soße, wie ein Kaminfeuer im Skiurlaub: Ich wärmte innerlich auf, was sich auf der Fahrt bewähren sollte.

Wir gingen zurück zum Lkw und kletterten auf die Ladefläche, nachdem wir beim Fahrer im Führerhaus bezahlt hatten. Dort war es inzwischen schon ziemlich voll. Einige Reisende schliefen noch, sie hatten wohl die ganze Nacht da oben verbracht. Manche saßen in sich zusammengesunken, andere standen, vielleicht schon vorausahnend, dass es ohnehin nur noch für Stehplätze reichen würde. Nach und nach füllte sich die Ladefläche, die Schlafenden wurden geweckt, damit sie aufstanden. In der Mitte gab es in etwa zwei Meter Höhe einen Pfosten, an dem man sich festhalten konnte. Aber am Ende wurde auch der nicht gebraucht, denn die Menschen standen so eng beieinander, dass sie nicht umfallen konnten. Sie standen oder saßen auf ihren Bündeln und Säcken, ihren Einkäufen aus der Stadt. Meinen Rucksack hatte ich an der Rückwand des Führerhauses aufrecht anlehnen können, und jetzt, wo es immer enger wurde, setzte ich mich einfach obendrauf.

Als es dämmerte, ging die Fahrt endlich los. Der Motor des Lkw jaulte auf, und schon rumpelten wir über die löchrigen Straßen des El Alto Richtung Süden. Die Kapuze meines Anoraks tief ins Gesicht gezogen, damit Stirn und Ohren nicht kalt wurden, und den Kopf nach vorn geneigt, um die Augen vor dem Fahrwind zu schützen, konnte ich kaum noch etwas sehen. Aber schon wenig später auf der unasphaltierten Nationalstraße 1, als die Sonne aufging und den schneebedeckten Illimani in rosarotes Licht tauchte, konnte ich nicht anders, als mein Gesicht trotz eisiger Kälte dem

Naturschauspiel zuzuwenden und den Frost für einen Moment zu vergessen.

Es waren nur 230 Kilometer bis Oruro, aber auf einer Piste, über die die Lastwagen im Minutentakt Menschen und Ware transportierten, über die Metalle und Kohle aus den Bergwerken südlich von Oruro transportiert wurden, waren die Löcher tief und die Tücken groß. Hier blieb einer liegen, weil seine Reifen kaputt waren, dort hatte der Motor seinen Geist aufgegeben. Immer wieder kam es zu unfreiwilligen Zwischenstopps. Gegen Mittag hatte die Sonne kräftig eingeheizt. Sie knallte vom wolkenlosen, tiefblauen Himmel auf unsere Köpfe. Die Indios hatten die Mützen unter ihren Hüten ausgezogen, die Ponchos hochgeschlagen.

Während der Fahrt waren schon einige Taris mit Coca herumgegangen, und wie immer hatte man mich ignoriert. Ich war deshalb seit einigen Kilometern versucht, meinen eigenen Tari auszupacken, aber fürchtete mich vor den Reaktionen. Was, wenn das ein No-Go wäre, eine Gringa mit Tari? Aber hätten mich dann die beiden Verkäufer nicht vorgewarnt? Andererseits: Vielleicht hatten sie die Vorstellung einer sich bis auf die Knochen blamierenden Gringa ja überaus unterhaltsam gefunden. Ich wusste es nicht und würde es so auch nicht herausfinden. Es gab nur eine Möglichkeit: einfach machen. Was konnte im schlimmsten Fall passieren? Kollektive Verachtung oder schallendes Gelächter. Auslachen war eine Erziehungsmethode bei den Aymara, eine Art der Strafe, die ohne Prügel auskam. Ich wollte jedoch nicht ausgelacht werden. Vor allem wollte ich niemandem zu nahe treten. Aber auch auf die Gefahr hin, mich lächerlich zu machen, ich musste dieses Wagnis eingehen. Ich versuchte also, genauso cool zu gucken wie die Mitreisenden, so, als wäre ich ganz allein auf der Ladefläche und würde von niemandem beobachtet. Ich kramte meinen Tari oben aus dem Rucksack, breitete ihn vorsichtig auf dem Schoß aus, nahm ein Blatt nach dem anderen, bis ich drei zwischen den Fingern hielt, strich die Blätter sorgfältig glatt und steckte sie in den Mund, so, wie ich es gelernt hatte. Ich war tatsächlich total versunken und konzentriert, sodass ich nicht bemerkte, ob ich dabei beobachtet wurde oder nicht. Wenn ja, dann musste es ein sehr diskretes Beobachten sein.

Anschließend blickte ich auf zu meiner linken Nachbarin, einer etwa fünfzigjährigen Frau, und reichte ihr mit einer einladenden Geste meinen Tari weiter. »*Akhullt'asiñäni*«, sagte ich. Das hatte ich mir bei anderen abgehört und dachte, es sei so etwas wie »Prost« beim Trinken. Später lernte ich, dass es schlicht »Lasst uns alle gemeinsam Coca kauen« heißt. Die Frau legte für einen Moment die für Aymara typische Coolness ab und schaute mich nun mit großen Augen an. Dann lachte sie glucksend, nicht böse, sondern herzlich, und sagte zu den Umstehenden: »*Ukax gringuita wal aymar parlaña*«; übersetzt so viel wie: »Ey, Leute, wie krass ist das denn, das Bleichgesichtchen spricht Aymara.«

Daraufhin wurde es lebhaft auf dem Lkw. Man rief mir dies und das zu, plötzlich war ich anwesend, wurde nicht mehr ignoriert. Ich verstand nicht viel, lächelte aber freundlich, sagte ab und zu *jisa*, also Ja, wenn ich etwas gefragt wurde. Mein Tari machte unterdessen die Runde, und ich hatte eine der wichtigsten Lektionen in Sachen Kontaktaufnahme und Kommunikation mit der andinen Hochlandbevölkerung gelernt: Die Coca, aber vor allem die Sprache waren tatsächlich Türöffner. Dass sich jemand die Mühe machte, in ihrer Sprache zu sprechen, die doch bei den Weißen als unterentwickelt und barbarisch galt, war eine echte Sensation. Ich war so hingerissen vom Erfolg meiner Aktion, dass ich beschloss, Aymara zu lernen und mehr über die Kultur dieser Menschen herauszufinden.

José Ignacio, wir müssen leider draußen bleiben

Einige Kilometer vor José Ignacio an der Küste Uruguays spuckt mich der Bus aus wie tiefgefrorenes Gemüse. Die Klimaanlage hat wieder ganze Arbeit geleistet. Die letzten Kilometer war ich so unterkühlt, dass ich ein Zähneklappern nur mühsam unterdrücken konnte. Ich konnte es daher kaum erwarten, in die Sonne zu kommen. Dem Busfahrer hatte ich gesagt, wo ich hinwill, und nun hielt er kurz hinter der Lagune von José Ignacio, etwa acht Kilometer vor dem Ort selbst, an einer Stelle, an der eigentlich gar keine Haltestelle ist. Schnell meinen Rucksack aus dem Gepäckraum geholt, und schon fuhr der Bus weiter.

Ich bleibe erst mal im gleißenden Licht der Sonne am Straßenrand stehen, um aufzutauen. Rechts das Meer, unfassbar blau, und darüber der Himmel, eine dunkelblaue Leinwand, auf der ein kühler Wind feine weiße Federwölkchen vor sich hertreibt. Schwer zu sagen, wer blauer ist: der Himmel oder das Meer. Auf der gegenüberliegenden Straßenseite öffnet sich eine Lagune. Ein paar bunte Lenkdrachen von Kitesurfern steigen auf und schmücken das Blau des Himmels mit roten, grünen und türkisen Tupfen. Tief atme ich die klare Luft des Atlantiks ein und bin mir sicher: Hier werde ich mich wohlfühlen.

Am schilfbewachsenen Ufer stehen ein paar Häuser. Dort soll laut GPS mein Hostel sein, das einzige im Umkreis von 50 Kilometern, das auch nur annähernd bezahlbar ist. Meine Suche im Internet nach einer Pension oder einem Hotel im Ort war erfolglos. Es gibt zwar kleine Hotels, sogenannte Boutiquehotels mit kaum mehr als zehn Zimmern, aber davon ist in der Saison keines unter 350 Euro zu haben. Pro Nacht wohlgemerkt. Es geht auch noch teurer. Das Örtchen José Ignacio, einst ein kleines Fischerdorf, ist immer noch ein kleines Dorf, nur leider ohne Fischer. Denen ist es zu teuer geworden, sie sind weitergezogen. Der Ort scheint fest in den Händen einer Elite zu sein. Einer sehr, sehr reichen Elite, die aus den USA, aus Brasilien oder Argentinien, London oder München kommt. Man hat den Eindruck, José Ignacio sei das Ibiza oder Sardinien von Südamerika.

Da ich mit kleinem Budget unterwegs bin, mache ich es so wie die Fischer: Ich bleibe außerhalb, acht Kilometer vor dem Hotspot, im einzigen Hostel weit und breit. Mit meinem Rucksack laufe ich den Schotterweg hinunter, vorbei an kleinen, bescheidenen Holz-, Stein- und Lehmhäusern. In den Gärten spielen Kinder, Frauen hängen Wäsche auf, und Alte sitzen unter Bäumen. Es ist ruhig, Vögel zwitschern, der Wind weht hier nicht ganz so heftig wie unten am Meer. Ich bin froh, dass ich meinen Trolley in Montevideo gelassen habe, denn auf Schotterwegen sind Rollkoffer unpraktisch und laut.

Nach zehn Minuten erreiche ich meine Unterkunft, mitten in einem großen Garten gelegen. Jaime, der Hausherr, begrüßt mich. Er ist etwa in meinem Alter, hat aber etwas weniger Haare und etwas mehr Bauch. Das mit dem Bauch hat einen guten Grund: Jaime isst gerne. Im Garten steht ein Steinofen. Darin bereitet er fast täglich die leckerste Pizza von Uruguay zu und manchmal auch einen Lammbraten, der so zart und köstlich ist, dass allein beim Anblick der Speichel in meinem Mund wie ein Geysir sprudelt. Jaime hat zwei Achtbettzimmer, die für mich nicht infrage kommen. Da ich eine Woche bleiben will, nehme ich das kleine Appartement im Garten, das sogar eine Küche hat. So kann ich auch mal selbst kochen und muss nicht im sündhaft teuren José Ignacio essen, falls Jaimes Steinofen einmal kalt bleibt.

»Nach José Ignacio gehst du zu Fuß am Strand entlang, zwischen zwanzig und vierzig Minuten, je nachdem, ob der Wind von Norden oder von Süden kommt«, erklärt mir Jaime augenzwinkernd. »Du kannst auch das Fahrrad nehmen, schau mal am Baum im Garten, da liegen drei. Such dir eines aus.«

»Was ist mit Abschließen? Hast du ein Schloss?«, frage ich.

»Brauchst du nicht. Stell das Fahrrad einfach ab, wo du willst, das klaut keiner.«

Die Räder ähneln dem von José in Montevideo: Die Bremsen funktionieren nicht, die Kabel der Gangschaltung hängen müde und funktionslos herum. Ich schwinge mich auf eines von ihnen – und falle gleich über den Lenker. Der hat nämlich nachgegeben und ist nach vorne gerutscht.

Jaime lacht: »Du darfst dich nicht auf den Lenker stützen, die Schraube greift nicht mehr. Du musst am Lenker ziehen.«

Es bedarf einiger Akrobatik und großen Mutes, sich mit diesem Rad in den Verkehr zu begeben. Aber da es keinen Verkehr gibt, gehe ich das Wagnis ein und drehe eine kleine Proberunde auf der Schotterstraße. Der Weg führt leicht bergauf durch ein Wäldchen. Der würzige Duft der Eukalyptusbäume vermischt sich mit der salzigen Feuchte des Ozeans. Meine Lungen öffnen sich, und ich habe das Gefühl, pures Glück einzuatmen. »Yippieee!«, jubele ich übermütig, als es bergab geht, und breite die Arme aus. Aber von alleine fährt dieses Fahrrad nicht geradeaus, und bevor ich in der Böschung lande, greife ich schnell wieder nach dem losen Lenkrad.

Unten lasse ich das Rad an der Straße stehen und klettere über die Dünen. Das reinste Nordseeflair, und das in Südamerika! Kalte Luft stürmt mit Stärke fünf aus Süden und bläst die Lungen auf wie Luftballons, wenn ich mich dem Wind entgegenstemme. Er reißt an Haaren und Ohren. Das Meer trägt weiße Hütchen. Ich gehe den Strand nordwärts, breite die Arme aus und lasse mich vom Rückenwind treiben. Ein Riesenspaß, fast fliege ich.

Eine Sicuriada, traditionelle
Musikgruppe, Mitte der Achtziger-
jahre in den Straßen von
Copacabana am Titicacasee

Das Ausweichmanöver für den Gegenverkehr auf der sogenannten Todesstraße von La Paz
ins Tiefland war eine echte Kunst.

In meiner geliebten
Latzhose im bolivia-
nischen Tiefland
von Beni, 1980

Das Tiefland war ein
berüchtigtes Revier
der Drogenmafia,
aber auch damals
schon berühmt für
seine magische
Schönheit.

Mit meinem Reise-
gefährten Christian
auf dem Río Beni

Die Sonneninsel im Titicacasee ist auch heute noch autofrei.

Eine Landschaft der anderen Art: mit meinem Sohn Nino am Salzsee von Uyuni, 2005

Eine Aymara mit ihrem Kind kurz vor der Eröffnung der Seilbahn in La Paz 2014

Tradition und Moderne: Einheimische auf ihrer ersten Fahrt mit der neuen Seilbahn

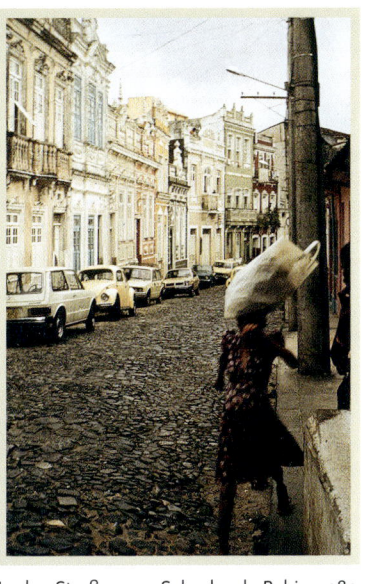

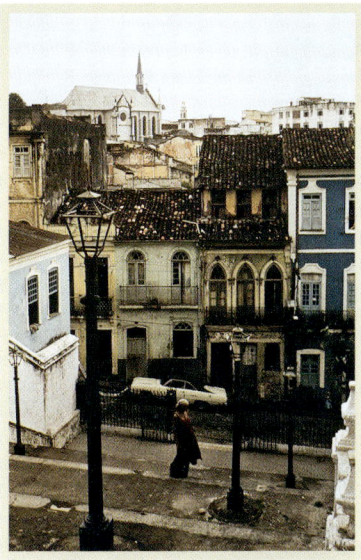

In den Straßen von Salvador da Bahia, 1980

Brasilien

Der berühmte Strand von Ipanema in Rio de Janeiro – schon damals ein Juwel. Nur die Mieten waren günstiger.

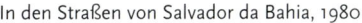

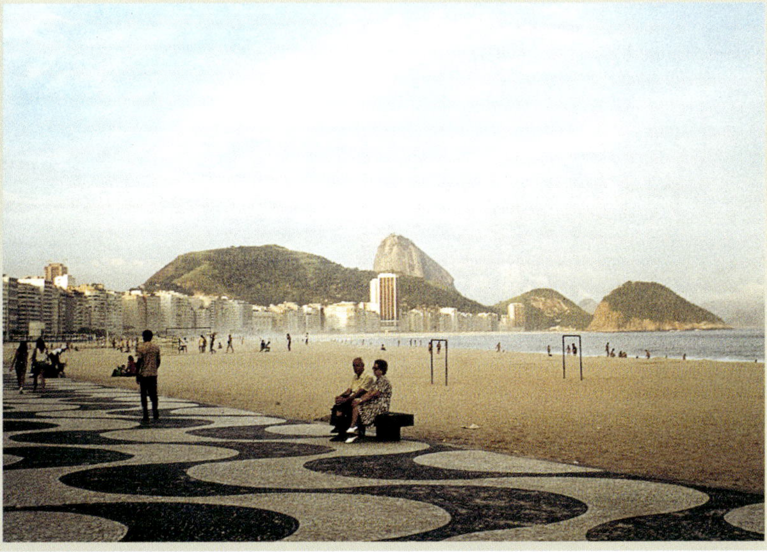

Costa Rica

Chillen und Robinson-Feeling in Cahuita,
1981. Christian beim Feuermachen für
unser Frühstück

Christian am Strand
von Cahuita, der
schon Anfang der
Achtziger zu einem
Nationalpark
gehörte

Dennoch hat der
Klimawandel Spuren
hinterlassen: Der
Meeresspiegel ist
gestiegen und
der Strand damit
deutlich schmaler
als damals.

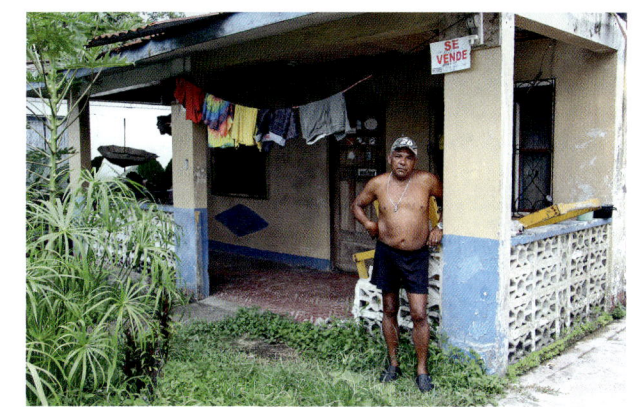

Cahuita im
21. Jahrhundert:
Fischer Juan
Francisco Saballo
muss sein Haus
verkaufen.

Tote Korallen werden
im Nationalpark am
Rand des Besucher-
pfades zu Mahn-
malen aufgetürmt.

Delfine vor der
Küste – in Costa
Rica stehen heute
auch viele Küsten-
gewässer unter
Naturschutz.

Managua 2013, zu Ehren von Hugo Chávez hat Nicaraguas amtierender Präsident Daniel Ortega den »Paseo de Bolívar a Chávez« errichten lassen.

Nicaragua

Auch wenn es nicht so aussieht, das Bild entstand mitten in der City von Managua.

Der Himmel über Managua

An einem Sonntag in der kleinen Stadt Granada

Guatemala

Der Lago Atitlán wird von den Vulkanen Tolimán, Atitlán und San Pedro umgeben.

Die Maya-Frauen in ihrer traditionellen Kleidung an einem Markttag, 1981

Wenn die Sonne untergegangen ist, liegt ein besonderer Zauber auf dem Atitlánsee.

Die Stadt Antigua am Fuße des aktiven Vulkans Pacaya heute

Kleiner Cowboy auf den Straßen von Antigua

1981 traf man noch selten auf Touristen in den Ruinen von Sacsayhuamán.

Peru
∴∴∴∴

Auch Machu Picchu konnten wir noch ohne Menschen fotografieren.

015 *on the road* wischen José gnacio und Cabo olonio

Uruguay

Montevideo, Blick aus meinem Hostel Richtung Hafen

uf der Dachterrasse es Hostels treffen ich die Gäste bends auf ein Bier der Picknick.

Mayra und Emiliano vor den Murgaproben bei einem Becher Mate

Mayra in voller Pracht kurz vor ihrem Auftritt. Ein bisschen Lampenfieber gehört dazu ...

Fast wie an der Nordsee – Wind, Wellen und Leuchttürme an Uruguays Küste

Alejandro (links) und Santiago (rechts), die Hüter des Nationalparks, zeigen mir Cabo Polonio.

Ein Dorf mit Hippieflair: In Cabo Polonio stehen die Uhren still, es gibt keinen Strom.

Ein alter Ford und ich in Montevideo: Wir haben das gleiche Baujahr. Der Besitzer versichert mir, der Wagen laufe noch wie geschmiert!

Menschenleer und kilometerlang schlängelt sich der breite weiße Sandstrand von hier bis zur brasilianischen Grenze. Zwei Baywatcher winken mir zu. Außer uns ist niemand am Strand.

Schon in Montevideo ist mir aufgefallen, dass hier die Strände bewacht sind. Ansonsten gibt es nichts. Keine Restaurants, keinen Imbiss, keine Liegestühle, keine Sonnenschirme. Strand ist einfach Strand. Wie auch in Montevideo finde ich lediglich eine Strandbibliothek zum kostenlosen Ausleihen von Büchern vor. Diese Container am Meer werden von den Kommunen aufgestellt. Man geht hinein, sucht sich ein Buch aus, lässt sich bei der Bibliothekarin registrieren und darf es dann mitnehmen. Wie in einer ganz normalen Stadtbücherei. Das gefällt mir. Nach einer guten halben Stunde mit Rückenwind, immer an der tosenden Brandung entlang, erreiche ich das Örtchen José Ignacio.

Der Erkundungsgang ist schnell gemacht. Es gibt: einen Leuchtturm, ein kleines Gemeindehaus, ein Polizeihäuschen, ein paar Boutiquehotels, die sich hinter Bäumen verstecken, einige Restaurants und Cafés mit französischen Namen, Boutiquen mit teuren Markenartikeln sowie erstaunlich viele Immobilienmakler. Außerdem: eine französische Patisserie mit backfrischen Baguettes zu Preisen, die einem die Spucke gefrieren lassen. Aber immerhin genauso lecker wie in Paris. Das muss ich neidlos anerkennen. Nur, wo sind die Gäste, die Schönen und Reichen, die hier Urlaub machen oder ein Wochenenddomizil haben? Ich nippe vorsichtig an meinem Fünf-Euro-Cappuccino (bloß nix verschütten!) und langweile mich. Menschen, wo sind die Menschen? Ich liebe menschenleere Strände. Auch einsame Bergregionen. Landschaften ohne Menschen sind schön. Aber Dörfer ohne Menschen haben etwas Verlassenes. Dieses Dorf ist hübsch, aber leblos. Dabei ist Hochsaison. Haben sich die Leute in ihren Bungalows mit Panzerglas verschanzt? Oder lassen sie sich im Spa massieren? Allenfalls ein paar Spaziergänger habe ich am Strand gesehen. Sonst niemanden, nirgendwo. Dabei sind die Hotels laut *booking.com* fast alle ausgebucht. Ich schätze, sie bleiben gerne unter sich, die Schönen und Reichen. Deshalb auch die überzogenen Preise. Damit das gemeine Volk bloß wegbleibt. Und wenn es doch kommt, soll es sich langweilen und schnell wieder gehen. Das ist wohl der Plan.

Yoga in José Ignacio

Aber so schnell wird man mich nicht los. Ich habe ein Yogastudio entdeckt. Der nächste offene Kurs beginnt in ein paar Minuten. Eines meiner Lieblingskleidungsstücke auf der Reise ist meine Joggingyogahose. Damit lässt sich prima Bus fahren und herumlümmeln. Da die Uruguayer – dank ihres coolen Präsidenten – in Sachen Mode sehr entspannt sind, kann ich mit dieser Hose ebenso gut einkaufen, ins Museum gehen oder ein Theater besuchen. In José Ignacio scheint es dagegen eher unüblich zu sein, sich so ungestylt zu präsentieren, doch zum Yoga ist die Hose allemal gesellschaftsfähig. Und – glückliche Fügung – ich habe sie gerade an.

In der Chill-out-Ecke auf der Terrasse des Yogastudios warte ich, bis die laufende Stunde beendet ist und die neue beginnt. Klangmobile hängen an den Dachbalken und machen »pling, pling ... plong, plong ...«. Ein Buddha aus Bronze sitzt an der Wand und schaut stoisch auf die Straße. Ich folge seinem Blick. Vor dem Studio steht eine ganze Kolonne von sieben oder acht lastwagenähnlichen SUV und Jeeps. Einer größer als der andere. Auf den Fahrersitzen warten (meist) junge Männer. Einer schöner als der andere. Ich schätze, sie warten auf die Damen, die drinnen ihr Bestes geben, damit ihre Körper so bleiben, wie es sich für die Besitzer eines dicken Bankkontos gehört: schlank, jung und schön. Später werden sie ihn ausstellen, mitsamt der gemachten Brüste, Nasen und Lippen. Am Pool und am Strand. Ich frage mich, ob die wartenden Fahrer die Geliebten, die Ehemänner oder die Chauffeure sind. Oder die geliebten Chauffeure? Und warum braucht man so einen überdimensionierten Benzinfresser, um zum Yoga zu kommen? Kein Wunder, dass niemand auf der Straße zu sehen ist.

Der Ort wird mir allmählich unheimlich. Ich finde es total okay, wenn jemand reich ist. Ich denke mir dann: *Coole Sache, wenn du dir keine Sorgen machen musst und das Geld nur so sprudelt. Aber mach was daraus!* Körperteile optimieren, mit dicken Autos die Umwelt verpesten und in elitären Lokalen nur um sich selbst kreisen gehört definitiv nicht dazu. Fast tun sie mir ein bisschen leid, diese armen Reichen. Wenn sie sich mit »normalen« Menschen austauschen würden, hätten sie vielleicht einen etwas weniger realitätsfernen Blick auf die Welt, wären dankbarer und zufriedener mit sich und dem Leben.

Als der Yogakurs beginnt, sitze ich erwartungsvoll auf meiner Matte und luge aus den Augenwinkeln. Etwa neun Frauen sind wir, davon acht top gestylt im modischen Yogaoutfit, die meisten geschminkt und gertenschlank. Da kann ich mit meiner ausgebeulten Jogginghose und dem T-Shirt nicht mithalten. Aber was soll's: Auf der Matte sind wir alle gleich, nur die Toten sind gleicher. Wir starten mit einer Atemübung. In den Bauch atmen und ihm so richtig freien Lauf nach vorne lassen, sodass man ihn sehen kann, lautet die Ansage. Ich lache leise, kein Problem, meinen kann man immer sehen. Der eine oder andere vorwurfsvolle Blick trifft mich. Ich kehre also wieder in mich, folge den Ansagen, mache Sonnengrüße, Hund und Kobra, bis die Stunde vorbei ist.

Die Teilnehmerinnen waren die ganze Zeit bierernst, sodass ich mich ein wenig wie in einer katholischen Messe gefühlt habe. Auch in Deutschland sind die Yogastunden manchmal sehr unentspannt. In Spanien oder in England habe ich dagegen schon durchaus heitere Kurse erlebt, da wurde auch mal gescherzt oder gelacht. Das tut der Wirkung keinen Abbruch. Im Gegenteil. Ich finde, es ist ein Unterschied, ob man meditativ entspannt oder verbissen ernst unterwegs ist. Aber glücklicherweise ist es beim Yoga so: Egal, wie die Stunde war – man lernt fast immer etwas dazu, und zwar meistens über sich selbst. Auch in den folgenden Tagen komme ich noch ein paarmal mit dem Rad zum Yoga und trinke anschließend einen leckeren Fünf-Euro-Cappuccino. Kontakt zu den Teilnehmerinnen finde ich hier allerdings nicht.

Ich weiß nicht, womit ich im Ort mehr Aufsehen errege: mit meinem Klapperfahrrad oder meiner Lümmelhose. Beides beschert mir jedenfalls Sympathiepunkte bei der alten Frau, die nur wenige Meter vor der Dorfeinfahrt, leicht nach hinten versetzt in einem kleinen Eukalyptuswäldchen, einen Tante-Emma-Laden betreibt. Bei ihr besorge ich mir ein Picknick für den Strand und Informationen über das Leben in José Ignacio. Obwohl ihr Laden nur ein paar Meter vom Supermarkt im Dorf entfernt ist, liegen zwischen den Preisen hier und dort Welten. Bei ihr kostet alles einen Bruchteil dessen, was die Leute im Ort bezahlen.

»Dein Laden müsste doch rappelvoll sein, wo hier alles viel billiger ist«, stelle ich fest.

»Die kommen nicht hierher, die wissen nicht einmal, dass es den Laden gibt«, sagt sie und zuckt mit den Schultern.

Unten im Dorf habe ich ein paar alte Fischerhütten gesehen. »Wo sind diese Leute?«, frage ich. »Wo wohnen die jetzt?«

»Die sind weggezogen, landeinwärts oder zur Lagune. Aber einige kommen noch, um unten am Leuchtturm Fisch zu verkaufen.«

Auf dem Rückweg schlendere ich am Leuchtturm vorbei, und tatsächlich treffe ich dort Maria, die an einem Stand unter einem Dach aus blauer Plastikfolie fangfrischen Fisch anbietet. Gleich nebenan liegen einige bunte Fischerboote, ein Mann flickt ein Netz. Sieht idyllisch aus, ist es aber nicht. Maria erzählt, dass die Fischer von explodierenden Immobilien- und Lebensmittelpreisen vertrieben wurden. Jetzt leben sie landeinwärts, an der Lagune oder an der Küste weiter südwärts. Die, die ihre Boote noch hier haben, müssen lange Anreisen in Kauf nehmen. Dafür bekämen sie in José Ignacio aber etwas mehr Geld für ihren Fisch. Trotzdem reiche es nicht. Es gebe nicht mehr viel zu fangen. Die Jungen, sagt Maria, hätten keine Lust mehr auf ein Fischerdasein. Sie zögen in die Städte oder nach Argentinien auf der Suche nach dem großen Glück.

Fisch für Rockefeller

Mit dem Fahrrad fahre ich Richtung Hostel und weiter zur Lagune. Ein paar schräge Bretterbuden stehen am Ufer sowie ein Schild, auf dem »*Pescado*« steht, also »Fisch«. Im niedrigen Wasser der Lagune üben ein paar jugendliche Urlauber das Kiten. Ein Mann hantiert an einer Fangvorrichtung. Ich spreche ihn an, erzähle, dass ich gerade in José Ignacio war und mich gefragt hätte, wo denn die Fischer seien.

Pedro, so heißt er, lacht: »Weg sind sie, alle weg! Diejenigen, die ein Grundstück hatten, haben es verkauft, gut verkauft, dachten sie damals. Wenn man die Preise heute sieht, haben sie es damals verschenkt.« Auch er habe früher in José Ignacio gelebt, besaß aber kein Eigentum, musste also fort. Jetzt betreibt er seinen kleinen Stand an der Laguna de José Ignacio. Morgens um zwei läuft er aus. Ob ich einmal mitkommen wolle, fragt er. Mitten in der Nacht bei dem Sturm aufs Meer? Ich glaube, eher nicht. Erstens bin ich nicht seetauglich, und zweitens habe ich einen Heidenrespekt vor dem Element Wasser. Besonders in mondlosen Nächten mit nichts als Schwärze um mich herum. Pedro müsse nichts sehen, sagt er. Er sei auf dem Wasser groß geworden, fühle mit den Wellen. Sorgen bereiteten ihm vielmehr die Kosten. Jedes Auslaufen koste ihn rund 5000 Pesos, erzählt er, das sind rund 150 Euro. Für Benzin und für Netze und anderes Material. Um die Kosten zu decken, müsse er mindestens zwei Kisten Fisch verkaufen. Aber dieses Jahr gebe es einfach nicht so viel Fisch. Und dann die langen Anfahrten. Als die Reichen damals kamen und den Ort für sich entdeckten, durften die Fischer in den ersten Jahren noch in Zelten bei ihren Booten übernachten. Aber damit ist längst Schluss. Die bunten Boote dürfen bleiben. Die Fischer nicht. Man will unter sich sein.

Pedro hat ein sonniges Gemüt. Er nimmt die Dinge, wie sie sind, und lacht darüber. Aber dann erzählt er mir eine Geschichte, die sogar ihm eine Zornesfalte in die Stirn gräbt: »Weißt du, was sie mit dem Müll machen?«

Keine Ahnung. Ich habe keinen Müll gesehen. José Ignacio wirkt so sauber wie eine frisch gewaschene und gestärkte Tischdecke.

»Ja, genau, sehr sauber. Nicht ein Blatt Papier findest du auf der Straße. Und warum? Sie haben extra eine NGO gegründet, die sich aus den Spenden der Reichen finanziert, um den Ort sauber zu halten. Sie sammeln täglich den Müll auf, und weißt du, was sie dann damit machen?«

Ich habe immer noch nicht die leiseste Idee.

»Sie schütten ihn außerhalb des Orts in die Böschung. Oder in einen Fluss. Auf wilde Müllhalden. Ist das zu fassen?«

Wenn das stimmt, ist das bitter, denke ich. *Den vertriebenen Fischern auch noch den Müll vor die Füße zu werfen.* Wäre ich an Pedros Stelle, hätte ich nur halb so gute Laune.

Drüben auf der anderen Seite der Lagune habe er heute Morgen ein Luxushotel beliefert, erzählt Don Pedro weiter – und will, dass ich rate, für wen.

»Bill Gates?«, frage ich lachend, weil es der einzige Reiche ist, dessen Name mir einfällt.

»Fast«, sagt Pedro. »Der Fisch ist für Rockefeller, der gerade zu Gast dort ist. Und da drüben, auf der anderen Seite der Lagune, hat Shakira ein Anwesen«, fügt er hinzu.

Ich frage ihn, wie das eigentlich so sei, von Steinreichen umzingelt zu sein in einem sozialistischen Land.

Der Fischer zuckt mit den Schultern: »Es hat Vor- und Nachteile, man muss sich auskennen, um überleben zu können. Die Preise sind stark gestiegen. Aber es gibt ein paar kleine Läden, versteckt im Eukalyptuswald, die verkaufen an uns zu normalen Preisen. Wenn die Reichen das wüssten«, lacht er, »würden sie die Läden leer kaufen. Die meisten sind nämlich geizig.«

Don Pedro winkt mir nach, als ich mit meinem Klapperfahrrad zum Hostel zurückfahre. Der Sommertag geht zu Ende, es sind angenehme 25 Grad, und heute Abend gibt es Lammbraten aus dem Steinofen im Garten. Dass meine Reise in Uruguay so entspannt und easy verlaufen würde, hatte ich nicht erwartet. Der reinste Kindergeburtstag, verglichen mit meinen Abenteuern von 1980!

Beni, im Land der Drogenmafia

Wir waren in das bolivianische Tiefland gefahren, hatten uns über zwanzig Stunden lang in einem schrottreifen Bus über die Schotterstraße nach Rurrenabaque gequält. Unser Ziel war Reyes, wo wir den Freund eines Freundes eines Freundes besuchen wollten, der tief im Regenwald, zwischen der Biegung des Río Beni und Reyes, wohnte. So lief das damals: Man traf jemanden, sagte, wo man hinwollte, der kannte dann einen, der einen kannte, und so weiter. Nebenbei bemerkt, handelte es sich bei der Region auch noch um die Hochburg der Drogenmafia. Aber das wussten wir glücklicherweise nicht. Also scheuten wir keine Mühen und fuhren hin. *Juchhuuu, Krokodile, bunte Vögel und Flussdelfine, wir kommen!*

Achtung, Gelbfieber

In Rurrenabaque gab es – wie damals üblich – eine Straßensperre und -kontrolle. Wir hatten uns inzwischen daran gewöhnt und sahen ihr gelassen entgegen. Unsere Pässe waren in Ordnung, ein ordentliches Visum hatten wir auch.

»Wohin?«, fragte der Soldat.

»Nach San Borja.«

»Impfpass?«, fragte er. Hoppla, danach hatte noch nie jemand gefragt. Aber auch da waren wir auf der sicheren Seite. Noch in Paris hatten wir am Institut Pasteur alle für Südamerika notwendigen Impfungen machen lassen. Der Soldat blätterte in unseren Impfpässen. Offenbar suchte er etwas Bestimmtes.

»*Fiebre amarilla?* Gelbfieber?«, fragte er.

»Haben wir nicht.«

»Warum nicht?«

»Brauchen wir nicht«, antwortete ich genauso einsilbig, wie er fragte.

»Braucht ihr!«, kam es zurück.

Christian wurde jetzt etwas ausführlicher, hielt – ganz der Franzose – einen Vortrag über das renommierte Institut Pasteur aus Paris, das uns glaubhaft versichert hatte, eine Gelbfieberimpfung sei nicht notwendig.

»Braucht ihr doch, sonst kommt ihr nicht rein«, entgegnete der Soldat und fasste seine MG etwas fester, um seiner Aussage noch mehr Nachdruck zu verleihen.

»Ja, wie rein? Wir sind doch schon in Bolivien. Das ist doch keine Grenze hier.«

»Wenn ihr weiterwollt, braucht ihr Gelbfieber. Wenn ihr kein Gelbfieber wollt, fahrt ihr zurück.«

Wie bitte? Zurück? Zwanzig Stunden Tortur und nun den ganzen beschwerlichen Weg zurück? Nein, bitte nicht.

»Wir möchten unbedingt weiterfahren.«

Der Soldat machte eine Kopfbewegung Richtung Kollege, der hinter einem Tisch unter einem Affenbrotbaum stand und die Tasche eines Mitreisenden filzte. Wir gingen also zu ihm hinüber und kramten schon mal nach ein paar Dollarscheinen. Dachten wir doch, genau das sei die Absicht: dass wir ein bisschen Schmiergeld springen ließen.

Beim Näherkommen schwante mir Fürchterliches: Der Kamerad war dabei, eine Spritze aufzuziehen. Oh nein, bitte keine Spritze hier in der Wildnis, und dann noch von einem Soldaten verabreicht. Wenn es wenigstens eine Einmalspritze gewesen wäre. Aber es war ganz offensichtlich eine Vielmalspritze, um nicht zu sagen, eine Sehrvielmalspritze mit deutlichen Gebrauchs-spuren. Groß war sie auch noch, sah eher nach einer Pferde-spritze aus.

»Umdrehen und Hose runter«, sagte der Soldat.

Christian schaute mich entsetzt an. »Machen oder lassen?«, fragten seine Augen. Ich überlegte kurz. Was war das kleinere Übel? Eine Pferdespritze intramuskulär, da konnte nicht allzu viel passieren. Die Alternative bestand darin, auf den nächsten Bus zu warten und zurückzufahren. Um nichts in der Welt wollte ich mich jetzt wieder in einen Bus setzen. »Machen«, sagte ich also. »Du zuerst.«

Heldenhaft drehte Christian sich um, stützte sich mit den Hän-den am Tisch ab und harrte der Spritze, die dann auch mit ziem-lichem Schwung niederstieß. Danach kam ich an die Reihe. Mein Po war durch die lange Busfahrt wie versteinert. Ein Wunder, dass die Spritze überhaupt hineinging. Ich spürte keinen Piks, son-dern eher so etwas wie einen Faustschlag. Danach wollte ich einen Eintrag im Impfpass, damit uns das wenigstens für die nächsten zehn Jahre erspart bliebe. Aber der Soldat sagte, er habe keinen Stempel. Ich versuchte zu insistieren ...

»Braucht ihr nicht. Wir lassen euch ja jetzt rein.«

Schwein gehabt

Nachdem wir die uns unbekannte innerbolivianische »Grenze« zum Tiefland erfolgreich passiert hatten, fuhren wir mit einem Boot den Río Beni hinauf. Das Boot transportierte einen Lastwa-gen, ein paar Hühner und ein paar Passagiere. Es war eine fantas-tische Reise, auch wenn das Sitzen etwas schmerzte. Geräusche von unbekannten Tieren drangen zu uns, bunte Aras saßen in Bäumen, Wasserschildkröten und riesige Fische kamen manch-mal an die Oberfläche. Ab und zu hielt das Boot an, jemand stieg ein oder aus. Kein Dorf war zu sehen, aber stets ein Trampelpfad, der irgendwohin führen musste. Unser Freund hatte uns aufgeschrieben, was wir dem Bootsführer sagen mussten, damit er uns an der richtigen Stelle hinausließe. Dort, nur einen Kilometer entfernt und immer dem Pfad folgend, hatte er uns versichert, wohnte der Fischer Gualberto, und der würde uns zum Haus von Rafael, dem Freund seines Freundes, bringen.

Auf dem Wasser war es still und friedlich. Aber bei der Vorstellung, vielleicht an der falschen Stelle auszusteigen und allein inmitten dieser Wildnis zu stehen, ohne zu wissen, wohin, ging mir ordentlich die Muffe. Immerhin sollte es hier jede Menge Tiere geben. Zum Beispiel Brillenbären. Die wollte ich immer schon mal kennenlernen, aber wenn jetzt plötzlich so einer vor mir stünde und sich auf seinen Hinterbeinen zu 1,90 Meter Größe aufbaute, wäre das mehr als beunruhigend. Auch Jaguare und Pumas sollte es geben. Die 1000 verschiedenen Vogelarten waren da mein kleinstes Problem.

Entsprechend mulmig war uns zumute, als der Bootsführer uns am Ufer des Río Beni verabschiedete und »suerte«, also Glück, wünschte. Wie an jeder Anlegestelle führte ein kleiner Pfad vom Ufer fort. Einen anderen Weg gab es nicht, also gingen wir in diese Richtung. Ein Kilometer ist normalerweise schnell geschafft. Dieser Kilometer nicht. Wir liefen und liefen mit unseren Rucksäcken den Pfad entlang, rechts Grün, links Grün, über uns Grün und unter uns Grün. Der Schweiß rann uns in Strömen den Rücken hinunter. Allerlei Insektengetier kreuzte unseren Weg. Gut, dass ich auf unbekanntem Terrain immer meine lange Latzjeans und meine Stiefel trug. Das bewahrte mich vor zerstochenen und zerkratzten Waden, und ich war selbst in höherem Gras und unwegsamem Gelände einigermaßen sicher vor bösen Überraschungen von unten. In meine dicken Ledersstiefel konnten sie gerne ihre Giftzähne und -stachel schlagen, die Schlangen und Skorpione. Man sagt zwar immer, dass derartiges Getier meist schon flüchtet, wenn es von Weitem Menschenschritte spürt – aber weiß man's?

Wir waren schon eine ganze Weile gelaufen, ohne irgendeine Hütte oder einen Menschen zu treffen. Was tun? Sollten wir wieder umkehren? Es war etwa drei Uhr nachmittags. Wir hatten noch gut drei Stunden Tageslicht und einen halben Liter Wasser. Das war nicht viel. Aber Umkehren war keine Lösung. Wann das nächste Boot käme, war völlig ungewiss. Wir beschlossen deshalb weiterzulaufen. Und endlich fanden wir die Hütte. Fischer Gualberto lag in seiner Hängematte zwischen zwei Karobbäumen und hielt Siesta. Wir ließen ihn erst mal weiterschlafen, nahmen unsere Rucksäcke ab und waren im doppelten Sinne megaerleichtert.

Gualberto wachte kurz darauf auf. Wir begrüßten ihn herzlich, erzählten ihm, dass wir auf der Suche nach Rafael waren, und berichteten von unserer Befürchtung, an der falschen Stelle ausgestiegen zu sein.

»Warum dachtet ihr das?«, fragte Gualberto.

»Na ja, unser Freund hat gesagt, deine Hütte sei einen Kilometer entfernt von der Stelle am Fluss.«

»Meine Hütte ist einen Kilometer entfernt vom Fluss«, behauptete Gualberto.

Wir mussten allerdings mindestens zehn gelaufen sein, hatten wir doch ungefähr zwei Stunden für die Strecke gebraucht. Ohne Pausen. Offenbar war ein Kilometer im Tiefland etwas ganz anderes als im Hochland – und erst recht als in Deutschland. Hätten wir das vorher gewusst, wäre die Strecke zwar nicht kürzer gewesen, aber wir hätten uns weniger geängstigt.

Inzwischen hatten wir verschnauft. Um noch vor Anbruch der Dunkelheit bei Rafael anzukommen, machten wir uns gleich wieder auf den Weg.

Schwein gegessen

Der Freund vom Freund unseres Freundes war überaus gast-
freundlich. Wir hatten unsere Sachen noch nicht ausgepackt, da
wurde schon ein Schwein geschlachtet. Rafael – lockiges Haar,
ein weiches, fast rundes Gesicht und kleine dunkle Augen – war
eine Seele von Mensch. Er hatte eine Frau, zwei Kinder und eine
Farm mit sechzig Rindern, einem Dutzend Schweine und Hühner sowie vier Pferden, für jedes Familienmitglied eines. Das Pferd
war in dieser Region das, was der Kleinwagen in Köln ist. Jeder
hatte eines. Man ritt auf einem Pferd, trug ein Lasso um die Schulter und eine Machete am Gürtel.

Im Vergleich zu anderen Rinderfarmen war die von Rafael winzig. Normalerweise waren die Haziendas im Beni damals riesig,
und Knechte waren noch Knechte. Sie wurden mies behandelt
und schlecht oder gar nicht bezahlt. Das erzählte uns jedenfalls
Rafael, der – was für die Region völlig ungewöhnlich war – politisch links stand. Seine »kleine« Farm, auf der er sich zusammen
mit den Familienmitgliedern, aber ohne Knechte abrackerte, bil-
dete da eine große Ausnahme.

Rafael zeigte uns, wie man ohne Sattel und Zaumzeug ritt
und was man dem Pferd sagen musste, damit es kollaborierte. Er
nahm uns mit hinaus zu den Rindern und führte den Greenhorns
geduldig vor, wie man das Lasso warf. Christian entwickelte dabei
ziemlich viel Ehrgeiz, während ich schon froh war, mich auf dem
Pferd einigermaßen halten zu können. Ich war rundum zufrieden,
wenn ich Rafael bei der Arbeit zusehen durfte. Egal, was er tat, er
versank ganz und gar in seiner Tätigkeit, unabhängig davon, ob es
sich um das Flicken eines Sattels oder das Kehren des Hofs handelte. Wenn er kehrte, galt seine ungeteilte Aufmerksamkeit dem
Besen, dann war er so konzentriert, als ob er gerade eine bahn-
brechende Entdeckung machen oder ein Kunstwerk erschaffen
würde. Das hatte etwas ungemein Anmutiges und Meditatives. Es

versetzte mich regelrecht in Trance. Heute würde man es Achtsamkeitstraining nennen, eine vielversprechende und anerkannte Antistressmethode, die ursprünglich aus dem Buddhismus kommt und von Jon Kabat-Zinn für ausgebrannte amerikanische Manager weiterentwickelt wurde.

Rafael hatte noch eine andere Gabe. Er haute mitten in einer alltäglichen Unterhaltung unvermittelt Weisheiten raus, die man vielleicht von einem Philosophen, aber nicht von einem Cowboy im Beni erwartete. Auch wenn er gerade mal die Grundschule abgeschlossen hatte, war er außerordentlich klug. Was er sagte, war stets einfach, aber bahnbrechend. Rafael war der Knaller. Ich hörte ihm gerne zu und stand selig lächelnd daneben, wenn er arbeitete. Christian war *not amused*.

Das Schwein, das Rafael uns zu Ehren geschlachtet hatte, wurde am nächsten Morgen – zumindest in Teilen – zum Frühstück aufgetischt. Seine Frau brachte auf einem schön geschnitzten Holztablett eine Speise, die zunächst wie Wackelpudding aussah und gehörig hin und her schaukelte, bis sie, abgestellt auf dem Tisch, zum Stillstand kam und ihr wahres Gesicht offenbarte: Es war ein Gehirn in Sülze – von dem Schwein, das am Tag zuvor noch fröhlich quiekend durch den Schlamm gewatet war. Ich schluckte tapfer meinen Würgereiz hinunter und überlegte, wie ich diesen Kelch an mir vorübergehen lassen konnte. Aber ich hatte partout keine Idee, wie ich diese außerordentlich nette Familie davor bewahren konnte, verletzt oder enttäuscht zu sein, wenn ich ablehnte.

Mir fiel einfach keine glaubhafte Ausrede ein. Vegetarisch oder vegan ernährten sich damals ausschließlich Rinder, aber keine Menschen. Ich schaute also, mein Entsetzen, so gut es ging, verbergend, zu, wie Rafaels Ehefrau vorsichtig eine Scheibe vom Hirn abschnitt, um es mir auf den Teller zu legen. Für einen Medizinstudenten sicher ein interessanter Anblick, für mich eine schauspielerische Herausforderung.

»Oh, das sieht ja lecker aus«, sagte ich so begeistert wie möglich und nahm Messer und Gabel in die Hand, als könne ich es gar nicht abwarten, die Köstlichkeit zu probieren. In Wahrheit überlegte ich fieberhaft, wie ich meine aufkommende Übelkeit unter Kontrolle halten konnte. Wohlgemerkt, es war sechs Uhr morgens, und ich hatte noch nicht mal Kaffee getrunken. Nicht dass mir Schweinehirnsülze um acht Uhr lieber gewesen wäre, aber ich fürchtete, gleich einen Kreislaufzusammenbruch zu erleiden oder auf den Tisch zu kotzen. Wobei mir die erste Variante entschieden lieber war. *Lieber Gott, wenn es dich gibt, lass mich ohnmächtig werden, damit ich das nicht essen muss.* Ich schielte nach dem Hund des Hauses und spekulierte auf seine Komplizenschaft. Wenn ich es schaffte, ihn unter den Tisch zu locken, könnte ich die Scheibe Hirn vielleicht unauffällig verschwinden lassen. Aber wehe, wehe, wenn das jemand mitbekäme. Nein, das ging gar nicht.

Christian stand der Schreck ins Gesicht geschrieben, als er seinerseits den Teller hinüberreichte, in mehr schlecht als recht vorgetäuschter freudiger Erwartung der Delikatesse. Er fing an, völlig wahllos und mit hohem Tempo alle möglichen französischen Gerichte aufzuzählen, wo man sie esse, wie man sie zubereite. Er sprach mit auffallend hoher Stimme von Coq au vin, Bœuf bourguignon, Quiche Lorraine, Crème brulée und Mousse au chocolat. Vermutlich eine Übersprungshandlung. Der arme Gourmet war genauso überfordert wie ich.

Aber es half ja nichts. Das Hirn musste gegessen werden. Es war mit so viel Liebe zubereitet worden, und den Hausherren stand der Stolz ins Gesicht geschrieben. Ich schnitt nun gefühlt seit mehreren Minuten an meinem ersten kleinen Stück Sülze herum, redete und redete. Da fiel mir Christian ins Wort – ich war verloren. Es führte kein Weg daran vorbei, die Gabel musste jetzt ihren Bestimmungsort erreichen, meinen Mund. Also rein damit, schnell gekaut und dann geschluckt.

Ich weiß nicht mehr, was mich mehr überraschte: dass ich mich tatsächlich überwunden hatte oder dass es ganz gut schmeckte. Fakt war: Wenn man nicht hinschaute, konnte man glatt vergessen, worum es sich da handelte. Also schaute ich angestrengt weg, entweder zu Rafael, zu seiner Frau oder zu Christian, und aß im Blindflug meine Schweinehirnscheibe auf. Rafael wollte schnell nachlegen, aber diesmal war ich wild entschlossen und kompromisslos. »Nein danke, es war wirklich köstlich, aber es ist sehr sättigend.« Ich eierte noch ein bisschen herum, in Deutschland esse man zum Frühstück nicht viel, und es sei ja auch noch früh für den Magen, und damit war ich aus dem Schneider.

Es war mein erstes Mal. Nicht nur das Schweinehirn, sondern dass ich etwas aß, obwohl es mich ekelte. Ich aß es, um den Gastgeber nicht zu verletzen. Und es blieb nicht mein letztes Mal. Es folgten halbe Schafsköpfe, Ziegendärme, Hühnerfüße und andere absurde Gerichte. Immer mit Liebe gekocht und mit Herz kredenzt. Das konnte man nicht ablehnen. Unmöglich. So bekam ich mit der Zeit Übung in Überwindung und Anpassung. Und manchmal fand ich es echt lecker.

Schweinewetter

Was ich an jenem ersten Morgen bei Schweinehirn und Kaffee noch nicht wusste: Wir würden nicht, wie geplant, zwei Tage bleiben, sondern drei Wochen. Denn die Regenzeit brach herein. Es führte kein Weg mehr nach La Paz. Der Flussverkehr kam zum Erliegen, die Straßen versanken im Schlamm. Rafael freute sich. »Wie schön«, sagte er, »dann könnt ihr ja noch bleiben. So lange ihr wollt.« Ich dankte dem Himmel, dass er kein Schwein mehr schlachtete.

Das Dumme war: Es gab nichts zu tun für uns. Da können drei Wochen sehr lang werden. Das sind immerhin 21 Tage. Ohne Freizeitbeschäftigung. Für die Jüngeren: Es war das Jahr 1980. Kein Spotify, kein YouTube, kein Snapchat, kein Facebook, keine Filme. Nicht mal einen Fernseher gab es. Nur ein Radio. Und das war kaputt.

Als wir ankamen, konnten wir uns noch in dem kleinen Fluss am Fuße des Hügels austoben, wo wir mit Rafaels Kindern badeten. Abends schlichen wir uns dort an und brachten im Dunkel der Nacht mit Taschenlampen die Augen von Babyalligatoren zum Leuchten. Aber der Fluss war jetzt zu einem reißenden Strom angewachsen und hatte Millionen von Mücken angezogen. Sobald wir uns ihm näherten, wurden wir in eine tiefschwarze Wolke aus Moskitos eingehüllt und grausam zerstochen. Als Rinderhirten stellten wir uns zu dämlich an, auch wenn Rafael das so nie gesagt hätte. Wir richteten mehr Schaden an, als dass wir helfen konnten. Was also tun? Wir baumelten in unseren Hängematten und schauten in den Himmel. Wir hofften auf das Brummen eines Flugzeugs.

Rafael hatte gesagt, dass einmal im Monat ein fliegender Fleischtransporter komme. Vielleicht könnten wir dort mitfliegen. Falls sich ein Flugzeug näherte, wäre noch genug Zeit, mit den Pferden zum einige Kilometer entfernten Landeplatz zu reiten. Also hingen wir in unseren Hängematten und starrten in den Himmel. Es war etwa 40 Grad heiß bei 95 Prozent Luftfeuchtigkeit. Das sind keine idealen Rahmenbedingungen, um aktiv zu werden. Außer dösen und stumpf in die Baumkronen gucken fiel uns nichts mehr ein. Es war langweilig. Die Zeit verging tröpfchenweise. Ein Tag zog vorbei, die Moskitos kamen, es wurde Abend, der Tag verging, es wurde Morgen, Vögel zogen vorbei, aber kein Flugzeug, nirgendwo. Irgendwann herrschte nur noch Lethargie in unseren Hängematten. Unsere Köpfe waren hohl, das Gesichtsfeld eingeschränkt und die Gedanken vom vielen Baumeln schon ganz wuschig. Lediglich das Bier hielt uns davon ab durchzudrehen.

Nach etwa drei Wochen war es dann so weit: Ein leises, kaum wahrnehmbares Brummen holte uns aus dem Wachkoma.

»Hast du gehört?«

»Ja. Aber jetzt nicht mehr. Was war das?«

»Ein Flugzeug?«

»Nee, dann wäre es ja noch zu hören.«

»Abgestürzt?«

...

»Da, jetzt höre ich es wieder!«

»Oh Mann, das ist ein Flugzeug.«

»Es ist ein Flugzeug.«

»Yippieee, ein Flugzeug.«

»Los, schnell, pack zusammen! Ich hole Rafael und die Pferde.«

Nach dem langen Liegen, Dösen und Nichtstun wurde mir ganz schwindelig, als ich nun mit einem Satz aufsprang. Jetzt bloß nicht das Flugzeug verpassen! Die Sachen waren schnell gepackt, denn wir hatten die Rucksäcke seit Tagen auf Stand-by. Christian und Rafael kamen mit den Pferden, und los ging's im Schweinsgalopp.

Noch mal Schwein gehabt

Als wir nach einer Stunde die Landebahn erreichten, stand die Propellermaschine bereits am Boden und wurde mit Fleisch für La Paz beladen. »Fleischbomber« hießen diese Flugzeuge. Unternehmer und Rinderbarone kauften ganze Flotten der ausgedienten amerikanischen Militärmaschinen Douglas DC-3 und Curtiss C-47. Fri Reyes, die Airline unseres Fliegers, hatte vor dem Flugzeug eine Lastenwaage aufgestellt. Hier wurden die Fleischstücke abgewogen. Es waren halbe und geviertelte Rinder, die im Flugzeugbauch verschwanden. Danach kamen wir Passagiere dran.

»Was kostet der Flug?«, wollte ich wissen.

»*Venga*, steig auf die Waage«, sagte der Pilot zu mir gewandt.

»Haha, macht der Witze?«, war meine amüsierte Frage an Christian.

»*Vamos ya*, voran, wir wollen gleich starten!«

Der meinte es ernst. Fünfundvierzig Kilo zeigte die Nadel an. Der Flugpreis wurde pro Kilo berechnet.

Mit meinem Zehn-Kilo-Rucksack machte das insgesamt 55 Kilo. Damit kam ich richtig gut weg im Vergleich zu Christian, der mehr bezahlen musste. Wir stiegen in die Maschine. Ich zögerte kurz, war irritiert. Wo bitte sollten wir sitzen? Ich sah nur zwei Sitze, und zwar ganz vorne am Steuerknüppel. Ansonsten Fleisch mit einer Plane darüber links und rechts verteilt. Es war das erste Mal, dass ich auf einem Fleischsessel flog. Anschnallen konnte man sich natürlich nicht. Nur die Lasten waren angeschnallt, damit sie das Flugzeug nicht ins Trudeln brachten. Oje, das konnte ja heiter werden. Immerhin musste die Maschine auf mindestens 6000 Meter rauf. So hoch sind die Anden nun mal.

Schon damals galten bolivianische Piloten angeblich als die besten der Welt. Ich konnte nur hoffen und beten, dass das auch stimmte. Und ja, es waren tatsächlich die besten. Die Maschine schaffte die Höhe nicht. Wahrscheinlich waren wir doch zu schwer. Christian und ich rangen nach Luft, nicht nur weil wir eine Scheißangst hatten, sondern auch, weil es in diesem Superflugzeug keinen Druckausgleich und keinen Sauerstoff gab. Jedenfalls nicht für die Passagiere. Ab 5000 Metern griffen die beiden Piloten nach ihren Sauerstoffmasken. Der Kopilot drehte sich kurz zu uns um und zuckte bedauernd mit den Schultern: »Es dauert nicht lange.« Ich war kurz davor, in Ohnmacht zu fallen. *Aber besser ich als die Piloten*, dachte ich noch.

Ich schaute aus dem linken Fenster und sah Fels. Aha, da waren sie also, die Berge. Etwas beunruhigte mich allerdings sehr: Der Blick aus dem rechten Fenster zeigte ebenfalls Berge, sehr, sehr nahe Berge. Anstatt darüber hinwegzufliegen, manövrierte dieser König der Lüfte die Maschine zwischen ihnen hindurch. Der Wind nahm offenbar auch viel lieber diesen Weg. Das Flugzeug machte Hüpfer und trudelte. Von nun an hatte ich die Augen geschlossen, den Kopf auf die Knie gelegt und krallte mich mit den Händen in die Plastikplane, unter der vielleicht ein Steak lag, das demnächst – wenn alles gut ging – auf meinem Teller landete. Irgendwann erreichten wir tatsächlich wohlbehalten El Alto, den Flughafen von La Paz.

Jedes Mal, wenn ich heute Fleisch esse, fällt mir dieser Flug wieder ein. Damals dachte ich: *Sollte ich jemals wieder ins Beni reisen, dann bestimmt nicht in einem Flugzeug.* Ich hatte ja keine Ahnung!

Wiedersehen im Beni

Fünfundzwanzig Jahre später: Einchecken am Flughafen El Alto für den Flug nach Rurrenabaque. Neben mir mein Sohn Nino, 16 Jahre alt. Ich habe ihm von meiner Reise damals erzählt, und er will den Urwald kennenlernen. Wir verbringen die Sommerferien in Bolivien. Diesmal warten kein Fleischtransporter und keine Militär-Airline auf mich. Anders als damals gibt es inzwischen regelmäßige Passagierflüge, die nicht mehr nach Gewicht, sondern nach der Anzahl der Personen bezahlt werden. An Bord Sitze, Sicherheitsgurte, Sauerstoffmasken für den Notfall und sogar eine kleine Sicherheitseinweisung. Wir befinden uns gleich hinter den Piloten und freuen uns, in einer Propellermaschine zu fliegen. »Bolivianische Piloten sind die besten der Welt«, versichere ich Nino. Auch wenn es nicht den Anschein hat, als hege er Pilot oder Maschine gegenüber auch nur die geringsten Zweifel. Die Reise dauert nicht mal eine Stunde. Wir überfliegen die Anden mit einer großartigen Aussicht auf die Kordillere, dann die Yungas.

Ich glaube, sogar die Serpentinenstraße ausmachen zu können, die vom Andenpass in die Yungas, die Übergangszone zwischen östlicher Kordillere und dem bolivianischen Amazonasgebiet, führt. »*Carretera de la muerte*«, »Todesstraße«, wird sie genannt. Auf nur 63 Kilometern überwindet sie 3500 Höhenmeter. Entsprechend viele Kurven hat sie, und schon mancher Bus ist die steilen Abhänge hinabgestürzt. Am Straßenrand stehen Kreuze, und wie Mahnmale sind die Reste von verunglückten Autos und

Bussen auf den Hängen verteilt. Inzwischen gibt es eine neue, gut ausgebaute Straße, die alte wird nur noch von verrückten und abenteuerhungrigen Gringos für rasante Mountainbike-Abfahrten genutzt.

Nino und ich sind die Strecke in der Woche zuvor mit dem Bus gefahren und haben ein paar Tage in Coroico, 1900 Meter über dem Meer, verbracht. Auch auf der neuen Straße ist es immer noch ein Erlebnis, in nur wenigen Stunden durch die verschiedenen Klima- und Ökozonen zu fahren. Erst quält sich der Bus den Andenpass hinauf, mit großartigen Ausblicken und in unserem Fall leichtem Schneefall. Dann geht es in wilden Kurven hinunter, es wird immer grüner und feuchter, man durchfährt den Nebelwald und kommt schließlich in Coroico an. Das ist allerdings nur ein Fünftel der Strecke bis Rurrenabaque.

Wahnsinn, wenn ich bedenke, wie wir in unseren Plastiksitzen damals geschwitzt haben, um nach Rurrenabaque zu kommen. Auf ungeteerten Pisten und oftmals mit Hindernissen auf der Straße, die es mit vereinten Fahrgastkräften zu beseitigen galt. Manchmal lagen abgestürzte Felsbrocken im Weg, oder eine beschädigte Brücke zwang den Fahrer, den Weg durch das Wasser zu nehmen. Ich strecke mich wohlig in meinem bequemen Flugzeugsitz und bin ganz froh, dass ich das hinter mir habe. Klar war das pures Abenteuer und hatte damals seinen Reiz. Aber bei allen schönen Erinnerungen habe ich die damit verbundenen Anstrengungen und körperlichen Torturen doch nicht vergessen. Jetzt könnte man sagen: Aber wie kann man seinem Kind nur solche Abenteuer vorenthalten? Ich finde, das kann mein Sohn gerne machen, wenn er ohne mich auf Reisen geht. Das hat er dann übrigens später auch ausgiebig getan.

Einstweilen landen wir ausgeruht und bester Dinge nach vierzig Minuten Flug in Rurrenabaque. Dort wartet ein Acht-Personen-Kanu auf uns, ebenfalls im Internet gebucht. Von Rurrenabaque aus kann man heute problemlos geführte Touren machen.

Zum Beispiel eine Bootsfahrt auf dem Río Yacuma, wo man rosafarbene Süßwasserdelfine sieht. Zwei längere Touren gehen in den Nationalpark Pilón Lajas und den Madidi-Nationalpark, beides tropische Regenwälder mit ungewöhnlicher Artenvielfalt.

Ich habe für uns einen Trip in den Madidi-Nationalpark gebucht. Die Bootsreise im Kanu dauert sechs Stunden, zunächst auf dem Río Beni und dann auf dem Río Tuichi. Der Tuichi führt zurzeit sehr wenig Wasser. Es ist August, südamerikanischer Winter, eigentlich die beste Reisezeit für den Dschungel. Doch in diesem Jahr habe es ungewöhnlich lange nicht geregnet, erklärt uns der Bootsführer. Dass im Regenwald Regen fehlen könnte, habe ich auch noch nie gehört. Ab und zu klappt der Bootsmann den Motor hoch, weil der Wasserstand zu niedrig ist. Dann wird durch die Stromschnellen gepaddelt. Eine ziemlich wackelige Angelegenheit auf so einem schmalen, langen Kanu. Am Ufer liegen Alligatoren und schauen interessiert zu. Jetzt bloß nicht kentern. Aber der Bootsmann scheint sehr genau zu wissen, was er tut. Bald gelangen wir wieder in tieferes Wasser, und der Motor wird erneut angelassen.

Wenn er nicht gerade hoch konzentriert sein Kanu durch Schnellen und Untiefen leitet, erzählt er von Madidi. Hier gebe es 45 000 verschiedene Pflanzenarten und etwa 10 000 Vogelarten. Wie auf Kommando fliegen Schwärme von Aras über uns hinweg. In Chalalán, dem Ort, wo wir ein paar Tage wohnen werden, bieten einheimische Tieflandindianer Führungen an. Wir werden von ihnen Geheimnisse über Pflanzen erfahren, die zur Heilung von Krankheiten, zum Bau von Häusern und zur Herstellung von Kleidung genutzt werden. Sie kennen sich aus mit Flora und Fauna, lesen die Spuren von Jaguaren und Pumas, von Tapiren und Bären.

Wir sind beide ziemlich gespannt, mehr über dieses uns so fremde und eigentümliche Urwaldleben zu erfahren. Ich bin natürlich besonders neugierig, an welchen Giftschlangen und -fröschen ich vor dreißig Jahren ahnungslos vorbeigegangen bin und welche Naturschätze auf meinem Weg lagen, ohne dass ich sie wahrgenommen habe.

Madidi-Nationalpark – Chalalán

Kurz vor Einbruch der Nacht erreichen wir unser Ziel. Nach dreißig Minuten Fußmarsch, diesmal mit Führer und Macheten ausgestattet, kommen wir zu einer Lichtung an einer Lagune, wo in den letzten Jahren ein Dorf der ganz besonderen Art entstanden ist. Die indigene Gemeinde von San José de Uchupiamonas hat hier, einige Kilometer flussabwärts, einen Ort für Touristen gebaut, der ihrem eigenen sehr ähnlich ist. Die halb offene Holzhütte, die wir zugewiesen bekommen, ist in traditioneller Bauweise auf Stelzen gebaut. Luftig, mit einem Palmenblattdach und für das, was auf dem Boden kriecht und Städtern Angst macht, dank der Stelzen einigermaßen schlecht zu erreichen. Die Betten sind aus edlen Tropenhölzern mit geschnitzten Kopfteilen, die Laken aus feinstem Zwirn.

Rundum blicken wir aus Fenstern ohne Glas, nur mit Insektenschutz. Man fühlt sich also auch drinnen, als säße man mitten im Urwald. Während die Dämmerung anbricht, zirpt, zwitschert und brüllt es, was das Zeug hält. Die Konferenz der Urwaldtiere scheint in vollem Gange zu sein. Es ist so laut, dass wir uns kaum unterhalten können. Ein sehr feines Moskitonetz wurde so über dem Bett befestigt, dass es rundherum fest unter der Matratze steckt. Hier kommt keine Mücke rein. Das ist schon mal ganz nach meinem Geschmack. Ich erinnere mich an die Übernachtungen bei Rafael. Auch dort hatten wir damals Moskitonetze. Die waren allerdings eher für die fetten Exemplare gedacht. Die winzige Schwester des gemeinen Moskitos, eine kaum erkennbare Stechmückenart, ist im Beni sehr verbreitet und gelangte ohne

Weiteres durch das Netz, um sich an uns zu laben. Ihre Stiche sind besonders fies. Die ersten 24 Stunden spürt und sieht man nichts, außer einer ganz kleinen Einstichstelle. Aber dann geht es los: Es juckt so höllisch, dass wir uns damals mit Zitronensaft eingerieben haben, damit das Jucken von brennendem Schmerz überlagert wurde. Angesichts der edlen Moskitonetze in unserer Behausung muss ich solcherlei Tortur diesmal nicht fürchten. Überhaupt finde ich diese Mischung aus Wildnis und Komfort sehr angenehm. Zufrieden strecke ich mich auf meinem Edelbett mit Edelmatratze und Edelwäsche unter dem Luxusmoskitonetz zu einer kleinen Siesta aus und singe im Schlaf ein Loblied auf die Errungenschaften der Zivilisation.

Von unserer Hütte führt ein Weg aus Holzstümpfen zum Haupthaus. Im »echten« Dorf der Uchupiamonas gibt es ebenfalls so einen Gemeinschaftsraum, erfahren wir. Etwa 120 Familien wohnen dort. In den Neunzigerjahren zogen einige von ihnen weg, und als sie zurückkamen, beschlossen alle gemeinsam, etwas zu unternehmen, um ihre desolate Situation zu verbessern. Sie brainstormten in ihrer Muttersprache und kamen zu dem Schluss, dass sie folgende Alleinstellungsmerkmale hatten:

1. außergewöhnlich artenreiche Natur,
2. außergewöhnliche Kenntnisse über Flora und Fauna.

Die Zurückgekommenen berichteten über einen neuen Trend: Immer mehr Städter zog es aufs Land, zurück in die Natur. Sollten sie doch zu ihnen kommen, ländlicher ging es schließlich nicht. Aber man wollte sie wohl auch nicht ganz bei sich haben, also entstand das Konzept von Chalalán. Einem Ökodorf, ein paar Kilometer von ihrem Zuhause entfernt, in traditioneller Bauweise und mit einem Programm, das den Besuchern erlaubt, Flora und Fauna kennenzulernen. Nach einem Rotationsprinzip sollten alle Männer und Frauen eine gewisse Zeit im Ökodorf arbeiten: als

Koch, im Service, als Guide, Bootsführer, Gärtner oder Putzkraft. Immer schön abwechselnd. Die Gemeinde beschaffte sich mithilfe ausländischer Freunde Kredite von der Weltbank, gründete ein Unternehmen, und dann ging's los. Mit den Erlösen finanzierten sie den Aufschwung in der Gemeinde: Schule, Bibliothek, medizinische Versorgung. Das Konzept vom nachhaltigen Tourismus ging auf.

Der Fluch der Globalisierung

In unserem Haupthaus wird den Gästen das Essen serviert. Eine Gruppe Franzosen sitzt an einem langen Tisch und will Champagner bestellen. Auf Französisch wohlgemerkt. Die Servicekraft, ein junges Mädchen aus San José de Uchupiamonas – das lange schwarze Haar zu einem Zopf gebunden –, versteht nicht. »Champagner«, sagt der Franzose noch einmal lauter, als ob die Bedeutung des Wortes mit zunehmender Lautstärke klarer würde. Das Mädchen schaut verständnislos. »Cham-pa-gner«, brüllt er jetzt.

Ich gehe hinüber und sage auf Französisch so höflich, wie es meine aufkommende Rage eben zulässt: »Monsieur, wir sind hier mitten im bolivianischen Tiefland in einer Ökolodge. Ich fürchte, hier gibt es keinen Champagner. Aber probieren Sie es doch mal mit Chicha. Das ist der Champagner der Anden.«

Hoffentlich bekommt er Durchfall davon, denke ich noch und gehe zurück zu unserem Tisch. Was ich ihm nicht erzählt habe: Die Chicha wird traditionell aus gegorenem Mais hergestellt. Einer der Produktionsschritte ist das Stampfen. Dabei waten die Bauern stundenlang mit nackten Füßen, deren Zustand durch lange Fußmärsche in Gummisandalen und auf staubigen und steinigen Böden mehr als bedauernswert ist, in dem Gebräu. Eine nicht unbedingt appetitliche Vorstellung. Wenn der arrogante

Franzose tatsächlich Chicha trinkt, werde ich ihm morgen mal en passant ein paar Einzelheiten über die Chichaherstellung erzählen. Ja, ich kann fies sein, manchmal.

Als das Mädchen unsere Vorspeise bringt, fragt sie leise: »Was wollte er denn?«

»Er wollte ein Getränk aus seinem Land, aus Frankreich.«

»Aber warum reist er denn dann so weit?«, fragt die junge Frau, und ich finde, das ist eine verdammt gute Frage.

Es ist die Kehrseite der Moderne: Das Reisen ist so einfach geworden, dass wir vor lauter Globalisierung manchmal vergessen, wo wir eigentlich sind. Wir wollen es exotisch und außergewöhnlich, ohne unsere Gewohnheiten hinter uns zu lassen. Also Champagner im bolivianischen Dschungel. Und wenn es schon keinen Champagner gibt, dann bitte einen anderen Aperitif. Dabei verpassen wir unzählige Chancen, etwas Neues auszuprobieren.

Als ich in den Achtzigerjahren in Südamerika unterwegs war, machte ich die völlig neue Erfahrung, morgens zum Frühstück Herzhaftes zu essen: dicke Bohnen mit Reis und Eiern (Brasilien), Fisch- oder Quinoasuppe und Schweinehirnsülze (Bolivien), Ceviche-Meeresfrüchtesalat (Chile, Peru), Maissuppe (Ecuador), Gallo Pinto – schwarze Bohnen mit Reis, Eiern, Käse und gebratener Banane (Costa Rica). Hätte es das aus Deutschland gewohnte Frühstück mit Marmelade, Brötchen und weich gekochten Eiern gegeben, wäre mir das andere entgangen. Denn ich konnte mir damals überhaupt nicht vorstellen, freiwillig Fischsuppe zum Frühstück zu essen. Ein Glück also, dass es kein europäisches Frühstück gab. Ich habe das Herzhafte am Morgen nach anfänglicher Abneigung so zu schätzen gelernt, dass ich noch heute manchmal in meiner heimischen Küche zu Suppen und Eintöpfen greife.

Wandernde Bäume und Heilkräuter

Am nächsten Morgen laufen wir mit unserem Guide durch den Regenwald. Er erzählt uns von wandernden Bäumen, die wir gleich sehen werden. Vor meinem geistigen Auge erscheint ein Baum, der uns gemächlichen Schrittes entgegenkommt, einen Ast hebt und »Grüß Gott« sagt. Ich muss lachen.

»Echt jetzt? Ein wandernder Baum?«, fragt auch Nino und weiß nicht so recht, ob er an einen Scherz oder ein Wunder glauben soll.

Der Guide führt uns zu einem Baum mit ausgeprägten Wurzeln. »Dieser Baum bildet ständig neue Wurzeln auf der Suche nach Licht und Sonne. Die alten, im Schatten liegenden, sterben dann ab.« Und so soll er im Jahr bis zu zwei Meter wandern.

»Krass«, findet Nino. »Wenn du den im Garten hast, gibt's Ärger mit dem Nachbarn.«

Als Nächstes lernen wir einen Baum kennen, dessen giftige Säfte die indigene Bevölkerung für die Jagd benutzt. Aus anderen Bäumen können Halluzinogene für rituelle Heilungen gewonnen werden oder Wirkstoffe für Magen und Darm, für besseren Schlaf und zum Desinfizieren von Wunden.

In der Natur ist alles vorhanden, noch dazu gratis. Wer braucht da schon die Pharmaindustrie. Die schickt vielmehr ihre Forscher auf der ständigen Suche nach neuen Wirkstoffen in den Dschungel, um Ausschau zu halten und sich die Stoffe dann patentieren zu lassen. »Biopiraterie« nennt man das. Für den Schutz am Eigentum von traditionell genutzten Tier- und Pflanzenarten gibt es inzwischen zwar die Biodiversitätskonvention. Aber nicht alle Industriestaaten sind dem Abkommen beigetreten, und nicht alle Unterzeichner halten es auch ein.

In Peru zum Beispiel wird seit Jahrhunderten die Maca-Pflanze kultiviert. Sie ist Nahrungsquelle und Heilmittel zugleich. In den westlichen Industrieländern hat sie sich zu einem Lifestyle-Medikament entwickelt, die Nachfrage steigt, und für viele peruanische Kleinbauern ist die Pflanze inzwischen eine wichtige Einnahmequelle. Nachdem zwei amerikanische Unternehmen ein Patent auf Maca angemeldet haben, dürfen sie den peruanischen Bauern verbieten, Maca-Produkte in die USA zu exportieren. Die Bauern könnten zwar versuchen, gerichtlich dagegen vorzugehen, aber so ein Patentstreit kostet Millionen und dauert Jahre. Auf diese Weise werden die Überlieferer von traditionellem Wissen um die Heilkraft der Pflanzen immer wieder enteignet. Einerseits wundert es mich deshalb, dass sie ihr Wissen hier so offen mit uns Ausländern teilen. Müssten sie nicht misstrauisch sein? Ihre Geheimnisse und ihr Wissen für sich behalten wollen? Andererseits ist klar, dass unser Verständnis von Besitz und Eigentum mit dem der indigenen Völker nicht in Einklang zu bringen ist. Für sie gibt es kein Recht oder Patent auf Leben. Natur kann man nicht besitzen, sie ist für alle da. Uneingeschränkt. Ich schätze, unser Planet wäre in einem weit weniger desolaten Zustand, wenn wir bereit wären, von ihnen zu lernen.

José Ignacio und die kleinen Rituale unterwegs

Ich bin seit einer Woche in Jaimes Hostel bei José Ignacio und mache eine interessante Beobachtung: Kaum bin ich irgendwo angekommen, fange ich an, kleine Alltagsrituale in meinem neuen »Zuhause« einzuführen. Im Zuhause-Zuhause, also in Deutschland, sieht mein morgendlicher Ablauf folgendermaßen aus: Meine erste Handlung ist der Griff zum Smartphone, um zu schauen, was es Neues gibt. Dann mache ich mir einen Kaffee, schnappe mir den Laptop und gehe wieder ins Bett. Ich lese Nachrichten und Reportagen und trinke meinen Kaffee. Erst dann geht's in die Küche und ins Bad. Anschließend auf die Matte zum Yoga.

In Montevideo, wo ich im Zimmer kein Internet hatte, sah der Morgen so aus: Ich schlich mich in die Küche, denn die anderen schliefen noch. Ich machte keinen Kaffee, denn später gab es für alle ein leckeres Frühstück. Ich checkte kurz mein Smartphone. Dann nahm ich meine Yogamatte und stieg ganz leise die Eisentreppe hinauf aufs Dach. Dort machte ich im Morgenlicht Yoga und genoss die Aussicht auf Montevideo und das Meer. *Aha*, dachte ich, *interessant. Yoga mit leerem Magen fühlt sich eigentlich besser an.* Dabei nahm ich immer an, ich könnte mich vor Hunger nicht konzentrieren. Eine neue Erfahrung. Und danach genoss ich das anschließende Frühstück umso mehr.

In Jaimes Hostel hängt vor dem Bett ein Spiegel. Wenn ich aufstehe, begegne ich mir erst mal selbst. Mein neues Ritual ist, dass ich mich anlache und Dinge sage wie: »Hey, was geht, altes

Mädchen, schön, dass du wieder aufgewacht bist.« Oder: »Guten Morgen, Sonnenschein, ist das Leben nicht schön?« Oder auch: »Hallo, Leben, da bin ich wieder.«

Denn Schlafen hat etwas von Sterben, und Aufwachen ist doch jeden Morgen eine kleine Wiedergeburt. Nicht nur für Ältere. Sterben geht immer. Wir verdrängen es nur erfolgreich. Es braucht keine Erleuchtung, kein Rebirthing-Seminar, keinen Schamanen und keinen Priester, um das zu erkennen. Es braucht eigentlich nur einen kleinen Perspektivwechsel. Und der geht am besten, wenn wir in einer neuen Umgebung sind und alte Gewohnheiten ablegen.

Nichts spricht gegen eingespielte Rituale. Sie geben uns Sicherheit und sind wichtig, um das Leben zu meistern. Stellen Sie sich vor, Sie müssten jeden Schritt, alles, was Sie tun, jede Entscheidung täglich wieder neu fällen! Putze ich jetzt Zähne, oder mache ich erst das Radio an? Setze ich den Kaffee auf, oder hole ich erst die Milch aus dem Kühlschrank? Öffne ich dem Postboten, oder ziehe ich mir erst die Hose hoch, wenn ich gerade auf dem Klo sitze? Wir würden wahrscheinlich verrückt werden. Es ist also sinnvoll, ein paar Abläufe so zu verinnerlichen, dass wir nicht mehr darüber nachdenken müssen.

Rituale und Tagesabläufe ordnen und strukturieren unseren Alltag. Aber wenn alles nur noch auf Autopilot läuft, bekommen wir gar nicht mehr mit, welche anderen Möglichkeiten es eigentlich gibt. Verlasse ich dagegen ausgetretene Pfade und betrachte das Wunder des Lebens nicht mehr als selbstverständlich, bekommt das Leben plötzlich neue Farben. Das ist manchmal mit Anstrengung und immer mit dem Mut zum Scheitern verbunden. Aber es lohnt sich.

Reisen bringt Farbe ins Leben

Und so ist das mit dem Reisen. Das Leben bekommt Farbe. Wir verlassen die Umgebung, die wir kennen und in der wir uns sicher fühlen. Wir verlassen auch die Menschen, die wir glauben zu kennen und von denen wir glauben zu wissen, wie sie ticken, wie sie in diesem oder jenem Fall reagieren werden. Umgekehrt haben diese Menschen ganz bestimmte Erwartungen an uns, weil sie uns zu kennen glauben. Und wir versuchen meistens, ihre Erwartungen zu erfüllen. Dann sagen sie zu Recht: »Ach ja, typisch.«

Wenn wir immer öfter so reagieren, wie die anderen es erwarten, sind wir immer weniger authentisch und riskieren, uns irgendwann selbst zu verlieren.

In einer neuen Umgebung müssen wir uns zwangsläufig neu orientieren, kleine Rituale erfinden, die uns das Leben erleichtern. Und dabei kommen wir auf ganz neue Ideen. Wir wissen schließlich nicht, wie die anderen, die neuen Menschen in unserem Leben ticken. Ganz besonders nicht, wenn sie aus einem anderen Kulturkreis sind.

Trotzdem wollen wir ja kommunizieren. Also schauen wir besser hin, sind aufmerksamer. Wir hören besser zu, stellen Fragen, auch wenn sie blöd sind. Wir trauen uns was. Denn wir sind fremd.

Niemand erwartet von uns, dass wir alles wissen. Auch unser ärgster Kritiker nicht. Und das sind meistens wir selbst. Wir erlauben uns, nachzufragen und um Hilfe zu bitten, wenn wir nicht weiterwissen. Wir vertrauen darauf, dass wir das schon irgendwie hinkriegen. Und tatsächlich, wir schaffen das. Das gibt uns jede Menge Selbstvertrauen und Stärke. Ganz ohne Therapeut. Ist das nicht toll? Wir haben unsere Komfortzone verlassen.

Warum es wichtig ist, die Komfortzone zu verlassen

Die Komfortzone ist unser gewohntes Umfeld. Hier fühlen wir uns stark, hier kann uns keiner etwas vormachen. Wir haben unser Revier abgesteckt, unsere Grenzen gezogen und es uns darin gemütlich gemacht. Unsere persönliche Komfortzone endet da, wo das sichere Gefühl aufhört, wo es uns Überwindung oder Anstrengung kostet weiterzugehen. Die Größe der Komfortzone ist bei jedem unterschiedlich. Je kleiner sie ist, desto anfälliger sind wir für krank machende Einschränkungen. Einige Angstpatienten bekommen schon Panikattacken, sobald sie ihre Wohnung verlassen müssen. Ihre Komfortzone ist extrem klein. Je länger wir in der Komfortzone bleiben, desto größer wird die Hemmung, sie zu verlassen. Ängste machen sich breit, oft unbewusst. Können wir das? Schaffen wir das? Wollen wir das überhaupt? Und wir erfinden tausend gute Gründe, die uns vermeintlich daran hindern, unsere Grenzen zu überschreiten und hinaus in die Welt zu ziehen. Gerne setzen wir einen leidvollen Seufzer und ein bedauerndes »Ach« davor. Die zehn beliebtesten Ausreden:

1. Ach, unsere Kinder können nicht ohne uns.
2. Ach, das kostet so viel Geld.
3. Ach, die alten Eltern kann man nicht alleine lassen.
4. Ach, im Urlaub muss ich mich erholen, damit ich wieder fit für den Job bin.
5. Ach, länger als zwei Wochen halte ich es sowieso nicht aus.
6. Ach, mein Chef hätte dafür kein Verständnis.
7. Ach, ich habe halt kein Glück im Leben.
8. Ach, ich habe ja überhaupt keine Zeit.
9. Ach, wenn ich noch mal jung wäre.
10. Ach, hätte ich doch einen anderen Beruf gewählt.

... und was uns sonst noch für Ausreden einfallen. Dabei gibt es für alles eine Lösung, wenn man es wirklich will. Denn:

1. Die sind längst erwachsen
2. Man könnte das Auto verkaufen.
3. Die besucht man ohnehin nur zweimal im Jahr.
4. Zwei Wochen Grillen und Wenden am Strand machen kaum fitter.
5. Probieren Sie es doch mal aus!
6. Fragen Sie ihn doch einfach mal!
7. Das Glück kommt, wenn man es ruft.
8. Niemand hat Zeit, Zeit nimmt man sich.
9. Jünger als heute werden Sie nie wieder sein.
10. Hätte-hätte-Fahrradkette ... das hat noch niemanden weitergebracht.

Die gute Nachricht ist: Unsere Komfortzone existiert nur so lange, wie wir die Schranken zulassen, die wir uns selbst setzen. Wir müssen nicht gleich den Fallschirm wählen und aus dem Flugzeug springen oder auf Safari gehen. Wir können üben, unsere Komfortzone in kleinen Schritten zu erweitern. Wir können jeden Tag einen anderen Weg zur Arbeit gehen, wir können fremde Menschen ansprechen oder alleine in eine Bar gehen. Jedes Mal, wenn wir unsere Komfortzone verlassen, gewinnen wir Selbstvertrauen und Sicherheit in unbekannten Situationen. Und es wird jedes Mal leichter.

Was passiert, wenn ich meine Komfortzone verlasse?

Überall warten Überraschungen auf uns. Okay, zugegeben, manchmal sind es auch unangenehme. Der Bus fährt nicht, das Internet läuft nicht, das schöne Hostel von der Buchungsplattform ist in echt eine Bruchbude. Aber vielleicht liegt gerade dort der Zauber.

Der Bus fährt nicht? Wir bleiben in dem Dorf, in dem wir eigentlich nur umsteigen wollten. Und das entpuppt sich als wahrer Geheimtipp, der in keinem Reiseführer steht. Wir beschließen, ein paar Tage zu verweilen, und haben eine schöne Zeit.

Das Internet läuft nicht? Wir machen noch mal einen Abendspaziergang zum Meer und sehen den schönsten Sonnenuntergang aller Zeiten.

Das Hostel ist eine Bruchbude, die Matratze ist durch, die Klimaanlage dröhnt wie ein Traktor, der Putz bröckelt, und eine Ameisenstraße führt durch unser Bett? Aber wir lernen beim Frühstück den Mann oder die Frau unseres Lebens kennen und lachen noch Jahre später gemeinsam über die schlaflose Nacht im Bruchbudenhostel.

Es ist unglaublich, was alles passiert, wenn wir uns darauf einlassen. Wir lernen, wieder zu staunen und uns überraschen zu lassen. Wer regelmäßig seine Komfortzone verlässt, wird nicht nur selbstbewusster, sondern hat künftig auch weniger Schwierigkeiten, es immer wieder zu tun.

Jetzt kommt die spannende Frage: Warum sollte jemand, der über fünfzig ist, seine Komfortzone verlassen? Hat er nicht genug erlebt? Braucht es in dem Alter überhaupt noch Herausforderungen?

Die spannende Antwort ist: Ja, unbedingt! Das Verlassen der Komfortzone trägt sogar dazu bei, die kognitiven Fähigkeiten im Alter zu erhalten und zu steigern. Anders gesagt: Verlässt man die Komfortzone, hat man ein ausgezeichnetes Anti-Aging-Programm. Lange glaubte man, es reiche aus, das Gehirn im Alter wie einen Muskel zu trainieren: Kreuzworträtsel, Gehirnjogging und andere Denkübungen sollten alten Menschen helfen, das Gehirn jung zu halten. Eine randomisierte Studie der Universität Texas aus dem Jahr 2013 zeigt jedoch: Das allein reicht nicht. Denise

Park, die Leiterin der Studie, kommt zu dem Schluss, dass Tätigkeiten, die man bereits kennt und im gewohnten Umfeld durchführt, also zum Beispiel Denkübungen oder Schachspielen zu Hause, einen deutlich geringeren Effekt auf die Vitalität der kognitiven Fähigkeiten zeigen, als etwas Neues zu lernen, in einer fremden Umgebung und mit zunächst unbekannten Menschen. Die Wissenschaftlerin fasst es so zusammen: Wenn man in seiner Komfortzone ist, verweilt man außerhalb seiner Möglichkeiten.

Als ich mit Anfang zwanzig meine Rucksacktour durch Südamerika gemacht habe, war das Reisen natürlich ein noch viel größeres Abenteuer. Alles war fremd, nichts vorhersehbar. Mit jedem bestandenen Abenteuer erweiterte sich meine Komfortzone, bis ich mich schließlich überall wohlfühlen konnte. Für die meisten jungen Menschen ist die Herausforderung das Lebenselixier schlechthin. Sie sind daran gewöhnt, sich außerhalb der Komfortzone aufzuhalten. Es liegt in der Natur des Jungseins, Grenzen auszutesten, zu wachsen und Erfahrungen zu machen.

Umgekehrt fällt es mit zunehmendem Alter schwerer, sich auf Unvorhersehbares einzustellen oder Risiken einzugehen. Vor allem viele Frauen werden mit der Geburt ihres ersten Kindes deutlich vorsichtiger und oft auch ängstlicher. Vor der Geburt meines Sohnes war ich ein Fan von Achterbahnen, Kettenkarussellen und waghalsigen Unternehmungen. Das hörte schlagartig auf, als ich Mutter wurde. Schon beim Anblick einer Achterbahn trat mir der Angstschweiß auf die Stirn und drohte mir schwindelig zu werden. Als Mutter eines kleinen Kindes trage ich Verantwortung und muss meine Sinne beieinanderhalten. Dafür sorgt unter anderem der Chemiebaukasten in unserem Gehirn. Der älteste Teil des Gehirns ist der sogenannte Mandelkern. Hier sitzt das Angstzentrum und löst, je nach Temperament und Veranlagung, mehr oder weniger schnell Alarm aus. Ängstlichere Menschen tendieren logischerweise zum Rückzug in ihre persönliche Komfortzone.

Leider gewöhnen wir uns mit der Zeit an eine immer kleiner werdende Komfortzone. Wenn wir dann irgendwann nur noch auf der Couch sitzen und die Welt über die Fernsehkanäle zu uns kommt, dann hat sie den kleinstmöglichen Radius erreicht. Wir kennen die Helden unserer Lieblingsserien, wissen, wie sie reagieren werden, und das Beste ist: Sie streiten untereinander, aber nicht mit uns. Sie können uns nicht verletzen oder enttäuschen. Wir erleben, wie sie zu schnell Auto fahren, wie sie alkoholabhängig werden, wie sie stürzen oder unheilbar krank werden, alles Ungemach der Welt passiert ihnen. Aber nicht uns. Wir sind absolut sicher auf unserer Couch. Und so gut wie tot.

In diesem Stadium wird niemand auf die Idee kommen, seinen Rucksack zu packen und eine Reise zu machen. Wer von hier aus seine Komfortzone erweitern will, kann mit kleinen Schritten anfangen. Eine Unterhaltung mit dem Nachbarn beginnen. Am nächsten Tag einen Fremden nach dem Weg fragen. Und schließlich einen Unbekannten im Café ansprechen. Vielleicht verabreden sie sich für eine Wanderung. Aus mehreren Wanderungen wird irgendwann eine gemeinsame Reise. Mit jedem Schritt werden wir sicherer und mutiger. Unsere Welt wird immer größer, das Leben immer bunter. Und noch nie war es so einfach und ungefährlich zu reisen wie heute.

Allein ist man weniger allein

Nach der großen Tour 1980/81 hatte ich mein Leben komplett umgekrempelt und den Beruf der Reisebürokauffrau an den Nagel gehängt. Ich hatte keine Lust, den Tourismus voranzutreiben. Ich wollte stattdessen studieren. Ethnologie, die Wissenschaft von den Völkern und Kulturen. Ich ahnte, dass es sich dabei um eine brotlose Kunst handelte, aber Vernunft hatte ich ja schon bei meiner ersten Berufswahl bewiesen, die ich mit 16 treffen musste, weil es für ein Mädchen meines Jahrgangs in den Augen vieler Eltern völlig überflüssig war zu studieren. Also machte ich jetzt das, was ich eigentlich immer wollte: Abitur und studieren.

Seit zwei Jahren besuchte ich eine Schule für Erwachsene, an der ich die Hochschulreife nachholen wollte. Da waren Friseurinnen, Metzger und Elektriker. Ich mochte unsere bunte Truppe und hatte eine gute Zeit. Bis ich alles hinschmeißen wollte. Zum Teufel mit Physik und Chemie, Fächern, die ich vorher niemals hatte. Nicht dass ich zu dumm war, nein, ich hatte sogar gute Noten darin. Aber nachdem der anfängliche Reiz verflogen und statt Neugier Fleiß gefragt war, hatte ich keine Lust mehr. Zu dieser Lustlosigkeit gesellte sich ein unstillbares Fernweh. Bilder vom Titicacasee überfielen mich in der Straßenbahn, die hässlichen Häuserschluchten von Köln verwandelten sich in die schneebedeckten Gipfel der Andenkordillere.

Zudem hatte ich in den letzten Jahren viele Südamerikaner in Köln kennengelernt. Seit Ende der Siebzigerjahre waren sie in den Fußgängerzonen zu sehen und zu hören. Nicht nur der Condor flog in der Schildergasse vorbei (»El Condor Pasa«), ich hörte auch manches Lied, das ich aus den Anden kannte und zu dem ich dort glückstrunken getanzt hatte. Jetzt, wo ich den Kontinent kannte, hatte ich einen ganz anderen Bezug zu den Jungs, die da den lieben langen Tag in ihre Zampoñas bliesen und die Trommeln rührten. Manchmal hatte ich sie sogar bei mir untergebracht, für sie Konzerte organisiert und war mit ihnen umhergezogen.

Als die Karnevalszeit sich näherte und alle davon schwärmten, auf Heimaturlaub zu gehen, fasste ich einen Entschluss: Ich wollte wieder nach Bolivien. Unbedingt. Mit meinem Nebenjob hatte ich genug gespart, um mir einen Flug mit Aeroflot zu leisten. Ich war bereit, alles hinzuschmeißen. Die Schule, das Abi, meine Studienpläne. Einer hat das jedoch verhindert: der Direktor meiner Schule, den wir liebevoll »Meister Lämpel« nannten. Er redete mit Engelszungen auf mich ein.

»Mach das nicht, du hast doch nicht mal mehr ein Jahr. Danach machst du dein Abi und fliegst nach Südamerika.«

»Aber wer weiß, ob ich dann noch lebe. Ich sterbe vor Langeweile«, entgegnete ich.

»Okay, das mag ja sein, dass deine Interessen gerade woanders liegen, aber du wirst es bereuen, glaub mir! Bitte halte durch.«

Die Abbruchquote auf dem zweiten Bildungsweg war hoch, sehr hoch. Und Meister Lämpel wollte seine Schäfchen beieinanderhalten. Doch ich war nicht von meinem Entschluss abzubringen. Da machte er mir ein Angebot, das ich nicht ablehnen konnte: Sonderurlaub auf dem kleinen Dienstweg. Er schlug mir vor, drei Monate lang auszusteigen und meine Reise zu machen. Wenn ich danach immer noch abbrechen wollte, dann sei's drum. Wenn ich es aber schaffte, trotz der Fehlzeiten meine Klausuren zu bestehen, dann könnte ich wieder einsteigen, als ob nichts gewesen wäre.

Jetzt war mein Ehrgeiz erwacht. Klar schaffte ich die Klausuren nach der Reise! Da war ich mir sicher. Einmal auftanken am

Titicacasee, und ich nahm es mit jeder Herausforderung auf. Es war die perfekte Lösung! Meister Lämpel war der Größte. Das war mutig und unkonventionell, das rechne ich ihm auch heute noch hoch an.

Es muss nicht immer Rucksack sein

Ich suchte mir für die drei Monate einen Untermieter, damit ich in Deutschland keine Kosten hatte, und buchte den Flug. Diesmal wollte ich nicht mit dem Rucksack, sondern mit einer Reisetasche losziehen, um zu verhindern, dass groß auf meiner Stirn geschrieben stand: »Achtung, Gringa!« Mit Rucksack war man nun mal zwangsläufig eine Gringa oder ein Gringo. Ich hatte zwar unglaublich interessante und liebenswerte Backpacker kennengelernt, aber auch genauso viele, die genervt haben. Am Ende der großen Tour waren mir manche richtig auf den Keks gegangen. Es gab eine Art Wettstreit unter ihnen: Wer erlebt am meisten und gibt dafür am wenigsten aus. Das nahm zum Teil groteske Ausmaße an. Der Spruch »Geiz ist geil« existierte damals noch nicht, hätte aber durchaus von einem Backpacker sein können. Eine Unterhaltung im Hostel mit Neuankömmlingen konnte etwa so aussehen (wahlweise auf Englisch, Spanisch, Französisch oder Deutsch):

»Hi, wie geht's? Wo kommst du her?«

»Aus Deutschland. Und du?«

»Aus Frankreich (wahlweise: Kanada, Australien, Schweiz, Österreich, Italien ...). Schon lange unterwegs?«

»Acht Monate. Und du?«

»Neun Monate. Hast du Brasilien gemacht?«

»Ja, da war ich.«

»Ich habe Brasilien und Argentinien gemacht. Argentinien war billiger. Warst du auch in Chile?«

»Ja, war ich.«

»Und? Chile ist teurer, oder?«

»Geht so.«

»Und Peru? Hast du Cusco gemacht?«

»Hm, klar.«

»Was hast du da bezahlt für die Übernachtung?«

»Weiß nicht mehr. Drei Dollar, glaub ich.«

»Waaaaaas? Drei Dollar?! *Tu déconnes!* Rate, was ich bezahlt habe!«

»Keine Ahnung.«

»Niiiiiiiichts. Ich habe nichts bezahlt.«

Und schon hatte man verloren. Ich dummer Trottel. Drei Dollar für eine Übernachtung! Wo man es doch umsonst haben konnte. Wie blöd musste man sein?

»*Chez les Indiens*, bei den Indios. Das hat gar nichts gekostet. Die haben sogar noch ein Meerschweinchen für uns geschlachtet.« Da lachte der Franzose ...

Ein Meerschweinchen wird nur zu ganz besonderen Gelegenheiten geschlachtet. Es ist eine Delikatesse. Für die Familie wahrscheinlich eine der wenigen Gelegenheiten, Fleisch zu essen. Und diese Schnorrer haben es ihnen weggegessen.

»Und du hast echt drei Dollar bezahlt, nur fürs Schlafen?«, insistierte der Geiz-ist-geil-Packer.

Ja, Mann, ist ja gut. Hab schon verstanden, wie toll du bist!

Solche Typen sind echt die Pest. Außerdem erlebte ich noch andere Peinlichkeiten unter den Backpackern. In Sucre, Südbolivien, bin ich mal zur Post gegangen. Während ich in der Schlange wartete, stand vor mir ein Deutscher, der sich als Indio verkleidet hatte. Er trug einen traditionellen Poncho aus Tarabuco, eine weiße, ziemlich schmutzige Leinenhose und Gummilatschen aus Autoreifen, die Andensandale der Armen. Obenrum hatte er sich ein bisschen in der Region vertan: Sein langes blondes Haar zierte ein Stirnband mit einer Vogelfeder darin. Wild gestikulierend, stand er am Schalter und wiederholte zum dritten Mal, und jedes Mal ein bisschen lauter, auf Deutsch: »Briefmarken. Brief-mar-ken. Ich brauche Brief-mar-ken.«

Der Postmitarbeiter zuckte gleichgültig mit den Schultern.

»*Que cosa quieres Gringo? Habla pues bien. Chino no más estás hablando.* Was willst du, Gringo? Sprich halt richtig. Chinesisch versteh ich nicht.«

Die anderen Leute in der Post amüsierten sich.

»Er kann nicht sprechen, der Gringo. *Pobre Gringuito*, armes Bleichgesichtchen.«

Ich bin eigentlich ein hilfsbereiter Mensch, und es wäre ein Leichtes gewesen, kurz für ihn zu übersetzen. Aber ich muss gestehen, ich habe das Schauspiel genossen. Sollte er doch erst mal Land, Leute und Sprache kennenlernen, bevor er sich als Indio verkleidete.

Solche Typen waren auf jeden Fall der Grund, warum ich beim zweiten Mal lieber mit einer Reisetasche nach Bolivien wollte. Die Frage, ob allein oder nicht allein, stellte sich gar nicht. Ich zweifelte keine Sekunde daran, dass es ein guter Plan war. Am 10. Oktober 1982 hatte nämlich eine demokratische Mitte-links-Regierung unter Siles Zuazo die lange Reihe von Putschen und Militärdiktaturen beendet. Das Reisen würde also einfacher und ungefährlicher sein. Was sollte da noch schiefgehen?

Unverhofft kommt oft: Als Pionierin am Titicacasee

Von Lima war ich nach Arequipa geflogen und von dort aus weiter nach Juliaca. Dort wollte ich einen Bus nehmen, um nach La Paz zu reisen. Aber es wurde gestreikt, und am Flughafen herrschten Durcheinander und Aufregung. Alle wollten wissen, wie es nun weiterging. Ich stand in einer langen Schlange am Infoschalter. Vor mir unterhielten sich zwei Männer, etwa Ende dreißig, die mir bereits im Flugzeug aufgefallen waren, weil sie große Rollen bei sich trugen, mit denen einer von ihnen mich beim Aussteigen fast zu Fall gebracht hätte. Irgendwo sollte ein Jeep für sie bereitstehen, offenbar wollten sie auf dem Landweg weiterreisen. Sie sahen vertrauenswürdig aus, vor allem in dieser Situation, in der es wenig Alternativen gab. Keck fragte ich also, wo sie denn hinwollten.

Mario, so hieß der eine, antwortete: »Nach La Paz. Und du?«

»Ich auch«, strahlte ich ihn erwartungsvoll an. *Nun sag's schon, na los!*, bat ich lautlos in Gedanken.

Mario machte eine bedeutungsvolle Pause. – »Wenn du willst, nehmen wir dich mit.« *Na also, geht doch.* »Einen Platz haben wir noch.«

Die beiden Männer waren Straßenbauingenieure und im Auftrag der Regierung unterwegs. Sie sollten die Ostseite des Titicacasees erschließen, um dort eine Straße zu planen. Normalerweise reiste alles über das peruanische Westufer Richtung Acora und Juli zur bolivianischen Grenze. Die andere, neue Strecke sollte über Huancané, Moho und Puerto Acosta führen. Sie war noch völlig unerschlossen. Wow, ich befand mich also unter Pionieren. Das war so ganz nach meinem Geschmack! Vielleicht war ich die erste Europäerin, die das Ostufer des Titicacasees betrat. Na ja, ein paar Spanier waren bestimmt schon vor mir da gewesen. Dann vielleicht die erste Deutsche. Nee, wahrscheinlich auch nicht. Obwohl … Aber die erste Kölnerin. Ich war garantiert die erste Kölnerin, die ihren Fuß auf das Ostufer des Titicacasees setzte.

Mario und Rogelio waren Bolivianer. Ein Peruaner sollte auch noch mitkommen. Mit mir wären wir dann vier.

»Hast du viel Gepäck?«, fragte Rogelio und schaute kritisch.

»Nein, nein, nur eine ganz kleine Tasche«, untertrieb ich, denn das Gepäck war noch nicht ausgeladen. Wahrscheinlich hatten die Arbeiter gerade Mittagspause. Oder sie streikten ebenfalls.

Rogelio warnte mich: Die Piste sei unwegsam, meist gehe es einfach querfeldein. Es würde sicher rumpeln und mindestens drei Tage dauern. Hotels gebe es auch nicht.

»Ist schon okay, kein Problem. Im Gegenteil, ich freue mich«, versicherte ich ihm. *Für wen hält der mich eigentlich?*, dachte ich. *Die Prinzessin auf der Erbse?* Ich bin zwar in seinen Augen eine Gringa, aber ich könnte wetten, dass er, der Ingenieur, anders als ich noch nie auf einer Lkw-Ladefläche gereist war. Denn wer in Bolivien Ingenieur ist, der muss studiert haben, und das konnten in diesen Tagen ausschließlich die Kinder der Oberschicht. Aber klar, die Leute aus der Oberschicht blickten zu Amerikanern und Europäern auf, als wären sie von Gott gesandt. In ihren Augen standen wir noch eine Stufe höher als sie, die »weißen« Bolivianer. Das war zwar in vielen Situationen ganz praktisch, aber ich fand ihn einfach widerlich, diesen Standesdünkel und Rassismus, den Irrglauben, wir Ausländer wären etwas Besseres.

Wenn so ein Rogelio nach Hause kam, sprengte wahrscheinlich ein Gärtner den Rasen, eine *cholita* kochte das Essen, und ihr Mann strich das Bad. Oberschichtbolivianer ließen sich gerne bedienen. Und zwar zu jeder Tages- und Nachtzeit. Kamen die Herrschaften vom Theater nach Hause und hatten Lust auf einen Tee, dann klingelten sie einfach das Hausmädchen aus dem Bett. Denn das Personal wohnte gleich vor Ort. Wie praktisch.

In Rogelios Weltbild war das alles völlig normal, und da wir Europäer scheinbar noch reicher waren, musste er davon ausgehen, dass ich in Europa ein ähnliches Leben mit Hausangestellten und allen Bequemlichkeiten führte. Deshalb konnte er wohl kaum nachvollziehen, dass ich tatsächlich begeistert in diese – sicher nicht sehr komfortable, aber in meinen Augen höchst spannende – Reise einwilligte. Erwartungsvoll fieberte ich diesem Abenteuer entgegen.

Die beiden Ingenieure hatten nicht zu viel versprochen. Die Schlaglöcher gaben das Tempo vor, und wir bretterten zum Teil jenseits jeder Piste über Stock und Stein. Ab und zu machte der Wagen einen Hüpfer, sodass wir uns die Köpfe stießen.

Die Landschaft war umwerfend. Noch nie hatte ich etwas Schöneres gesehen. Manchmal erscheinen mir diese Bilder von unterwegs heute noch im Traum. Gebannt klebte ich mit der Nase am Fenster. Frühmorgens hatte der See im Uferbereich eine dünne Eisschicht. Wenn er aus meinem Blickfeld verschwand, wartete ich ungeduldig nach jeder Kurve, nach jedem Hügel auf seine Rückkehr. Je nach Lichteinfall oder Beschaffenheit des Himmels zeigte er sich mal türkis, mal azurblau, dann wieder smaragdgrün oder kobaltblau. Auf dem Wasser tanzten hier und da die traditionellen Balsas, kleine Boote aus Schilfrohr mit roten, grünen und lilafarbenen Segeln. Auf der anderen Seite erschienen am Horizont gelegentlich die schneebedeckten Gipfel und Gletscher der Apolobamba-Kordillere, bevor sie sich wieder hinter ein Eukalyptuswäldchen zurückzogen.

Männer mit bunten Ponchos und Chullos trieben Alpakaherden vor sich her, Lehmhütten und Kartoffelfelder tauchten in regelmäßigen Abständen auf. Immer wieder hielten wir an, damit die Ingenieure ihre Messungen durchführen konnten. Manchmal dauerte es eine ganze Stunde, bis sie die richtigen Punkte fanden. Reifen gingen kaputt und mussten gewechselt werden. Ich war für jede Unterbrechung dankbar. Denn sie gab mir Gelegenheit, die Gegend zu erkunden.

Ich kletterte auf Hügel und Felsen und konnte mich nicht sattsehen an dieser grandiosen Landschaft. Es war, als atmete ich das Glück der Welt ein, dieses unfassbare Wunder von Leben, das sich vor meinen Augen ausbreitete wie ein Geschenk. Schon mein Erlebnis etwa vier Jahre zuvor, als ich mitten in der Vollmondnacht den stehenden Zug auf offener Strecke zwischen Potosí und La Paz verlassen hatte und mich plötzlich völlig allein unter dem über und über mit Sternen übersäten Himmel des Altiplanos wiederfand, hatte mich nachhaltig beeindruckt, aber auch ein bisschen ratlos gemacht. Ich war von meinen eigenen Gefühlen überwältigt worden und konnte nicht einmal sagen, ob ich gerade überglücklich oder tieftraurig war. Es war vielmehr eine eigentümliche Mischung aus beidem. Später habe ich verstanden, dass ich einfach zutiefst berührt war. Etwas hatte meine Seele zum Klingen gebracht wie nie zuvor. Die Grenzen zwischen mir und der Welt hatten sich aufgelöst. Ich fühlte mich völlig verbunden mit allem um mich herum, ich war ich und gleichzeitig der Kaktus, vor dem ich hockte, und die Sterne, in die ich schaute. Ich war Kaktus, Stein, Luft und Sterne. Das war ergreifend, aber auch verwirrend.

Inzwischen hatte ich mehrere solcher Momente erlebt und war besser darauf vorbereitet. So entdeckte ich für mich die Kraft der Natur. Wann immer ich in späteren Jahren erschöpft, müde oder mutlos war, habe ich Natur gesucht, um meine Seele zu betanken. Der Titicacasee ist für mich noch heute eine sprudelnde, intensive Kraftquelle.

Abends hielten wir in einem Dorf. Ein paar Lehmhäuser, ein Sportplatz und eine Schule. Eine Pension gab es nicht. Die beiden Ingenieure fragten nach den Dorfältesten, erklärten ihre Arbeit und baten um Unterstützung. Der Dorfälteste bedeutete uns zu warten und holte den Schamanen. Der breitete eine kleine Decke aus, murmelte ein Gebet und platzierte Münzen auf der Decke. Dann warf er dreimal hintereinander eine Handvoll Cocablätter darauf. Mit dem Finger inspizierte er vorsichtig die Position der Blätter: Lagen sie über- oder nebeneinander, in welche Richtung zeigten ihre Spitzen, waren sie mit der grünen oder der weniger grünen Seite nach unten gefallen? Aus all dem schloss er, dass wir mit guten Absichten kamen. Er gab sein Okay, und man führte uns zur Lehmhütte des Lehrers, wo wir Schutz vor der eisigen Kälte fanden. Es war Juli, die Temperaturen fielen nachts auf minus 10 bis 15 Grad. Damals waren die Dächer der Hütten gottlob noch nicht aus Wellblech, sondern nach traditioneller Bauweise aus Schilfgras gemacht. Lehm und Schilf isolieren gut. Wir schliefen auf Schilfgrasmatratzen, und am nächsten Morgen gab es zum Frühstück eine Fischsuppe, die uns ordentlich wärmte.

Unsere Reise dauerte insgesamt vier Tage. Es waren wundervolle Tage ohne Dusche, ohne Strom, ohne Betten und ohne Restaurants oder Geschäfte, in denen wir etwas hätten einkaufen können. Die Menschen in den Dörfern boten uns Kartoffeln mit *ch'arki*, getrocknetem Lamafleisch, an. Manchmal gab es ein Stück Maiskolben und, wenn wir Glück hatten, auch mal eine Suppe. Letztere war deshalb wichtig, weil der Körper auf 4000 Metern über dem Meeresspiegel schnell dehydriert, wenn er nicht genug Flüssigkeit zu sich nimmt. Wir hatten zwar unsere leeren Flaschen außerhalb der Ortschaften mit Seewasser aufgefüllt. Ich war mir allerdings unsicher, ob das nicht »Montezumas Rache« heraufbeschwören könnte. So nannte man unter Backpackern Brechdurchfälle. Am Ende ging aber alles gut, und wir erreichten am Abend des vierten Tages schließlich La Paz. Nachdem wir uns herzlich voneinander verabschiedet hatten, ermahnten mich die beiden Männer, ich solle ja nicht zu Fremden ins Auto steigen.

Wieder einmal unverhofft: Ein Streik und mein neues Zuhause in Puno

Ich erinnere mich, dass ich ein weiteres Mal wegen eines Streiks auf dem Landweg von Peru nach Bolivien in Puno festsaß. Es war 1988. Draußen regnete es seit Stunden. Ich fror in meinen klammen Klamotten und hockte verstimmt und schlecht gelaunt in einem Api-Imbiss. Der Regen trommelte auf das Wellblechdach. Ich hielt mich, so gut es ging, an meiner Tasse mit dem heißen Maisgetränk fest, ohne mir dabei die Finger zu verbrennen. Der Tag schien mir so richtig vergeigt.

»Ein Wetter ist das«, sagte da eine weibliche Stimme am Nebentisch. Ich schaute mich um, und Teresa trat in mein Leben. Klein, von zarter Statur, dunkles Haar, dunkle lebhafte Augen. Sie sah aus wie eine Peruanerin, war aber gekleidet wie eine Europäerin.

»Ja, was für ein Mistwetter, und die Busse streiken. Wolltest du auch weiter?«

»Nein, ich wohne hier«, lachte Teresa.

Puno war auf den ersten Blick eine hässliche kleine Stadt ohne jeden Charme. Auf den zweiten war es eine hässliche kleine Stadt, und auf den dritten blieb es eine hässliche kleine Stadt. Der eisige Altiplanowind wehte durch die ungeteerten Straßen und überzog alles mit Staub, was sich ihm in den Weg stellte. Die Häuser waren – wie zu jener Zeit modern und urban – aus *ladrillos*, also Steinziegeln, statt aus Lehm gebaut. Weil das ziemlich teuer war, ging wohl vielen Bauherren noch vor der Fertigstellung das Geld aus. So blieben die Häuser unverputzt und unvollendet, mit einem Wellblechdach obendrauf. Sobald wieder Geld da war, nahm man das Dach ab und baute noch eine Etage drauf. Es wurde nicht nur nach oben wild gebaut, sondern auch zu den Seiten. Puno wuchs schnell, und niemand scherte sich um Nebensächlichkeiten wie Stadtplanung oder Basisversorgung mit Abwasserkanälen und Strom.

Dass hier tatsächlich jemand wohnen könnte, war mir nie in den Sinn gekommen. Ich kannte Puno nur als Durchgangsstation am Titicacasee, wo ich einen fliegenden Buswechsel vollzog und so schnell wie möglich wieder wegwollte.

»Ach, wirklich?«, fragte ich also ungläubig. »Du wohnst hier? Aber du bist nicht von hier, oder?«

»Nein, ich bin aus Lima, aber habe hier seit drei Jahren einen Job an der Uni.«

Ich kam aus dem Staunen nicht mehr heraus. Eine Uni in diesem Kaff? Wollte sie mich auf den Arm nehmen?

»Ich wusste gar nicht, dass es hier eine Uni gibt.«

»Ja, das wissen die meisten nicht. Die ›Universidad del Altiplano‹ hat sich noch nicht so herumgesprochen.«

»Und was lernt man auf der Universidad del Altiplano?«

»Zum Beispiel andine Anthropologie, das ist mein Fach.«

Bämm, das saß. Andine Anthropologie, ausgerechnet das, was ich in Bonn studierte. Dort nannte man es nur Altamerikanistik, aber es lief auf das Gleiche hinaus.

»Gibt's ja nicht, so ein Zufall!«, rief ich. »Das studiere ich in Deutschland auch.«

»Da kannst du gleich morgen bei mir anfangen. Ich starte einen Postgraduiertenkurs. Dauert drei Monate. Oder hast du etwas Besseres vor?«

»Aber ich bin noch nicht fertig mit meinem Magisterstudium. Wie kann ich denn da an einem Postgraduiertenlehrgang teilnehmen?«

»Du bist hier in Peru, und ich bin dein Prof. Also: kein Problem.«

Konnte man als Ethnologiestudentin etwas Besseres vorhaben, als andine Anthropologie in den Anden zu belegen? Der Tag fing an, mir zu gefallen. Eigentlich war ich auf dem Weg nach La Paz, um Aymara, die älteste Sprache der Anden, zu lernen. In La Paz und Umgebung hörte man dauernd Aymara, deshalb wollte ich mir dort einen Lehrer suchen. Bücher und Kurse gab es damals nicht dafür.

»Nun ja, ich wollte Aymara lernen, aber das kann ich auch noch nach dem Kurs«, sagte ich also.

»Du kannst hier Aymara lernen. Es gibt nicht viele Lehrer, die das unterrichten, denn die Muttersprachler können meist weder lesen noch schreiben. Aber ich kenne einen hier in Puno. Den kannst du fragen, ob er dir Unterricht gibt.«

Das wurde ja immer besser! Jetzt musste ich nur noch die Wohnungsfrage klären. Doch auch dafür hatte Teresa eine Lösung.

»Ich wohne in einer Wohngemeinschaft mit drei Peruanern – einem berufstätigen Pärchen und einem Studenten. Mein Zimmer ist recht groß. Da ist auch für dich noch Platz.«

Wenn das Schicksal es mir schon so leicht machte, konnte ich wohl kaum Nein sagen. Der Regen hatte aufgehört, ich schulterte meinen Rucksack und folgte meiner neuen Freundin in mein neues Zuhause. Drei Monate lang blieb ich in diesem Ort, den ich als Durchreisende völlig falsch eingeschätzt hatte. Ich lernte ihn schätzen und lieben. Am Ende hatte ich eine beste Freundin, viele neue Studienfreunde, ein Diplom über andine Anthropologie und konnte mich auf Aymara verständigen. Bevor ich Puno verließ, verneigte ich mich und dankte dem Himmel für den Streik.

Stromlos glücklich in Cabo Polonio

»Cabo Polonio? Da musst du unbedingt hin!« Das war der Standardspruch unter Hostelgästen. Eigentlich bin ich eher misstrauisch, wenn ich irgendwo »unbedingt« hinmuss. Unter Rucksackreisenden tauscht man sich aus, klar. Aber man darf sich nicht vereinnahmen lassen von den Dos and Don'ts der Mitreisenden. Manchmal haben sie nämlich noch weniger Ahnung als man selbst. Oder schlicht andere Vorstellungen von dem, was man unbedingt gesehen haben muss oder sich auf keinen Fall antun sollte. Die besseren Tippgeber sind da die Einheimischen. Im Falle von Cabo Polonio hieß es aber unisono bei Uruguayern wie Touristen: »Cabo Polonio, da musst du unbedingt hin.«

Das kleine Örtchen im Norden von Uruguay, nur 60 Kilometer von der brasilianischen Grenze entfernt, liegt zwischen den Badeorten Valizas und La Pedrera an der Spitze einer sichelförmigen Halbinsel, die in den Atlantik ragt. Und schläft einen Dornröschenschlaf. Schiefe bunte Häuser, spektakuläre Sonnenuntergänge, Wanderdünen, Hippies und Lebenskünstler. Natürlich musste ich da unbedingt hin.

Nun sitze ich in Cabo Polonio und starre wie hypnotisiert auf mein Handy. Leichte Panik kriecht in mir hoch. Okay, ich weiß: Das Dorf hat weder Strom noch fließend Wasser. Aber irgendwo gibt es doch bestimmt eine Steckdose. Oder etwa nicht? Ich habe Solarzellen gesehen ... Ein letztes Piepen, dann ist mein Smartphone tot. Immer wieder schaue ich auf den Bildschirm. Mal aus Reflex, mal beschwörend. Aber da ist nichts. Das große, schwarze

Nichts auf dem Bildschirm. Nichts als Landschaft um mich herum. Ich fühle mich wie ein Käfer, der auf dem Rücken liegt und nicht weiß, was als Nächstes passieren wird. Dabei hatte alles so gut angefangen.

Ich bin mit dem Bus gekommen, dessen Endstation einige Kilometer außerhalb des Orts liegt. Mit mir sind noch ein paar andere Touristen ausgestiegen. Wir stehen mit unseren Gepäckstücken mitten in der Pampa, Sand und Dünen um uns herum. Ein Truck wird die anderen hier einsammeln und ins Dorf bringen. Denn ohne Allradantrieb geht hier gar nichts.

Ich hingegen brauche den Truck nicht. Ich warte auf Santiago und Alejandro. Sie sind die Hüter des Nationalparks Cabo Polonio, der sich zwischen Valizas und Cabo Polonio erstreckt. Die beiden wollen mich mit ihrem Geländewagen abholen, um mir »ihren Arbeitsplatz« zu zeigen.

Ich sitze noch nicht lange auf meinem Rucksack, als ich von hinten angesprochen werde. »*Hola, tú eres Gitti?*« Ja, die bin ich, und ich wundere mich einmal mehr, wie pünktlich die Uruguayer sind. Alejandro und Santiago begrüßen mich herzlich mit Küsschen und Schulterklopfen.

Alejandro arbeitet fest angestellt für den Nationalpark. Santiago ist ein Student aus Montevideo und absolviert ein Praktikum. Heute ist sein erster Arbeitstag, und er ist genauso gespannt wie ich. Kerzengerade sitzt er mit leuchtenden Augen auf dem Rücksitz des Wagens, in der einen Hand eine Matekalebasse und in der anderen eine Thermoskanne mit heißem Wasser. Er ist Anfang zwanzig und trägt zum ersten Mal eine Uniform. Mit seinem Vollbart, dem dichten Haar im Vokuhilaschnitt und der stämmigen Statur scheint er der Inbegriff eines Naturburschen zu sein. Er strahlt vor Glück und schaut staunend in die Landschaft, so, als könne er es noch gar nicht glauben, dass er seinen persönlichen Sechser im Lotto gewonnen hat.

»Was gibt es Schöneres, als in so einer Umgebung zu arbeiten?«, fragt Santiago und schaut mich erwartungsvoll an, wohl ahnend, dass ich nicht weiß, wie das zu toppen sein soll. Ich bin mindestens genauso überwältigt angesichts dieser weiten und Freiheit verheißenden Landschaft.

Der Geländewagen passiert eine Schranke. Wir halten kurz an. Ein Kollege hat ein kleines Vögelchen gerettet, das wohl aus einem Nest gefallen ist, und füttert es. Die drei unterhalten sich eine Weile über Dinge, die ich nicht verstehe, nämlich Fußball, dann geht es weiter.

Wir fahren auf sandiger Piste vorbei am satten Grün von heidekrautähnlichen Gewächsen und durch kleine Pinienwäldchen. Kreuzdorngewächse stellen sich uns in den Weg. Struppige Dornenbüsche und Nadelbäume wechseln einander ab, der Himmel ist blau wie Tinte. Zartrote Feuermyrte und stachelige Currosträucher säumen den Weg. Anacahuita- und Ombúbäume spenden ein wenig Schatten in der Mittagshitze. Alles robuste einheimische Pflanzen, die den schwierigen Lebensbedingungen mit langen Trockenperioden standhalten können.

An der Laguna de Castillos halten wir an. Ein Schwarm Vögel hebt ab, als wir uns nähern. Reiher und Rötelschwalben haben hier ihr Zuhause. Hellgrünes Pampagras wiegt sich im Wind. Wir stehen eine Weile, schauen und genießen. Santiago trinkt Mate und reicht ihn Alejandro hinüber, der ihn an mich weitergibt. Ich habe mich immer noch nicht an den Geschmack dieses so begehrten, aber ziemlich bitteren Kräutergebräus gewöhnt. Auch das Trinken aus dem gleichen Strohhalm oder anderenorts aus der gleichen Flasche ist nicht so mein Ding. Aber ablehnen kommt nicht infrage, das wäre sehr unhöflich. Mein Magen hat schon ganz anderes überstanden.

Nach der kurzen Pause fahren wir weiter durch die Sandhügel Richtung Strand. Gelbe Margeriten verleihen der wüstenähnlichen Landschaft ein spärliches Pünktchenkleid. Bis zu 60 Meter hoch sind die Wanderdünen, eine echte Attraktion für Touristen, die gerne zu Fuß von Valizas nach Cabo Polonio gehen. Es soll schon vorgekommen sein, dass Wanderer auf allen vieren und mit hängender Zunge in Cabo Polonio eingetroffen sind. Die Strecke beträgt zwar nur zwölf Kilometer, aber die haben es in sich und werden leicht unterschätzt. Die Hitze ist sengend, der Sand tief, und manch Ungeübter braucht für die Strecke mehrere Stunden, die sich wie Kaugummi ziehen können, wenn das Trinkwasser ausgegangen ist. Das wird uns glücklicherweise nicht passieren, denn wir sind mit einem Dienstwagen unterwegs und haben Mate an Bord.

Bald darauf erreichen wir den Strand. Vögel sitzen auf nahezu weißen, vom Wind geschliffenen Felsen, die im Sand liegen, als hätte jemand sie dort einfach vergessen. »Da, schau nur«, ruft Santiago völlig aus dem Häuschen. »Eine Prärieeule!« Eine seltene Unterart sei das. Er ist sichtlich gerührt. Ich sehe dagegen nur einen braunen Vogel mit weißen Tupfen, einen Kauz, der nach Nahrung Ausschau hält. Ich hab's nicht so mit Vögeln. Wohl aber mit Landschaften. Und diese hier ist umwerfend schön. Sie berührt mein Herz.

Dicht an der Brandung geht es weiter am Strand entlang Richtung Cabo Polonio. Ich habe leise Schuldgefühle, weil wir hier mit einem PS-starken Geländewagen durch ein Naturschutzgebiet brettern. Aber ich springe über meinen deutschen Schatten, strecke den Kopf aus dem Fenster und rufe vor Begeisterung »Juchhuuu«. Auch Santiago und Alejandro haben sichtlich Spaß. Als Badegäste in Sichtweite kommen, nimmt Alejandro jedoch brav den Fuß vom Gas und fährt langsam an ihnen vorbei.

Wir hatten unser Vergnügen. Ab hier geht es zu Fuß weiter durch das Dorf.

Hinter dem Leuchtturm von Cabo Polonio sonnen sich Hunderte von Robben auf dem Fels. Im Winter soll man hier viele Wale und Delfine sehen. Weiter draußen gibt es auch Tigerhaie und Hammerfische, Gesellen, denen ich nicht unbedingt beim Schwimmen begegnen möchte. Der Leuchtturm wurde hier errichtet, nachdem im 19. und 20. Jahrhundert zahlreiche Schiffe gekentert waren. Zwischen dem Kap und den beiden vorgelagerten Inseln herrschen gefährliche Strömungen.

Der Ort selbst liegt auf einer kleinen Anhöhe, Wind und Sonne schutzlos ausgeliefert. Wie zufällig hingewürfelt stehen bunte Häuschen zwischen Sand und Dünenwölbungen. Ein Paar Gräser hier und da, gelbe Blumen und vereinzelt kleine Sträucher sind die einzigen Pflanzen. Manche Hütten sehen aus, als seien sie aus Strandgut zusammengezimmert. Geschmückt mit Muschelreihen und selbst gebastelten Klangmobilen, erinnern sie an eine Hippiekolonie.

Aber der Schein trügt. Einige davon gehören reichen Brasilianern, Argentiniern oder Uruguayern. Für sie ist der ursprüngliche Charakter, das Leben ohne Strom und fließendes Wasser, ein begehrter Gegenpol zum stressigen Jetsetleben. Das Dorf soll so bleiben, wie es ist.

Es ist nicht so, dass es mir hier nicht gefällt. Aber während ich auf mein Smartphone starre, fühle ich mich nicht empfänglich für die Schönheit des Orts. Ich bin gefangen im nicht vorhandenen Stromnetz. Der Bildschirm ist nach wie vor tot. Alles schwarz. Plötzlich bemerke ich, was ich alles nicht tun kann ohne Strom:

Nachschauen, wie das Wetter morgen wird.

Auf die Uhr sehen.

WhatsApp-Nachrichten empfangen.

Bescheid sagen, dass es mit gut geht.

Facebook checken.

Instagram-Fotos hochladen.

Nachrichten lesen.

Mal eben googeln, bis wann hier die Walfische abgeschlachtet wurden.

Stattdessen sitze ich auf einem Felsen, schaue aufs Meer und träume. Meine Wohnung taucht auf. Mit all ihren Steckdosen und Stromparasiten. Mal sehen, was wir da haben. In der Küche: ein Kühlschrank, ein Herd, ein Backofen, eine Spülmaschine, ein sehr schneller Mixer, ein Toaster, ein Warmwasserboiler, ein Wasserkocher, ein Milchaufschäumer, eine Orangenpresse, eine Mikrowelle. Und das, obwohl meine Küche gerade mal sieben Quadratmeter hat!

Im Bad: ein Föhn, eine elektrische Zahnbürste ... hört sich bescheiden an, weil die Waschmaschine im Keller steht.

Im Arbeitszimmer geht's erst richtig los: ein Computer (immer im Bereitschaftsmodus), ein Fernseher, ein Radio, ein CD-Player, ein Plattenspieler, ein Router, ein Telefon, ein Drucker sowie Hängelampen, Stehlampen, Tischlampen und Bodenlampen.

So viel! Brauche ich das alles?

In Cabo Polonio. Nichts. Nirgendwo Strom. Die siebzig ständigen Einwohner könnten Strom haben. Es wäre technisch kein Problem. Aber die wollen nicht. Kein Radio, keinen Fernseher, kein gar nix. Sie kochen mit Gas, waschen per Hand und gucken abends auf das funkelnde Meer von Sternen statt Soaps im Fernsehen.

Inzwischen habe ich mich ein bisschen beruhigt. *Ist ja nicht für immer,* sage ich mir. Und wenn schon. Wahrscheinlich würde ich mich auch daran schnell gewöhnen. Seit einer halben Stunde schaue ich nicht mehr auf mein Handy, sondern aufs Wasser. Dort finde ich zwar keine Informationen, aber Farben. Wo ich vorher nur Blau gesehen habe, bemerke ich jetzt: Dunkelblau, Algenblau, Kobaltblau, Lupinenblau, Silberblau, Indigoblau und Dunkelblaufastschwarz. Der zappelnde hilflose Käfer von vorhin ist verschwunden, jetzt bin ich einfach nur noch wunschlos glücklich.

Mein Handy ist aus, mein Laptop tot – und ich merke, wie meine eigenen Akkus aufladen. Und während ich so sitze und aufs Wasser schaue und mich damit anfreunde, durch nichts abgelenkt zu werden, fällt mir ein: Ich war schon mal in einer ähnlichen Situation, vor fast drei Jahrzehnten. Da gab es zwar noch keine Smartphones oder Laptops, und das Internet war bestenfalls ein Hirngespinst, aber die stromlose Erfahrung hatte es auch in sich.

Stromlos auf Amantaní

Von Puno ist es nicht weit nach Amantaní, einer kleinen Insel im Titicacasee. Dort haben sich die Indiofamilien schon in den Achtzigerjahren organisiert und mit einem Konzept aufgewartet, das man heute als »nachhaltigen« oder »Ökotourismus« bezeichnen würde. Besucher, so hieß es, würden in Familien untergebracht und könnten an deren Leben teilhaben. Das fand ich spannend, also nix wie hin.

Es war August, Winter auf der Südhalbkugel. Aber die Sonne am blauen Himmel versprach trügerische Wärme. Der Wind auf 4000 Metern über dem Meeresspiegel ist um diese Jahreszeit allerdings eiskalt. Ich saß zusammen mit Einheimischen, die tagsüber in Puno Kartoffeln und Mais verkauft hatten, völlig ungeschützt auf dem Dach eines übervollen Boots. Der Titicacasee hatte sich zu meterhohen Wellen aufgetürmt. Als wir endlich anlandeten, war ich völlig durchgefroren.

Mit kältesteifen Knochen kletterte ich zunächst eine Felstreppe hinauf. Oben befanden sich ein kleines Tischchen und ein Mann, der mich in gebrochenem Spanisch bat, meinen Namen in ein dickes Buch einzutragen und einen lächerlich kleinen Obolus für die Gemeinde zu entrichten. Das tat ich gern und legte noch etwas drauf. Dann rief er ein Kind, das mich zu »meiner« Familie führen sollte. Ich war die einzige Besucherin an Bord des Boots gewesen und nunmehr die einzige Fremde im Ort. Da ich einen Mordshunger hatte, fragte ich den Mann, wo ich etwas essen könne. Aber er verstand mich offenbar nicht, sagte

»*Sí, sí*« und winkte dem kleinen Jungen zu, er möge mich jetzt fortführen.

Auf einem schmalen Pfad zogen wir los, er vorneweg, ich hinterher. Auch der Kleine sprach nur Quechua, verstand kein Spanisch und war schüchtern. Er schaute unentwegt zu Boden, und meine hilflosen Versuche, mit ihm ins Gespräch zu kommen, scheiterten kläglich. Vielleicht hatte man ihm gesagt, er solle keine Weißen anschauen, weil sie ihn dann fressen würden. Solche Geschichten kursierten tatsächlich. Es gab auch Geschichten von Weißen, die mit einem Messer die Bäuche der Indios aufschlitzten, um ihnen ein Fett zu entnehmen, mit denen sie Krankheiten heilten. Gerüchten zufolge versetzten diese gefürchteten weißen Wesen, oft in der Gestalt eines katholischen Priesters, ihre Opfer in Trance, sodass sie sich nicht wehren konnten.

Nach etwa einer Stunde stummen Fußmarschs kamen wir zu mehreren Kartoffel- und Quinoafeldern. Dahinter lagen zwei strohgedeckte Lehmhäuser, durch einen Abstand von etwa 15 Metern voneinander getrennt. Die Sonne stand inzwischen tief, es war kalt, und ich hatte Hunger. Ich hoffte sehr, dass es etwas zu essen gäbe. Der Junge führte mich zu einem der beiden Lehmhäuser, öffnete die Tür und bat mich mit einer Geste hinein. Drinnen gab es eine Matratze aus Schilfrohr mit einer gewebten, schweren Decke darauf und einen Stuhl. Sonst nichts. Der Junge murmelte etwas und verschwand.

Da saß ich nun auf einem wackeligen Stuhl und hatte keine Ahnung, was hier los war. Kamen die anderen Familienmitglieder noch? Waren sie vielleicht noch auf dem Feld? Aber warum gab es hier nur eine Matratze? Ich schaute aus dem einzigen Fenster. Es war winzig und hatte kein Glas. Der kalte Wind zog herein. Gegenüber sah ich das zweite Haus. Offenbar wurde dort gekocht. Es zog Rauch auf. Das ließ mich hoffen. Die Zeit verging quälend langsam, es dämmerte bereits. *Ob die mich wohl vergessen haben?*, dachte ich. Ich schaute zur Decke auf der Suche nach einer Glühbirne. Nichts. Leichte Panik stieg in mir auf. Was, wenn es gleich dunkel wurde und bis dahin keiner kam? Verdammt, in meinem Rucksack hatte ich immer eine Taschenlampe dabei. Aber der Rucksack stand in Puno, und ich saß auf Amantaní.

Also stakste ich hinüber zu dem anderen Haus. Vorsichtig näherte ich mich, und aus einem angemessenen Abstand rief ich auf Spanisch hinüber:

»*Hola?*« Nichts.

»*Hola, por favor.*« Nichts.

Ich ging langsam weiter. Wusste ich doch, dass die indianische Bevölkerung großen Respekt untereinander und vor dem Grundstück anderer hatte. Niemand näherte sich einfach so einer Behausung. Also rief ich noch mal.

»*Hola?*« Nichts.

Aus dem Haus drangen Stimmen. Innerlich fing ich an zu brodeln. Gastfreundschaft hatte ich mir eigentlich anders vorgestellt.

Ich näherte mich noch ein Stück, und endlich wurde die Tür geöffnet. Ein Mann kam heraus, mit seinem traditionellen Poncho und der kunstvoll gestrickten bunten Mütze sah er aus wie ein Postkartenmotiv. Aber mir war gerade nicht nach Idylle und Romantik zumute. Durch die geöffnete Tür konnte ich sehen, dass der Raum voll war mit Menschen. Sie saßen um eine Feuerstelle auf dem Boden. Ich versuchte, dem Mann verständlich zu machen, dass ich kein Licht dabeihatte, ob er wohl eine Kerze hätte. Aber er machte keinerlei Anstalten, mich zu verstehen. Ich fragte auch nach Essen und kam mir ziemlich blöd dabei vor. Hätte ich Picknick mitbringen sollen und ein Survival-Kit? Der Mann sagte ein paar Worte auf Quechua und wedelte mit der Hand in Richtung meines Lehmhäuschens.

Resigniert gab ich auf. Ein Fünkchen Hoffnung blieb noch: Vielleicht wollte er mir ja gleich etwas zu essen herüberbringen. Ich schlurfte also zurück zu meiner Hütte und setzte mich auf die

Matratze. Ich hatte noch eine halbe Flasche Wasser, immerhin. Draußen wurde es immer dunkler und immer stiller, bis nur noch die pechschwarze Nacht um mich herum war. Tränen stiegen mir in die Augen. Ich fühlte mich ausgegrenzt und mutterseelenallein. So also musste wahre Einsamkeit sein. *Wie Einzelhaft und Folter*, dachte ich. Es blieb mir nichts anderes übrig, als mich auf die Matratze zu legen, zuzudecken und zu warten, dass die Einzelhaft mit Tagesanbruch aufgehoben wurde. Es war eine lange Nacht. Der Wind blies durch das offene Fenster und machte grausige Geräusche. Ich fürchtete mich, zog die Decke über den Kopf und machte kein Auge zu.

Als die Morgendämmerung kam, wickelte ich die Decke um meinen Körper und setzte mich draußen auf einen Stein. Im Osten war der Himmel in Rot getaucht, und mit der Farbe war die Schwärze der Nacht wie ausgelöscht. Als die ersten Sonnenstrahlen auf mein Gesicht trafen, fühlte ich mich befreit und begrüßte dankbar den Tag, der so freundlich schaute, als wäre nichts gewesen. Nachts auf unbekanntem Terrain alleine im Dunkeln zu sitzen kam mir jetzt vor wie ein böser Traum.

Von gegenüber kam mein Gastvater auf mich zu. In den Händen hielt er eine Schale mit dampfender Suppe. Gestern Abend gekocht für das Frühstück um sechs Uhr. Das Frühstück, lernte ich später, ist die Hauptmahlzeit der Landbevölkerung, die den ganzen Tag schwer arbeitend auf dem Feld verbringt. Für mittags nehmen sie Pellkartoffeln oder einen Maiskolben mit. Und abends gibt es wohl gar kein Essen.

Ich bin noch am gleichen Tag zurückgefahren. *Noch so eine Nacht, und ich drehe durch*, dachte ich. Meine romantische Vorstellung vom Leben auf dem Land, inmitten von Indios, hatte sich als Flop herausgestellt. Es war eine Veranstaltung für Touristen, die mangels Kenntnis unserer Mentalität wenig Erfolg versprach. Für die einheimische Landbevölkerung ist es ein Zeichen des Respekts, wenn sie uns in Ruhe lassen und Raum gewähren. Meine

Erwartung, ich könnte das Leben der Menschen hier mir nichts, dir nichts teilen, war überaus naiv. Später, als ich ihre Sprache und Kosmovision – ihr Verständnis von der Welt und wie die Dinge zusammenhängen – verstand, bekam ich einen ganz anderen Zugang. Das wusste ich aber damals noch nicht. Ich wusste nur eines: Nie wieder würde ich ohne Kerze und Streichhölzer verreisen. *Nie wieder*, schwor ich mir.

Solarenergie auf der Isla del Sol

Ich kaufe noch schnell eine Kerze und Streichhölzer in Huatajata, bevor ich das Boot zur Isla del Sol nehme. Die Insel liegt mitten im Titicacasee und gilt in der Mythologie der Aymara-Indianer als Ursprung der Menschheit. Es gibt dort weder Autos noch Strom. Da ich eigentlich beruflich in Bolivien bin und mir nur eine kurze Auszeit gönnen will, habe ich meinen Trip über einen lokalen Reiseveranstalter gebucht. Er hat schon vor vielen Jahren damit begonnen, so etwas wie nachhaltigen Tourismus in Bolivien einzuführen. An sein Hotel in Huatajata hat er eine Ausstellung und ein Freilichtmuseum angeschlossen, das über die Kultur der Aymara informiert.

Mit einem Tragflügelboot geht es zur Insel. An Bord: eine Sauerstoffflasche und ein Notfallkoffer für Frischankömmlinge, die Probleme mit der Höhe haben. Ein mitreisender junger Mexikaner ist heute Morgen in La Paz angekommen und will wissen, ob das ein Rentnerausflug sei. Etwa eine Stunde später liegt er wie verwelktes Gemüse auf seinem Sitz, blass wie Käse und nach Luft ringend. Der Gehilfe des Kapitäns rollt die Sauerstoffflasche heran und setzt dem sportlichen Mexikaner die Maske auf. Der bedankt sich kleinlaut. Seine Häme von eben dürfte ihm wohl ziemlich peinlich sein.

Die Höhenkrankheit, *soroche*, mag Überraschungsbesuche und überfällt manchmal mit etwas Verspätung auch gut Durchtrainierte und Sportler, während ein Kettenraucher völlig unbehelligt bleiben kann. Kopfschmerzen, innere Unruhe, Schlaflosigkeit und Bluthochdruck können die Folge sein. Dann heißt es ausruhen, viel trinken und wenig essen. Nach ein paar Stunden oder Tagen wird es meist besser. Wenn nicht: Unbedingt runter von der Höhe!

Als wir anlanden, hat der Mexikaner wieder Farbe im Gesicht, ist aber noch schlapp und hat Kopfschmerzen. Ausgerechnet jetzt. Denn nun liegt eine kleine, aber wunderschöne Wanderung auf Eselspfaden vor uns. Erst geht es über eine steile Treppe aus großen, von Hand gefertigten Steinen aus der Inkazeit den Berg hinauf und dann, immer mit Blick auf den glitzernden Titicacasee, auf einem Höhenweg bis zum Hotel. Die Luft ist klar und kühl, das Wasser schimmert in unterschiedlichen Blau-, Türkis- und Grüntönen und liegt still wie ein Spiegel da. Wir sind zu viert, und das Gepäck wird von zwei Lamas getragen. Notfallkoffer und Sauerstoffflasche sind auch dabei. Und ein Esel, der unsere mexikanische Sportskanone ins Quartier schleppt.

Die Sonneninsel ist mit rund 15 Quadratkilometern ein Winzling im über 8000 Quadratkilometer großen Titicacasee. Der ist übrigens 15-mal so groß wie der Bodensee. Der Name Titicacasee hat mich schon als Kind fasziniert. *Titi* ist die Bezeichnung für eine in den Anden lebende Pumaart. *Qaqa* heißt auf Aymara Stein oder Fels. Viele Bolivianer bestehen darauf, dass der Titicacasee vom All aus wie ein umgedrehter Puma aussehe. Manche halten es für den Beweis, dass ihre Vorfahren vom Himmel gekommen sein müssen. Genau so, wie es die Mythologie besagt. Ich war noch nicht im All, aber es gibt ja Google Maps, und ja, mit ein bisschen Fantasie ist er ganz deutlich zu erkennen, der Puma, mit dem Kopf nach Südost.

Inzwischen sind wir gut zwanzig Minuten auf dem Höhenweg gewandert, dunkelgrüne Zypressen am Wegesrand und Hirten, die uns mit ihren Alpakas entgegenkommen. Auf den terrassenförmig angelegten Feldern sind Menschen mit ihren bunten Ponchos wie kleine Tupfer auszumachen, und auf einer Anhöhe inmitten eines prächtigen Gartens liegt unsere Unterkunft, eine Ökolodge.

Die Posadas del Inca ist ein ehemaliges Herrenhaus mit mehreren kleinen Nebengebäuden. Die Häuschen passen sich prächtig in die Landschaft ein. Sie sind aus hellbraunem Lehm und die Dächer aus getrocknetem Totora-Gras, wie es für die traditionellen Behausungen der Aymara üblich ist. Das schafft in den kalten Nächten des Hochlandes ein prächtiges Raumklima. In meinem Zimmer stelle ich übrigens erstaunt fest, dass es Steckdosen gibt. Prima Strom für Handy und Laptop. Strommasten habe ich jedoch nicht gesehen.

Am späten Nachmittag laufe ich ein Stück den Berg hinauf. Von oben lüftet sich schließlich das Geheimnis des Stroms: Solarzellen auf dem Haupthaus der Lodge. Anders als damals gibt es heute zudem mehrere kleine Hostals auf der Insel. Auch sie haben Solarzellen auf dem Dach oder im Garten. Oben angekommen, warten dort bereits ein paar Besucher auf den Sonnenuntergang. Von hier aus sieht man den See in allen Himmelsrichtungen im späten Licht der Sonne glühen. Ein Esel schreit in der Ferne, ein Hund bellt. Ansonsten Stille und eine ganz besondere Magie.

Wieder einmal stelle ich fest, dass der Titicacasee für mich ein Ort ist, an dem ich sofort Energie tanken kann. Die Aymara haben vor Jahrtausenden einen Tempel auf dieser Insel errichtet und glaubten, dass die Menschheitsgeschichte hier begonnen hätte. Auch die später kommenden Inka hielten die Sonneninsel für das Zentrum der Welt. Nach ihrer Mythologie hat der Sonnengott Inti seinen Sohn Manco Cápac und seine Tochter Mama Ocllo auf einen Felsen der Insel zur Erde herabgelassen, damit sie den Menschen Zivilisation und Weisheit bringen. Die Aymara glauben zudem, dass die Quinoa, dieses eiweißreiche Getreide, das inzwischen bei uns als Brainfood in den Regalen steht, ihren

Ursprung auf der Insel hat. Anders ausgedrückt: Alles Gute ist auf der Sonneninsel entstanden. Das will ich gerne glauben und lasse den Zauber des nunmehr rot leuchtenden Sees auf mich wirken.

Das elektrische Licht bleibt heute Abend aus. Ich brauche keinen Strom und zünde stattdessen meine Kerze an, die ich immer dabeihabe.

Reisemüde in Peru

Von Bolivien aus waren Christian und ich nach Südchile gefahren und dann die ganze Küste wieder hinauf nach Peru. Hier haben wir zum ersten Mal auf der gesamten Reise so etwas wie Massentourismus kennengelernt. Cusco und Machu Picchu, auch »Gringolandia« genannt, waren so überlaufen, dass wir nur schnell die Highlights abgeklappert haben und mit Bussen weiter gen Norden Richtung Huaraz und nach Tumbes gefahren sind. In Peru machte sich auch zum ersten Mal Trägheit breit.

Auszug aus meinem Reisetagebuch 7. 4. 1981:
Seitdem wir in Peru sind, macht sich ab und zu Reisemüdigkeit bemerkbar, die aber ebenso plötzlich wieder verschwindet. Irgendwann wird die ganze Reiserei einfach zum Alltag, wie alles sich ewig Wiederholende. Transport, Ankommen, Hotelsuche, Wäschewaschen, Abreisen. Und wieder von vorn. Vielleicht fällt es hier in Peru besonders auf, weil die andere Seite, das Neue, das Abenteuerliche fehlt. Wären wir zuerst in Peru gereist und dann in Bolivien, wäre es sicher anders gewesen. Aber so ist Peru für uns ein bisschen vorbelastet durch die ganzen Touristen hier. Dauernd wird man übers Ohr gehauen. Und am Ende wird man hier geradezu in die Rolle des Gringos gedrängt, wird tatsächlich geizig wie ein Gringo.

Wobei es manchmal schon fast charmant war, mit wie viel kreativer Energie Peruaner uns das Geld aus der Tasche ziehen wollten. Zum Beispiel auf dem Weg von Puno nach Cusco. Der Zug fuhr morgens in Puno ab und kam abends gegen zehn Uhr an. Er war voller Gringos. Kurz vor dem Ziel, es war bereits Nacht, machte er auf offener Strecke halt. Plötzlich kein monotones *Ratatang, Ratatang* mehr. Sondern Totenstille. Was war los? Blick aus dem Fenster: dunkle, klare Nacht mit Millionen von Sternen am Himmel. Schön, aber arschkalt. Berge eben. Kleine Atemwölkchen am offenen Fenster.

Ein Gerücht machte die Runde: Der Zug sei defekt. Wir würden wohl die Nacht hier verbringen müssen. Oh nein, ohne Decken und heiße Getränke? Plötzlich kam wie von Zauberhand ein Mann durch die Waggons gelaufen mit einem Berg Ponchos. »Ponchos zu verkaufen«, rief er fröhlich, »schöne warme Ponchos zu verkaufen.« Und: »Beste Alpakaqualität, greifen Sie zu!« Es war natürlich kein Alpaka, sondern kratziges Lama, aber angesichts der kalten Nacht waren die Fahrgäste wenig geneigt, anspruchsvoll zu sein. Die Ponchos gingen weg wie warme Semmeln, und nach drei Waggons war alles ausverkauft. Der Mann kam zufrieden lächelnd von seiner Runde zurück, zählte die Scheine und stieg kurze Zeit später aus. Ein gellender Pfiff war zu hören, und schnaufend setzte sich die Lok wieder in Bewegung. Wahrscheinlich war der Lokführer ein Onkel, oder er bekam Verkaufsprovision.

Das fand ich noch lustig, aber oft wurden wir plump betrogen, und das wiederum war – bei allem Verständnis für die Situation der Menschen – frustrierend und anstrengend. Dieses Grundvertrauen und das gute Verhältnis, das wir in Brasilien, Bolivien und Chile zu den Einheimischen hatten, kamen uns in Peru zeitweise abhanden, und das trug wahrscheinlich zu einer gewissen Reiseunlust bei. Und plötzlich kam so etwas wie Heimweh auf.

Auszug aus meinem Reisetagebuch 13. 4. 1981:
Post aus La Paz und aus Frankreich bekommen. Ich habe mich unheimlich darüber gefreut, erinnert es mich doch daran, dass daheim

in Frankreich wirklich gute Freunde auf mich warten. Was bindet mich denn noch an Deutschland? Eigentlich nur das Elternhaus. Aber ein Besuch ab und zu würde mir völlig reichen. Habe ohnehin keine Lust, nach Europa zurückzugehen. Der Idealfall wäre, für zwei Monate nach Deutschland und Frankreich zu reisen, um meine Lieben wiederzusehen, und dann ab in den Flieger und wieder nach Südamerika. Oder einfach alle Freunde in einen großen Koffer packen und sich ein schönes Plätzchen in Nordbrasilien oder Südchile suchen, Koffer auspacken und dort ein ruhiges, gesundes und einfaches Leben führen. Etwas Kreatives machen, mit meinen Händen und Sinnen. Ja, das wäre klasse.

17. 4. 1981:
Tumbes, ein totes Nest.

18. 4. 1981:
Mit Bier die Langeweile bekämpft.

19. 4. 1981:
Reisemüdigkeit macht sich breit und breiter.

20. 4. 1981:
Fahren weiter zur Grenze und nach Guayaquil, wollen versuchen, auf die Galapagosinseln zu kommen.

Galapagos – so schön, so teuer, so unerreichbar

Mit den Galapagosinseln wollten wir unserer Reisemüdigkeit ein Schnippchen schlagen. Blaufußtölpel und Riesenleguane würden uns schon aufmuntern. Und die Mission stellte uns vor neue Herausforderungen: Unser Budget war inzwischen ziemlich geschrumpft. Außerdem hatten wir gehört, dass man nur mit geführten, sehr teuren Touren nach Galapagos kam. Tatsächlich sollte die billigste Reise mit Economic Galapagos Tours 650 Dollar kosten, inklusive Flug und einer Woche auf einem umgebauten ehemaligen Fischerkahn. Aus heutiger Sicht ein nicht zu toppendes Schnäppchen. Aber zu jener Zeit für uns ein astronomischer Preis.

Es kursierte damals das Gerücht, man könne mit Militärmaschinen preiswert auf die Inseln reisen. Dem wollten wir nachgehen. Erste Anlaufstelle: Verteidigungsministerium in Guayaquil. Dort verneinte man zunächst diese ungewöhnliche Reisemöglichkeit. Wir wurden von einem Büro ins nächste geschickt. Aber ich ließ nicht locker. Und dann rückte schließlich ein Militär mit vielen Abzeichen an der Brust mit der Sprache heraus und notierte uns eine Adresse: Fuerza Aérea Ecuatoriana, 2nda Zona. Im Lauf der erfolglosen Gespräche hatte ich mir ein bisschen Militärsprache angeeignet und fragte deshalb in der Fuerza Aérea ganz professionell nach der Abteilung »Operationen«, um *cupos*, also Mitfluggelegenheiten, zu reservieren. Ja, diese Möglichkeiten gebe es (Juchhuuu!) für 15 Dollar pro Passagier (Yippieee!), aber leider nicht für uns, weil wir Gringos seien *(Bämm)*. Ich ließ meinen ganzen Charme spielen und erkannte mich selbst nicht wieder: Ich, die Militärhasserin, was tat ich hier bloß? Aber dann sah ich den lustigen Blaufußtölpel vorüberwatscheln und fing mich wieder. Der *comandante* war scheinbar durch nichts zu erweichen. Es sei total illegal, Touristen auf diesen Flügen mitzunehmen. Als bei mir nun auch noch Tränen der Enttäuschung flossen, griff er zu Papier und Stift und schrieb eine neue Adresse auf, wo man vielleicht (!!!), aber eher nicht (!!!), eine Sondergenehmigung erteilen könne. Es lief dann auf »eher nicht« hinaus.

Was wir noch versuchten: mit einem Cargoschiff der Transnave auf die Inseln zu kommen. Das Cargoschiff war allerdings kaputt und lag in der Werft. Zudem wurde der einzige noch intakte Frachter nach Galapagos soeben beladen und hatte mit acht Passagieren schon die zulässige Maximalzahl überschritten. Kosten pro Passage: 200 Dollar. Wir sollten aber nicht allzu traurig sein, hieß es, denn dieses Schiff sei dafür bekannt, dass es von einer Panne in die nächste manövriere, und es könne sich nur noch um eine Frage der Zeit handeln, bis es havariere. Na toll!

Dann war da noch das Schiff der Fuerza Especial Naval, der Streitkräfte. Es sollte in drei Wochen nach Galapagos auslaufen. Der Kapitän war sehr nett und zeigt uns die Kabinen, die Kombüse und den Speiseraum. Ein Blick in die Toiletten der ersten Klasse war besonders aufschlussreich. Hier wollte man nicht gerade freiwillig sein Geschäft erledigen. Wie sollte es dann erst in der zweiten Klasse sein? Die Überfahrt würde drei Tage hin und drei Tage zurück dauern. Fünf Tage schipperte man zwischen den Inseln hin und her und ging mit einem Führer an Land. Die Preise für diese (Tor-)Tour erfuhren wir am anderen Ende der Stadt: 330 Dollar in der zweiten Klasse und 550 in der ersten.

Da wir schon mal bei den Schiffen waren, erkundigten wir uns auch gleich nach einem Cargo Richtung Panama. Kolumbien wollten wir überspringen. War uns zu gefährlich. Bei Noboa, einer Exportfirma, fragten wir nach. Enttäuschung auch hier: In Panama wurde nicht angelegt – das sei zu teuer. Sie fuhren durch bis New York, wo sie die Städter mit Bananen aus Ecuador versorgten.

Am Ende erhielten wir einen Geheimtipp: Ein Reisebüro sollte mehr oder weniger illegal Flugtickets verkaufen. Als wir dorthin gingen, bekamen wir tatsächlich für sensationelle 120 Dollar ein Returnticket. Wir gerieten total aus dem Häuschen. Die Tickets waren bereits ausgestellt, und wir wollten soeben bezahlen, als sich ein Kollege einmischte. Er klärte uns auf: Der Tarif sei nur für Ecuadorianer. Wenn wir uns am Flughafen damit präsentierten, bekämen wir die Dokumente abgenommen und keine Preiserstattung. Er redete so lange auf uns ein, bis wir ihm glaubten. Richtung Galapagos, sagte er, gebe es für Ausländer definitiv keine billigen Tickets. Ich telefonierte noch einmal mit einem der Militärs, den ich auf der Suche nach Mitreisemöglichkeiten kennengelernt hatte, dem netten Coronel Corazon – Coronel Herz, wie ich ihn spaßeshalber nannte –, der mir das bestätigte. Gut, dann eben nicht.

Schließlich waren wir der Meinung, dass wir genug versucht hatten. Es gab nur noch zwei Möglichkeiten: Entweder wir gönnten uns jetzt den teuren Galapagosbesuch. Dann war unsere Reise danach zu Ende, und wir mussten nach Deutschland zurückfliegen. Oder wir verzichteten auf Galapagos und hatten noch ein paar Monate Spaß in Ecuador und Mittelamerika. Denn dort wollten wir auch noch hin. Die Entscheidung war schnell getroffen: *Lieber Blaufußtölpel, sei mir nicht böse, ich komme vielleicht ein andermal, wenn ich alt und reich bin.*

Inzwischen waren wir beide von den vielen Besuchen in klimatisierten Büros erkältet. Eine Erkältung ist ja nie schön, aber in feuchtheißem Klima bei 40 Grad Außentemperatur und in billigen Absteigen, wo nur ein ordentlicher Durchzug Linderung verspricht, ist sie besonders unangenehm. Vor allem Christian ging es schlecht. Seine sonst so gesunde Gesichtsfarbe sah aus wie vergilbtes Plastik, mit den dunklen Ringen um die Augen erinnerte er an ein Brillenäffchen. Er klagte über Schmerzen in der Brust. Aber störrisch wie ein Esel weigerte er sich, zum Arzt zu gehen. Als wir nachmittags über die Uferpromenade von Guayaquil schlenderten, konnte er sich kaum noch auf den Beinen halten und musste wie ein Opa, alle 50 Meter nach Luft ringend, pausieren. Die Schmerzen kamen anfallartig und wurden so beunruhigend, dass ich ihn mir gegen alle Proteste schnappte und in einem Taxi ins Krankenhaus fuhr. Der Arzt stellte eine Rippenfellentzündung und Bronchitis fest, verschrieb ein starkes Antibiotikum und verordnete Ruhe.

Ruhe war unter Reisenden ein relativer Begriff. Für uns hieß das: Wir nahmen einen ruhigen Bus, um aus der ungesunden

Hitze herauszukommen, und fuhren nach Baños, damals noch ein kleines, sehr schönes Thermalbad in den Bergen von Ecuador, am Fuße des Vulkans Tungurahua. 1800 Höhenmeter, 25 Grad Durchschnittstemperatur, schwefelhaltiges Thermalwasser – genau das Richtige, um gesund zu werden. Jetzt waren ausruhen, viel schlafen und gemäßigtes Spazierengehen angesagt. Eine kleine Auszeit, bevor es weiterging nach Mittelamerika.

Abhängen in Costa Rica

»Machen wir hier gerade eine Zugreise, oder sitzen wir auf dem Rücken einer Schildkröte?«, fragte Christian.

»Was den Härtegrad der Sitzgelegenheit angeht, würde ich eindeutig sagen: Schildkröte. Was das Tempo angeht: eher Schnecke.«

Christian saß auf dem Trittbrett, ich auf einer der Plattformen aus Eisen, die vor und hinter jedem Waggon Raum für Frischluftfans bot. Wir waren erst vor zwei Tagen in Costa Rica angekommen, und diese Zugreise von San José nach Puerto Limón schien so etwas wie ein Wink mit dem Zaunpfahl zu sein: Costa Rica war der Inbegriff der Langsamkeit. Die Menschen waren seltsam entspannt, ohne dabei lethargisch zu wirken. Wenn irgendetwas nicht klappte oder anders lief als geplant, sagte der Tico (so nannten sich die Costa Ricaner selbst): »Pura vida.« Was so viel heißt wie: Mach dir nichts draus, so ist das Leben!

Je nach Situation konnte es auch heißen:

Das Leben ist schön.

Genieße das Leben!

Bitte, gern geschehen!

Alles klar, können wir so machen.

Rutsch mir den Buckel runter!

Ist mir doch egal!

Bis zum nächsten Mal.

War nett, dich kennenzulernen!

Gut, dass wir nicht miteinander verheiratet sind!

Der Zug hatte also fast so etwas wie Symbolcharakter. Er hätte durchaus einem Museum oder einer Spielzeugkiste entsprungen sein können. Die alten Holzwaggons wurden von einer Dampflok gezogen. Wir ratterten und pufften langsam vor uns hin, zunächst durch die Kaffeeplantagen in den Bergen. Männer mit Cowboy-hüten und Macheten ritten manchmal an der Bahnlinie entlang und hoben grüßend die Hand. Dann ging es durch dicht bewachsene grüne Schluchten, über Flüsse und Bäche hinweg, und überall wuchsen Blumen: an den Büschen und Bäumen, in den Gärten und auf den Feldern. Rote, blaue, gelbe und lila Blüten ließen die grüne Landschaft wie ein Kleid voller bunter Pünktchen aussehen. Dazwischen segelten blaue, handtellergroße Schmetterlinge umher. *Kein Wunder, dass die hier alle so entspannt sind*, dachte ich. *Man fühlt sich wie frisch ins Paradies gepurzelt.* Von unseren Tritt-brettplätzen aus war alles zum Greifen nah. Es duftete nach Blü-ten, Kräutern und Gewürzen. Sobald der Zug anhielt, krispelte und grummelte es um uns herum. Es war die Sprache der Insek-ten, Kolibris und Vögel, die ich nicht kannte.

Nach einer Weile wurde die tropische Vegetation immer dich-ter, wilde Bananenstauden und Bambuswäldchen prägten das Bild. Dann kamen Lichtungen, Palmenhaine und verstreute Dör-fer in Sicht. Da heute Sonntag war, baumelten die Menschen in ihren Hängematten auf der Veranda und winkten dem vorbeifah-renden Zug vergnügt zu. Kleine Pfahlbauten reihten sich ent-lang der Bahngleise, und wo immer wir eine Plattform aus Holz erblickten, befand sich ein »Bahnhof«, der gleichzeitig das Dorf-zentrum mit Lebensmittelgeschäft, Bar und Billardtisch beher-bergte. Wenn der Zug hielt, überbrachte der Schaffner Nachrich-ten aus der Stadt, verteilte Päckchen und Briefe. Auch während der Fahrt wechselte er ein ums andere Mal ein paar Worte mit Bekannten, die von den Gleisen aus grüßten und uns »*Pura vida!*« zuriefen.

Nach etwa sechs Stunden entspannter Bahnfahrt erreichten wir das Meer und fuhren eine weitere Stunde immer an der Küste entlang. Ich saß wie festgeklebt auf dem Trittbrett und konnte mich nicht sattsehen. Ein etwa fünf Meter breiter Palmenhain trennte die Bahnlinie von einem strahlend weißen Sandstrand, dahinter endlos und einladend das blaue Karibische Meer. Was für ein unermessliches Glück, die Erde in all ihrer Schönheit erfahren zu dürfen. Mein Herz weitete sich vor Dankbarkeit.

Wir blieben über Nacht in Puerto Limón und fuhren am nächsten Morgen über eine Schotterstraße nach Cahuita, einem winzigen Fischerdorf am Meer. Aus der Dorfkneipe, die gleichzeitig Lebensmittelgeschäft war, dröhnte Reggaemusik. Fast schien es, als kämen wir am Ende der Reise wieder da an, wo wir begonnen hatten: Ähnlich wie in Cayenne waren die Menschen der Karibikküste dunkelhäutig, die Vegetation war tropisch und das Klima feucht-heiß. Galt Französisch-Guayana als französisches Departement, so wurde Costa Rica als die »Schweiz von Lateinamerika« bezeichnet. In Costa Rica gab es keine Wehrmacht, dafür aber Bildung und ein funktionierendes Gesundheitssystem. Es zählte zu den stabilsten und sichersten Ländern in der Region. Das entspannteste war es allemal.

Unsere Rucksäcke in der Bar zurücklassend, gingen wir also auf die Suche nach einer Unterkunft. Hotels gab es hier keine, aber nach einiger Herumfragerei verwies man uns an einen Fischer, der ein zweites Häuschen direkt am Strand besaß und es uns gerne vermieten wollte. Es lag in einem wilden Garten mit Zitronenbäumen und bestand aus einem Raum mit Bett und einer Toilette. Im Garten eine Feuerstelle zum Kochen. Zwanzig Meter entfernt der Strand und das Karibische Meer. Wer brauchte da noch eine Dusche?

Wir verbrachten die Tage wie in einem leichtfüßigen Traum. Ab und zu kam ein Dorfbewohner des Wegs, neugierig, uns kennenzulernen. Auf dem Feuer blubberte der frisch aufgegossene Kaffee, also luden wir zu einer Tasse ein. Ein anderes Mal besuchte uns jemand mit einer Kokosnuss, die wir gemeinsam tranken. Beto, der Fischer, schaute jeden Morgen mit seinem Esel vorbei und brachte uns frischen Fisch oder Langusten, manchmal auch Hummer. Er freute sich über die neuen Kunden. Auch wenn der Preis für uns sehr niedrig war, zahlten wir als »Außerirdische« natürlich immer noch mehr als die Einheimischen – und fanden das völlig in Ordnung. Aus Treibgut, das wir am Strand gefunden hatten, zimmerte Christian einen Tisch und vier Hocker für den Garten.

Einfach loslassen und nichts tun

Wir blieben lange in Cahuita. Eine Woche verging, es wurden zwei, drei, vier. Wir blieben. Es war einfach zu schön, um wieder abzureisen. Und meine preußische Seele lernte zum ersten Mal, loszulassen und nichts zu tun. Keinen Plan zu haben, kein Abenteuer zu bestehen, keine Herausforderung anzunehmen. Einfach nur zu sein.

Ein Tag verging wie der andere. Morgens sammelten wir zwischen den Palmen Kleinholz zum Feuermachen. Anschließend gingen wir über den Pfad, der unsere Unterkunft vom Strand trennte, zum Baden. Das Wasser war kristallklar, türkisblau und gut 27 Grad warm. Wir tollten ein bisschen darin herum, bis wir Hunger hatten. Dann gab es Kaffee mit Eiern unter dem Zitronenbaum. Dort blieben wir im Schatten, redeten, spielten, schrieben oder taten einfach nichts. Besuch kam und ging. Am Nachmittag grillten wir Fisch oder Garnelen auf dem Feuer, und abends tranken wir Rum-Cola in der einzigen Bar im Ort.

Dort trafen wir Alberto. Er musste schon älter sein, denn er hatte weißes Haar. Aber sein schwarzer, gestählter Körper hätte auch der eines Zwanzigjährigen sein können. Alberto war Fischer und lud uns ein, mit ihm aufs Meer zu fahren. Er erklärte uns den Weg zu seiner Hütte, wo er uns am nächsten Morgen erwartete. Wir standen also früh auf und machten uns auf den Weg zur Playa Blanca, etwa dreißig Minuten zu Fuß entfernt. Die Bucht lag mit ihrem weißen Sand traumhaft schön im Morgendunst. Der Urwald reichte hier bis zum Strand. Mal gingen wir am Wasser entlang, mal führte ein schmaler Trampelpfad mitten durch die pralle Vegetation. Bromelien wuchsen am Boden wie Unkraut, einige hatten es den Orchideen gleichgetan: Wurzellos krallten sie sich an umliegende Äste. Allerlei Getier, vor allem Eidechsen und Schlangen, flüchtete vor unserem Schritt. Ein grüner Leguan, gut einen halben Meter groß, kreuzte unseren Weg. In einem Baum hing eine wunderschöne kleine quietschgelbe Schlange. »Die Schönen sind schön giftig«, hatte Alberto uns gewarnt. »Also immer schön Augen auf und ausweichen.« In den Baumkronen machten Brüllaffen ihrem Namen alle Ehre. Ab und an flogen Früchte und Nüsse durch die Gegend. »Die wollen nur spielen«, meinte Christian. Ein paar Schritte weiter sahen wir Kapuzineräffchen, die uns neugierig beobachteten. Auf den Zweigen saßen Aras. Bunte Papageienvögel und Tukane reckten ihre gelben Schnäbel keck aus dem Laub. Ein Faultier hing an einem Ast und blinzelte, als wir vorbeigingen. Ein blauer Morphofalter setzte sich auf meine Hand. Wäre es nicht so kitschig gewesen, hätte ich behauptet, wir seien im Paradies.

Das gesamte Gebiet war drei Jahre zuvor, also 1978, zum Nationalpark erklärt worden, hatte uns Alberto erzählt. Das Wasser glitzerte transparent, und in der Ferne sah man die Korallenriffe farbig schimmern. Nach etwa einer Stunde hatten wir die Bucht umrundet und fanden Albertos Hütte am Ende des Strands.

»Ihr seid spät dran, Leute«, begrüßte er uns lachend.

»Sieben Uhr morgens ist echt früh für uns«, gab ich zurück.
»Tut uns leid, wenn du warten musstest!«

Der Fischer machte sein Boot fertig und entgegnete lachend und ganz der Tico: »*Pura vida.*« Doch er hatte recht: Wir fingen nichts. Es war zu spät.

Alberto war trotzdem kein bisschen böse auf uns. Er manövrierte sein Boot Richtung Korallenriff, warf uns zwei Schnorchelmasken zu und lud uns ein, schwimmen zu gehen. Es war das erste Mal, dass ich in die Unterwasserwelt eintauchte. Hatte ich mich doch vorher nie richtig getraut, weil ich es dort unten unheimlich fand. Aber hier sah alles so hell und einladend aus: Mir begegneten rote, grüne und blaue Fische. Dunkelblaue Seeigel mit 15 Zentimeter langen, glänzenden Stacheln hätten mich normalerweise in Panik versetzt, doch jetzt fand ich sie einfach nur wunderschön.

Während ich zwischen Korallenformationen umherschnorchelte, die mal aussahen wie zarter Farn, mal wie massive rote Felsen in Pilzform, fühlte ich mich wie in einem Unterwasserwald und als wäre ich eine von ihnen, jenen Lebewesen, die mir normalerweise so große Furcht einflößten. Es war so still und friedlich hier unten. Ich hätte stundenlang weiterschweben können.

Zurück an Land, lud uns Alberto ein, mit in seine Hütte zu kommen: ein Raum, zwei Hängematten, zwei Plüschsessel, ein Tisch und Fotos von nackten Frauen an der Wand. Er wollte Kokosöl herstellen, und wir sollten ihm dabei helfen. Mithilfe seiner Machete öffnete er gekonnt sechs Kokosnüsse und löste das Fleisch aus ihnen heraus. Wir bekamen die Aufgabe, es in eine große Schüssel zu reiben. Dann fügte er Wasser hinzu, ließ es etwas ziehen und presste die Masse aus. Übrig blieb nur die Milch, die anschließend drei Stunden lang kochen musste. Nachdem das Wasser endlich verdampft war, blieb das reine Öl zurück.

»Ziemlich viel Arbeit für so ein bisschen Öl, oder?«, fragte ich.

»Ja, aber dafür kostet es mich nichts. Und schau dir meinen Körper an!« Triumphierend und mit einem Leuchten in den Augen machte Alberto stolz eine Handbewegung vom Kopf bis zu den Füßen: »Kokosöl ist *pura vida*!«

Auf dem Rückweg zu unserer Hütte hatte ich einen Einfall, von dem ich noch nicht ahnte, dass er böse Konsequenzen nach sich ziehen würde: »Hey, komm, das machen wir auch! Wir pflücken uns ein paar Nüsse und machen zu Hause Kokosöl.«

Prima Idee, es hingen ja genug davon herum. Christian war dabei. Und wenn es den Körper formte, lohnte sich die Mühe allemal. Unten am Strand entdeckten wir eine Palme, die schräg über dem Wasser stand. *Da müsste doch auch ein ungeübtes Greenhorn hinaufkommen*, dachten wir.

»Ich klettere hinauf und werfe die Nüsse hinunter, du sammelst sie ein«, gab Christian Anweisung.

Ja, klar, der Mann ist der Jäger, die Frau sammelt auf. Mir sollte es recht sein. Christian, ganz der Macho, kletterte also wie ein Äffchen hinauf und verschwand in der Palmenkrone. Plötzlich ein gellender Schrei. Und noch einer.

»Christian, was ist los?«, rief ich erschrocken. Er war zwischen den Blättern nicht mehr zu sehen.

Noch ein Schrei. Die Palme geriet in Bewegung. Dann fiel etwas aus dem Baum. Jedoch keine Kokosnuss – sondern Christian. Wie angestochen sprang er aus dem Wasser hoch, schrie wie verrückt und tauchte gleich wieder unter.

Ich lief ins Wasser, um ihm zu helfen. Doch ich hatte keine Ahnung, was passiert war. War er verrückt geworden? Hatte ihn eine Schlange gebissen? »Was ist, was ist?«, schrie ich deshalb zurück.

Christian tauchte erneut auf und hielt sich die Hände an sein schmerzverzerrtes Gesicht. »Mich hat etwas gestochen«, brüllte er.

»Warte, nimm die Hände herunter, dann schau ich mal nach!«, versuchte ich ihn zu beruhigen. Aber oje, war das wirklich Christian, der Franzose?! Oder war das ein Alien? Christians Gesicht war total verzerrt, am linken Auge dick angeschwollen, die rechte Schläfe und die Oberlippe hatten sich grotesk aufgebläht. Eine weitere Schwellung befand sich am Kinn.

»Oh mein Gott, was war denn das?«, fragte ich entsetzt.

»Ich glaube, ein Wespennest«, antwortet Christian heulend.

In diesem Moment hatte ich wirklich Angst. So viele Stiche, und das auch noch im Gesicht! Man konnte dabei zusehen, wie es immer weiter anschwoll. »Komm mit«, sagte ich und führte ihn an den Strand, wo er sich erst mal setzte. Zwei oder drei Stiche konnte ich auf die Schnelle identifizieren. Ich saugte daran und spucke das Gift aus. Mein Vater hatte das immer gemacht, wenn ich als Kind von einer Wespe gestochen worden war.

»Igitt, was tust du da?«, schrie Christian. »Das tut verdammt weh!«

Ich rannte in wildem Aktionismus zurück ins Wasser und hielt Ausschau, ob ich eines der Viecher vielleicht fand. Und tatsächlich: Da war eines – etwa so groß wie der kleine Finger meiner Hand, dunkelschwarz und zappelnd. Offenbar nicht für das Wasser gemacht. Vielleicht eine Hornisse. Oder eine tropische Wespe. Ich hatte keine Ahnung.

Nachdem ich kurz gewartet hatte, bis es sich nicht mehr bewegte, fing ich es mit meinem Hut auf und rannte damit los. Kurz vor der Palme waren wir an einer Hütte vorbeigekommen. *Hoffentlich ist jemand da*, dachte ich leicht panisch und rief schon von Weitem: »*Socorro*, Hilfe, ist da jemand?«

Ein alter Mann kam heraus: »*Qué pasó?* Was ist los?«

»Jemand wurde gestochen. Ich glaube, es waren diese Tiere hier. Sind die gefährlich?«

Der Mann inspizierte das Insekt: »Hmm, kommt darauf an. Wie viele Stiche sind es denn?«

»Ich weiß nicht genau, aber auf jeden Fall mehrere. Im Gesicht.«

Der Mann wog den Kopf hin und her. »Wurde ein Mann oder eine Frau gestochen?«

»Mann«, antwortete ich und wunderte mich, was die Genderfrage sollte.

»Kräftiger Mann? Wenn es weniger als zehn Stiche sind, ist es nicht tödlich.«

Nicht tödlich?! Das beruhigte mich kaum. »Was sollen wir jetzt machen?«, wollte ich wissen. »Zum Arzt gehen?«

»Dauert zu lange«, sagte der Mann. »Der nächste Arzt ist in Puerto Limón.«

»Ja, also was dann? Was tun?«

»Abwarten«, erwiderte der Mann.

Mir fiel meine Oma ein. Sie hätte jetzt gesagt: »Hoffen und beten.« Meine Oma hatte immerhin zwei Kriege überlebt, also schien das ein Erfolg versprechendes Rezept zu sein. Aber ich war ein Nachkriegskind. Nachkriegskinder hofften nicht, sie handelten. »Kühlen?«, fragte ich deshalb weiter.

»Ja, Kühlen ist großartig.« Der Mann lachte und klatschte in die Hände.

Findet er das etwa lustig?, dachte ich empört.

»Kühlen ist super, aber wo willst du denn das Eis herbekommen?«

Verdammt. Stimmt. Woher Eis nehmen? Es gab nur eine Person weit und breit, die Eis hatte, und das war Mama Africa aus dem Lebensmittelgeschäft, in dem wir abends unsere Rum-Cola getrunken hatten.

»Okay, danke vielmals«, rief ich dem Mann im Weglaufen zu.

»*Pura vida*«, rief er zurück.

Christian saß im Schatten eines Baums und hielt sich den verformten Schädel. Das Gesicht war kaum noch auszumachen. Ich zählte die Stiche und kam auf sieben. »Sieben Wespenstiche. Nicht tödlich«, lautete meine frohe Botschaft. Christian wirkte

wenig erleichtert. Er hatte Schmerzen und litt offenbar Höllen-
qualen. »Kannst du laufen?«, fragte ich.

»Mir ist schwindelig. Und es tut so weh.«

Ich wünschte mir in diesem Moment ehrlich, ich hätte ihm ein
paar Stiche abnehmen können. Erstens war es meine Idee gewesen, das mit dem Pflücken, und zweitens ist Mitleiden manchmal
genauso schlimm wie Leiden. »Okay, hör zu. Du bleibst hier im
Schatten sitzen. Ich besorge Medizin und Eis zum Kühlen.«

»Eis zum Kühlen?«, Christian schaute mich aus den zwei Schlit-
zen zwischen geschwollener Stirn und runden Wangen verständnislos an. »Wo willst du denn bei der Hitze Eis zum Kühlen her-
nehmen?«

Männer! Null Fantasie.

Ich raste zu Mama Africa und fiel mit der Tür ins Haus: »Ich
brauche Eis, eine Kühltasche und Aspirin. Schnell! Notfall!«

»Schnell« ist eigentlich ein Unwort in Costa Rica, aber diesmal
pfiff ich auf die guten Sitten. Und Mama Africa schien zu verstehen. Sie holte einen Eisblock aus der Kühltruhe und drosch mit
der Spitzhacke darauf ein. Dann packte sie alles in eine Kühltasche und zählte zehn Aspirin ab. Ich nahm noch zwei Liter Wasser mit, bedankte mich mit einem »*Pura vida*« und raste, so gut
es mit den Gewichten ging, zurück zu Christian.

Der lag inzwischen scheinbar tot unterm Baum. *Was mache ich
nur, wenn er ohnmächtig ist?*, schoss es mir als Erstes durch den
Kopf. »Hoffen und beten«, flüsterte mir meine Großmutter zu.
Ich bückte mich zu ihm hinunter und hielt mein Gesicht an seine
Nase. *Atmet er?*

»Was machst du da?«, kreischte Christian und fuhr wie von der
Tarantel gestochen hoch.

»Sorry, ich wollte dich nicht erschrecken! Hier, nimm eine Aspirin gegen die Schmerzen. Und da hast du Eis.«

Wir blieben einfach im Schatten des Baums sitzen, kühlten
Christians Gesicht, und hin und wieder warf er eine Aspirin ein.

Glücklicherweise ging es ihm bald besser, und schließlich kam er auch dazu, meinen heldenhaften Einsatz zu würdigen.

»*Pura vida*«, entgegnete ich grinsend. »Und das mit dem Kokosöl lassen wir mal lieber, Robinson. Du bist auch so schön«, zwinkerte ich ihm erleichtert zu.

Verdammt, der Strand ist weg!

Ich bin zurück. Für eine Organisation der Entwicklungszusammenarbeit soll ich eine Broschüre erstellen, ausgerechnet über den Cahuita-Nationalpark, in dem ich damals die schönste Strandzeit meines Reiselebens genossen habe. Ja, das kann ich im Rückblick mit Bestimmtheit sagen: die schönste Strandzeit meines Lebens. Jetzt stehe ich an ebendiesem Strand und kann es nicht fassen: Wo ist er hin? Geblieben ist lediglich ein kläglicher Rest, ein schmaler Streifen. Hat die Brandung ihn weggespült, oder ist meine Erinnerung einfach verklärt?

Ich mache mich auf die Suche nach dem Häuschen von damals. Aber alles hat sich so sehr verändert, dass ich nichts, rein gar nichts wiedererkenne. Es ist, als handelte es sich um einen völlig anderen Ort. Wo früher eine einzelne Straße verlief, hat Cahuita nun ein ganzes Straßennetz, zwar nach wie vor nicht asphaltiert, aber dafür umso belebter. Pensionen, Hostels, Hotels, Restaurants und Bars reihen sich aneinander. Dazwischen Schnorchelverleihe und Souvenirläden. Sie hat trotzdem Charme, diese karibische Kleinstadt, aber sie ist eben nicht mehr das Dorf von früher.

Ich laufe kilometerweit den parallel zum Strand verlaufenden Weg entlang. Hier irgendwo muss es gewesen sein. Wir waren damals außerhalb des Orts, doch jetzt nimmt die Besiedlung kein Ende. Der Strand ist auch hier nur ganz schmal. Ich sehe einige verlassene Häuser, die mit den Füßen schon in der Brandung stehen. Und noch etwas ist anders: Damals war die See spiegelglatt, wir konnten den Fischen beim Schwimmen zusehen, ohne uns selbst nass zu machen. Und jetzt: Eine kräftige Brandung lässt die Wellen heranrollen. Das Wasser ist aufgewühlt. Dabei haben wir die gleiche Jahreszeit, sogar den gleichen Monat wie damals.

Ich spreche einen Fischer an, Juan Francisco Saballo, sechzig Jahre alt, kurzes graues Haar, das unter der Baseballkappe hervorlugt, blitzende Goldkronen, wenn er lacht. Ob er Alberto den Fischer kenne, frage ich.

»Alberto? Nein. Ist er von hier?«

»Ja, er wohnte am Ende der Playa Blanca in einer Hütte.«

Jetzt erinnert sich Juan: »Na klar, aber der ist längst tot. Der würde jetzt um die neunzig sein.«

Stimmt. Ich habe wohl ganz vergessen, dass ich inzwischen auch dreißig Jahre älter geworden bin. »Ach, schade«, antworte ich. Ich hätte ihn so gern wiedergesehen.

»Er hat am Ende nicht mehr hier gewohnt«, erzählt Juan. »Er ist nach Puerto Limón gezogen. Wie viele von uns. Ich werde demnächst auch fortgehen.«

Juan zeigt mir sein Haus. Ein handgemaltes Schild hängt daran: »Zu verkaufen.«

Der Klimawandel ist angekommen

»Wenn wir früher mit unseren Booten hinausgefahren sind und unsere Netze ausgeworfen haben, kamen wir nach ein bis zwei Stunden zurück und hatten rund 50 Kilo Fisch gefangen. Davon konnte ich meine Familie ernähren und dieses Haus hier kaufen«, sagt Juan.

Einst sein ganzer Stolz, ist das Haus inzwischen baufällig. Das Dach müsste dringend repariert werden, immer wieder regnet es herein. Aber er hat kein Geld. Würde er heute noch vom Fischfang abhängig sein, wäre seine Familie längst verhungert. Das Wasser ist vielen Meeresbewohnern zu warm geworden, die Brandung zu stark. Die schützenden Korallenriffe haben sich dem Angriff des Klimawandels ergeben. Die Fische sind nach Norden weitergezogen. Und die Erträge, die Don Saballo aus seinem kleinen Geschäft mit den Touristen bezieht, reichen nicht aus, um sein Haus in Schuss zu halten. Deshalb wird auch er bald den Fischen in das weiter nördlich gelegene Puerto Limón folgen.

Sein Sohn José aber bleibt. Er ist 38 Jahre alt und Mitarbeiter des Nationalparks. Sein Arbeitsplatz umfasst rund 1102 Hektar Landfläche und 23 290 Hektar Meeresfläche. Es sei der schönste Arbeitsplatz der Welt, sagt er mit strahlenden Augen. Komisch, immer wenn ich mit Leuten rede, die in einem Nationalpark arbeiten, höre ich genau diesen Satz. Zu Josés Arbeitsplatz zählen unterschiedliche Ökosysteme: Korallenriffe, Sandstrände, Wälder, Flüsse und Mangroven. Im Lauf der Zeit hätten sich hier zahlreiche Arten entwickelt, erklärt er mir. An den Sandstränden brüten Leder- und Grüne Meeresschildkröten, und im Wurzelwerk der Mangroven finden Fische und Krustentiere Schutz. Auch die Korallen und marinen Weideflächen bieten vielen Arten wie Seeigeln, Schwämmen, Fischen und Meeresschildkröten Nahrung und einen Rückzugsort. Insgesamt beherbergt der Lebensraum an Land 21 verschiedene Reptilien, 17 amphibische Arten, zwei Affen- und vier Wildkatzenarten.

An der Playa Blanca, gleich am Ortsausgang, da, wo ich damals den Fischer Alberto kennengelernt habe, ist Baden und Schnorcheln erlaubt. Zudem führt ein Besucherpfad parallel zur Küste durch den Wald. José nimmt mich mit. Diesmal also mit Führung. Es stellt sich allerdings heraus, dass der Weg nicht mehr der gleiche ist wie damals.

Kapuzineräffchen und Mantelbrüllaffen beobachten die Besucher aus den Baumkronen heraus und werfen wohl nach wie vor gerne mit Früchten und Nüssen nach ihnen. In den Bäumen am Wegesrand stoßen wir immer wieder auf die wunderschönen gelben Schlangen.

»Ha, die habe ich damals auch gesehen«, rufe ich begeistert aus. »Sind die nun giftig oder nicht?«, möchte ich wissen.

»Kommt darauf an«, antwortet José geheimnisvoll. Ob es sich dabei um die Oropel, eine gefährliche Giftschlange, oder um ihre harmlose Nachahmerin, die Lora Falsa, handelt, vermöge nur das geübte Auge zu unterscheiden, klärt er mich auf.

»Schau das alte Parkwächterhäuschen«, fordert José mich auf und weist auf eine Ruine, die etwa zehn Meter vom Strand entfernt aus dem Wasser ragt. »Noch vor wenigen Jahren befand es sich außerhalb des Wassers. Vom höchsten Wasserstand bei Flut bis zum Besucherpfad waren es etwa 30 Meter Abstand. Heute kommt die Flut bis zum Weg. Wir werden einen neuen anlegen müssen.«

Während wir weiterlaufen, treffen wir immer wieder auf angeschwemmte tote Korallen und stapeln sie an Sammelpunkten. Bis zu zwei Meter hohe weiße Hügel ragen dort wie Mahnmale auf. »Das liegt nicht an den Touristen«, sagt José, »das ist der Klimawandel. Manche Korallen befinden sich nur noch 80 Zentimeter unter dem Wasser. Das schwere Erdbeben von 2012 hat die Riffe angehoben. Die Wassertemperatur ist seitdem empfindlich gestiegen. Den Korallen wird es zu warm. Auch die Strömung hat sich verändert, und die Gezeiten sind ausgeprägter. Also brechen sie schneller ab.«

In den letzten 20 Jahren sind etwa 40 Prozent der lebenden Korallen unwiderruflich gestorben, das Korallenwachstum ist innerhalb von 100 Jahren um 50 Prozent gesunken. Der Verlust von Vielfalt ist deutlich zu spüren. Die Arten, die heute noch im Riff leben, sind jene, die sich am besten an die veränderten Bedingungen anpassen konnten. Das Korallensterben bedroht nicht nur die Meeresbewohner: Immer ungehinderter treffen die Wellen auf die Küste. Sie schwemmen den Strand fort und reißen Bäume mit sich. Erosion und Sedimentierung gehören zu den Hauptproblemen von Cahuita.

Trotzdem: *Pura vida*

»Wie traurig«, sage ich. Aber José ist Tico, und Ticos sind Optimisten. Man wisse inzwischen um die Verwundbarkeit der Natur. Rückgängig lasse sich das nicht mehr machen, aber der Mensch müsse dafür sorgen, dass die Natur nicht noch weiter gestresst werde. In Costa Rica arbeite man daran. Bis 2020 wolle das Land klimaneutral sein. Der Cahuita-Nationalpark ist um seinen blauen Teil erweitert worden. Heute stehen 242 Hektar Meer unter Schutz, um die 35 noch intakten Korallenarten zu erhalten. Auch an Land sei die Pufferzone erheblich erweitert worden. All das lasse hoffen, sagt José. Man könne die Zeit zwar nicht zurückdrehen, aber dafür sorgen, mit den Folgen umzugehen. »Anpassung an den Klimawandel« heiße das.

Josés Optimismus baut mich wieder auf. *Natürlich*, denke ich, *bei mir sind die Zeichen der Zeit auch nicht rückgängig zu machen.* Ich könnte mich zwar liften lassen und sähe dann ein paar Jahre jünger aus. Aber im Endeffekt wäre dadurch nichts gewonnen. Abgesehen davon, dass ich es wirklich pervers finde, ohne Not einen Chirurgen an mich heranzulassen. Selbst wer nur die Haut glätten lässt, wird dadurch kein Sekündchen jünger. Was zum Teufel soll auch so schlimm daran sein, älter zu werden? Das Geheimnis des würdevollen Alterns liegt vielmehr in der Anpassung.

Ich versuche, das soeben Gelernte auf meinen Körper zu beziehen. Wenn ich zusätzlichen Stress von mir fernhalte, mich gesund ernähre und ausreichend bewege, kann mein Körper sich besser an die neuen Bedingungen anpassen. Er wird schneller müde beim Laufen als vor dreißig Jahren? Na gut, dann mach ich eben öfter eine Pause. Die Knie tun weh nach dem Joggen? Walken ist doch auch schön. Make-up setzt sich in den Falten ab? Wer braucht schon Make-up, Olivenöl tut's auch. Die Arme sind nicht mehr lang genug, um die Speisekarte zu entziffern? Dann muss eben eine Lesebrille her. So funktioniert Anpassung an das Alter.

Ich streife noch einmal durch den Ort, der sich so sehr verändert hat. Eigentlich ist er immer noch schön. Mehr los, das ist sicher, aber es liegt wie damals ein Hauch von Laisser-faire, Cannabis und Reggae in der Luft. Lachende Menschen mit schönen Körpern schlendern in Badehose und mit Flipflops vorbei, am Straßenrand werden gegrillte Langusten angeboten. Ich gönne mir einen gepflegten Rum-Cola, in Erinnerung an die alten Zeiten und in freudiger Erwartung der neuen. *Pura vida*, wie eh und je!

Verkehrte Welt

»*Pura vida*« heißt es auch ein Jahr später für Nino, meinen Sohn. Eigentlich wollte er gleich nach dem Bachelor mit dem Master weitermachen, doch ich habe mit Engelszungen auf ihn eingeredet, dass er doch eine Pause einlegen und die Welt entdecken könne.

In meinen Augen gibt es einfach keine bessere »Lehranstalt« als das Unterwegssein. Was wir lernen, wenn wir auf Reisen sind, ist unbezahlbar und wird an keiner Universität vermittelt: Wir erfahren, was es heißt, als Fremder in einer anderen Kultur zu sein; wie es ist, die Perspektive zu wechseln; warum es gut ist, um Hilfe zu bitten; wie viel leichter und reicher das Leben ist, wenn man auf Leute zugeht, wenn man sich ihnen öffnet und auf sie einlässt. Wir lernen, Niederlagen zu akzeptieren, mit Unerwartetem umzugehen, Geduld zu haben, Dinge zu akzeptieren, die wir nicht ändern können. Wir werden flexibler, selbstsicherer und mutiger. Und wir begegnen Landschaften, die uns berühren, unsere Seele zum Klingen bringen. Kurzum: Es wäre schade, solche Erfahrungen zu missen.

Natürlich reisen Jugendliche heute anders als vor über dreißig Jahren. Mit einem Ohr und einem Auge sind sie immer in Deutschland, bei ihren Freunden, ihrer Familie, ihrer Lieblingsserie. Sie wissen, wie ihr Fußballverein spielt, wer in welchem Klub auflegt. Und ihre Freunde machen es genauso. Es ist, als ob sie alle in der Welt umherschwirrten – die einen in Australien, die anderen in Südamerika und wieder andere in Asien –, doch über

WhatsApp, Facebook und Snapchat immer miteinander verbunden blieben, nie wirklich losließen. Dabei ist Reisen heute keinesfalls besser oder schlechter. Es ist einfach nur anders.

Nino entschied sich also, zunächst ein Praktikum in Costa Rica zu machen und dann ein paar Monate mit dem Rucksack durch Zentral- und Südamerika zu reisen. Ich war froh. Vorerst ...

Bin ich etwa eine Helikoptermama?

Um es mal vorwegzusagen: Ich bin normalerweise keine »Helikoptermutter«. Das sind die, die immer um und über ihren Kindern kreisen und sich in alles einmischen. Nein, so bin ich nicht. Aber als Nino mir eröffnete, dass er mit dem Rucksack durch Mexiko, Kolumbien und Venezuela reisen wolle, kam ich dem doch ziemlich nah.

Zu Weihnachten besuche ich ihn in San José, und wir machen ein paar Tage zusammen Urlaub, faulenzen an der Pazifikküste in Santa Teresa, fahren nach Cahuita, wo es leider ununterbrochen regnet, und dann zum Vulkan Arenal, der sein schönes Gesicht in den Wolken verhüllt.

Im Anschluss daran die Stunde der Wahrheit: Nino hat sein dreimonatiges Praktikum beendet und packt seinen Rucksack. Er will nach Mexiko. Ich schlucke. Muss es ausgerechnet Mexiko sein? Warum nicht Nicaragua? Nicaragua ist ein friedliches Land. Niemand wird dort entführt oder auf offener Straße erschossen, die Polizei ist freundlich. Es könnte höchstens mal ein Erdbeben geben. Aber nein: Mexiko. Da kann es Erdbeben geben und Entführungen. Oder man steht zufällig neben einem Drogendealer, der gerade von einem anderen Drogendealer erschossen wird.

Was macht also die Mutter, die keine Helikoptermutter sein will? Sie fragt bei mexikanischen Freunden nach und gibt deren gute Ratschläge an den Sohn weiter: Alles, was nördlich von Mexico-Stadt liegt, sei potenziell gefährlich. Außerdem bittet sie ihren Sohn, immer per WhatsApp Bescheid zu geben, wenn er seinen Standort wechselt. Zum Beispiel so: »Fahre morgen weiter nach Oaxaca.« Denn sollte doch etwas passieren, weiß sie wenigstens, wo sie suchen muss.

So, und nun erst mal kurz durchatmen.

Wie war das eigentlich, als ich damals unterwegs war? Niemand wusste, wo ich mich gerade aufhielt. Wäre etwas passiert, wäre ich wohl einfach verschwunden. *Wie haben meine armen Eltern diese Ungewissheit ein Jahr lang ausgehalten?*, frage ich mich heute. Andere Gefahren als eklige Spinnen und Schlangen kamen ihnen wohl gar nicht in den Sinn. Oder sie haben es nie gesagt. Vielleicht sind sie auch einfach härter im Nehmen. Wer die halbe Kindheit in Bunkern verbringen und sich unter Bomben wegducken musste, wer statt Puppen und Spielzeugautos Verletzte und Tote sah, statt Versteck zu spielen Trümmer wegräumte und, statt Eis zu essen im Park, Kartoffeln und Kohle klauen musste, der hat wahrscheinlich ein ganz anderes Gefühl für Gefahren. Was sind da schon Bürgerkrieg oder korrupte Beamte in Südamerika? Von denen meine Eltern noch nicht einmal wussten, weil der Kontinent in der europäischen Berichterstattung der Achtzigerjahre praktisch nicht vorkam.

Anders als meine Eltern bin ich behütet aufgewachsen. Zudem weiß ich sehr wohl, was in Mexiko los ist. Eine Google-Suche, und ich habe tausend Gründe, um mich um das Wohl meines Kindes zu sorgen. Ich ertappe mich dabei, wie ich auf Facebook schaue, was er gerade macht. Hilfe, ich werde doch wohl nicht meinem Sohn nachspionieren?

Eines Tages skypen wir. Für die Älteren: Das ist diese wunderbare Möglichkeit, kostenlos über das Internet zu telefonieren und den Gesprächspartner dabei auf dem Bildschirm zu sehen, sofern die Internetverbindung stabil ist. Nino liegt mit seinem Laptop in einer Hängematte.

»Wie war die Party gestern?«, frage ich.

»Wie, Party, woher weißt du das denn schon wieder?«

Ups, jetzt habe ich mich verraten.

»Ähm ... ich habe gesehen, dass du dich für die Veranstaltung auf Facebook interessiert hast. Schlimm?«

»Nee, Quatsch.«

»Sicher? Ist dir das nicht unangenehm, wenn ich gucke, was du machst?«

»Nee, Mama, stört mich echt nicht. Es sei denn, du fängst an, mir Ratschläge zu geben, welche Veranstaltung ich besser nicht besuchen soll oder so.«

»Hahaha, nee, mach ich nicht. Ehrenwort! Trotzdem habe ich ein schlechtes Gewissen. Ich will nicht schnüffeln, aber ich vermisse dich. Und dann ist es schön, so ein Lebenszeichen zu haben.«

»Ich kann dir ja eine Dauernachricht einstellen: ›Hallo, ich lebe noch‹, ›Hallo, ich lebe noch‹, ›Hallo, ich lebe noch‹.«

»Wenn die automatisch kommt, macht das ja gar keinen Sinn.«

»Mama, das war ein Scherz!«

»Ach so.«

»Ja.«

»Also dann. Melde dich, wenn du weiterreist, ja?«

»Ja, klar, mache ich. Mir geht's gut, mach dir keine Sorgen.«

»Okay. Hab dich lieb.«

»Hab dich auch lieb.«

Ein anderes Mal, als er auf dem Weg nach Norden ist, schreiben wir uns per WhatsApp:

Ich: Auf keinen Fall nach Chihuahua. Wurden gestern wieder Leute erschossen.

Nino: Mama!

Ich: Da tobt ein Drogenkrieg.

Nino: In Frankfurt auch.

Ich: Och, Nino!

Nino: Mama!

Ich: Du kannst eine andere Route fahren.

Nino: Sehr geehrte Versicherung. Hiermit kündige ich das Sicherheitspaket Mexiko, da ich es nicht mehr brauche. Bin schon groß. Mit freundlichen Grüßen!

Ich: Seufz.

Nino: Hab dich lieb!

Ich: Hab dich auch lieb!

Ich musste einfach lernen, damit umzugehen. Loszulassen und dem Kind zuzutrauen, dass es auf sich selbst aufpassen kann. So wie wir damals. Ich durfte bloß nicht daran denken, in welche Situationen wir uns begeben hatten: zum Beispiel in Guatemala, wo Bürgerkrieg herrschte und wir gegen jeden Rat ein Bergdorf besuchten, das vom Militär belagert wurde. Oder in Peru, wo wir nach Huaraz in die Hochburg der Guerillabewegung Sendero Luminoso fuhren. Ich konnte nur hoffen, dass Nino vernünftiger war als wir. Eine schwere Schule. Wirklich schwer. Ich musste ihm zugestehen, seine eigenen Erfahrungen zu machen, auch im Umgang mit Gefahren.

Einmal sah ich auf Facebook ein Foto von ihm: Nino segelte jauchzend, an einem Paraglider hängend, durch die Lüfte, im Hintergrund die Anden. Aufgenommen in Kolumbien. Mir wurde schlecht. Ich dachte nur: *Es gibt garantiert keinen TÜV in Kolumbien. Und das Material dürfte auch nicht das neueste sein ...* Gut, dass ich das Foto erst hinterher sah. Ich habe zwar nichts gesagt, aber auch kein »Gefällt mir« geklickt.

Nach und nach lernte ich als Mutter dazu. Und ich war heilfroh, als Nino seinen Plan, nach Venezuela zu reisen, aufgab, weil dort die Unruhen gerade ihren Höhepunkt erreicht hatten. Wenigstens diese Zitterpartie blieb mir erspart. Seine Reise ging weiter nach Ecuador und Peru. Von dort aus flog er zurück nach Deutschland. Es war alles gut gegangen, nichts passiert – genau wie bei uns damals.

Vom Glück, seinen Traum zu leben

In Playa del Coco, einem anderen Traumstrand an der Pazifikküste Costa Ricas, lernten wir Leart kennen. Leart, Amerikaner
aus San Francisco, war 58 Jahre alt, hätte also locker mein Vater
sein können. Ich war damals fasziniert von diesem fidelen Alten.
Aus seinem wettergegerbten Gesicht strahlten zwei hellblaue
Augen um die Wette. Eines davon hatte einen Honigklecks in der
Iris. *Klasse*, dachte ich, *dass man als Opa noch so gut aussehen und
so coole Reisen machen kann*. Ich hatte damals noch keine Ahnung,
dass ich genau in diesem Alter meinen Rucksack packen und wieder durch Südamerika tingeln würde.

Seit drei Jahren schipperte Leart mit seiner Jacht in der Welt-
geschichte herum, »auf der Suche nach dem Lachen«, wie er sagte.
Leart erzählte uns seine traurige Geschichte: Er war viermal verheiratet gewesen. Das letzte Mal glaubte er, seine große Liebe endlich gefunden zu haben. Das war vor acht Jahren, Leart war gerade
fünfzig geworden. Zum ersten Mal habe er eine richtige Partner-
schaft gelebt. Zum ersten Mal sei ihm klar geworden, dass es
Dinge gab, die viel wichtiger waren als geschäftlicher Erfolg und
Anerkennung. Gemeinsam mit seiner großen Liebe wollte er eine
Jacht kaufen und auf Weltreise gehen. Nach der Arbeit widmete
er sich deshalb monatelang dem Bau eines Dingis, eines Bei-
boots. Er machte alles von Hand, aus Mahagoniholz und 930 Kup-
ferschrauben. Ich war ziemlich beeindruckt. Und Christian erst!
Träumte er doch seit seiner Kindheit davon, ein eigenes Boot zu
besitzen und damit über die Weltmeere zu schippern. In Paris

füllten die Segelzeitschriften unsere Regale. Christian verbrachte Stunden damit, Boote und deren Grundrisse zu vergleichen, Schrauben und anderes Zubehör zu recherchieren und Seemannsknoten zu üben. Er konnte pausenlos über Brummelhaken, Drahtseilklemmen, Harken, Klappnasenbolzen und Rollfockwirbel referieren. Da ich wusste, wie wichtig ihm das war, unterdrückte ich das Gähnen. Lediglich als es ums Auftakeln ging, wurde ich hellhörig. War mir das doch bis dahin nur als eine typische Frauenbeschäftigung vor einer Party bekannt.

War Christians intensive Beschäftigung mit allem, was Segel hatte, eine Obsession oder ein Tick? Ich wusste es nicht. Einerseits rührte es mich, andererseits konnte es auch ganz schön langweilig sein. Irgendwann sagte ich ihm etwas genervt, wenn es ihm so wichtig sei, solle er es doch einfach mal ausprobieren. Vielleicht erst mal mit einem gemieteten Boot im Urlaub? Möglicherweise gefiel es ihm am Ende gar nicht auf dem Wasser. Lieber ein trauriges Traumende als traurige Träume ohne Ende.

In den Gesprächen mit Leart war Christian hellwach. Er konnte gar nicht genug bekommen vom Seemannsgarn des Amerikaners. Leart zeigte uns Fotos: Jungfernfahrt seines selbst gebauten Dingis in der San Francisco Bay. Seine Frau mit einer Flasche Sekt, Leart, strahlend den Arm um sie gelegt. Die beiden sahen aus, als könnte nichts ihr Glück trüben. Jetzt brauchten sie nur noch eine Jacht. Sie arbeiteten und sparten, so wie wir damals in Paris, um unsere Rucksackreise zu finanzieren. Schließlich hatten sie die 35 000 Dollar für ihre Zehn-Meter-Jacht, die nun vor Playa del Coco ankerte, zusammen. Natürlich nahm Leart uns in seinem Dingi mit auf das Boot. Alles aus Mahagoni. Wunderschön. Leicht wog es auf dem Wasser hin und her, und selbst ich bekam Lust auf eine Seereise – obwohl ich längst nicht so wasseraffin wie Christian war.

Von der Jungfernfahrt bis zur großen Weltreise vergingen noch ein paar Jahre, in denen Leart und seine Frau arbeiteten und sparten. Schließlich wollten sie nicht so schnell zurückkommen. Dann war es endlich so weit. Alles war geregelt, die Arbeit gekündigt, die Wohnung aufgegeben, die Kisten waren fast gepackt. Der Auslauftermin stand bereits fest, als Learts Frau die schlimme Nachricht erhielt: Leberkrebs im fortgeschrittenen Stadium. Noch hatten sie Hoffnung, sie verschoben die Abreise.

Leart holte weitere Fotos hervor: zwei Wochen vor dem Tod seiner Frau – ein Fest im Jachthafen. Sie lacht, sieht glücklich aus. Die Feier hatte sie sich statt einer Beerdigung gewünscht. Sie wollte sich von allen verabschieden, ahnte, dass es nicht mehr lange dauern würde. Und sie bestand darauf, dass Leart die Weltreise durchzog. Ohne sie. Sie sagte, sie werde einer der Sterne am Himmel sein und ihn immer begleiten.

Das war mittlerweile drei Jahre her. Leart packte die Fotos mit Tränen in den Augen wieder weg. Sorgfältig und liebevoll. Er versuche es ja mit dem Glücklichsein, aber immer wenn er einen Moment des Glücks erlebe – einen besonders schönen Sonnenuntergang, Delfine, die um sein Boot schwimmen und ihn begleiten –, immer dann stürze er in tiefschwarze Melancholie. Weil er seine Frau so sehr vermisse.

Learts Geschichte rührte mich. Dieser alte Mann mit den jungen Augen konnte so lustig sein und dann wieder tieftraurig. Ich sollte mich noch oft an ihn erinnern. *Gut, dass ich mich von meinen Reiseplänen nicht habe abbringen lassen*, lobte meine innere »Leart-Stimme« fortan. Wie oft hatten die anderen gemahnt: »Gib nicht alles auf. Mach doch die Reise später.« Es war richtig, nicht auf sie zu hören. Später kann manchmal einfach zu spät sein. Und so habe ich auch an Leart gedacht, als ich meinen Beruf aufgegeben und mein Abitur und Studium nachgeholt habe. Ich habe an ihn gedacht, nachdem das Fernweh mich erneut heimgesucht und ich gegen jede Vernunft mein Leben in Deutschland hingeschmissen und meinen Rucksack gepackt hatte. Ich habe manchmal sogar an ihn gedacht, wenn ich Partnern den Laufpass gegeben habe, weil wir nur noch aneinander vorbeiredeten. Das Leben ist zu kurz und zu wertvoll, um sich mit Dingen aufzuhalten, die uns unglücklich machen.

Auszug aus meinem Reisetagebuch 5. 7. 1981:
Leart hat Andeutungen gemacht, dass er gerne seinen Einsamer-Wolf-Törn gegen ein geselliges Segeln tauschen würde. Ich habe schon seit einiger Zeit das Gefühl, dass auch Christian gerne mit Leart in See stechen würde. Sobald er sich sicher ist, ein paar Monate mit ihm auf dem Boot zusammen sein zu können, werde ich ihn also dazu ermuntern und alleine auf dem Landweg weiterreisen. Soll Christian doch seinen Traum von der großen Freiheit an Bord verwirklichen, anstatt immer nur vom Segelglück zu träumen.

Die perfekte Crew

Neben Leart trat noch ein anderer Segler in unser Leben: Tim. Er war 24 Jahre alt und ebenfalls stolzer Besitzer einer Zehn-Meter-Jacht. Ganz allein segelte dieser schmächtige blonde Junge aus San Francisco damit um die Welt! »Kein Ding«, meinte er bescheiden. Er sei mit Booten aufgewachsen. Wasser? Sein Element!

Eines Tages nahm Tim uns auf seiner Jacht mit. Es kostete mich Überwindung, denn Wasser ist so ganz und gar nicht mein Element. Ich bin eher die Landratte. Als Jugendliche hatte ich zwar einen Segelschein gemacht; allerdings auf dem Wörthersee in Österreich und bei Flaute. Andererseits hatte ich Lust auf einen kleinen Törn. *Es ist ja nicht für immer,* dachte ich. Mit weichen Knien ging ich also an Bord. Doch kaum nahm das Boot so richtig Fahrt auf und ging hart an den Wind, durchströmten mich Freude und – überraschenderweise – so etwas wie Übermut. Ich breitete die Arme aus, der Wind zerrte an meinem T-Shirt, und ich jauchzte vor Vergnügen. Als wenig später noch Delfine hinzukamen, die uns backbord begleiteten und neben dem Boot hersprangen, war alles perfekt.

Auszug aus meinem Reisetagebuch 6. 7. 1981:
Jetzt, da ich selbst Feuer gefangen habe, ist mir eine klasse Idee gekommen: ich mit Tim und Christian mit Leart. Beide haben die gleiche Route, sodass wir uns in Miami wiedertreffen könnten. Ich lasse diese Idee aber noch ein bisschen in der Schublade, weil ich mir nicht sicher bin, ob ich mit Tim auskommen kann.

7. 7. 1981:
Habe die ganze Nacht überlegt und bin zu dem Schluss gekommen, dass man nicht unbedingt beste Freunde sein muss, um eine absehbare Zeit mit jemandem an Bord eines Schiffs zusammenzuleben. Ich bin hoch motiviert: Ich möchte richtig segeln lernen, mit den Naturgewalten kämpfen, meine Angst meistern, wenn die Blitze um das Boot zucken und der Sturm stärker als ich zu sein scheint. Ich will diese Erfahrung unbedingt machen. Was Christian wohl dazu sagen wird?

9. 7. 1981:
Habe Christian von meiner Idee erzählt. Der ist begeistert! Abends sitzen wir mit Leart und Tim beim Bier zusammen und sprechen darüber. Tim sagt, er habe auch schon daran gedacht, sich aber nicht getraut, es vorzuschlagen, aus Angst, Christian könne ihm andere »Absichten« unterstellen. Christian doch nicht! Der ist gottlob überhaupt nicht eifersüchtig. Es gibt eine kurze Diskussion, wer die Frau an Bord mitnimmt. Leart fände es besser, wenn ich zu ihm an Bord käme. Mir ist es eigentlich egal, ich mag sie beide. Tim ist zwar entschieden jünger und attraktiver, aber gar nicht mein Typ. Insofern: No probs at all. Schließlich einigen sich die Männer darauf, dass ich eine Halbzeit bei Leart und die andere bei Tim mitfahre. Aus lerntechnischen Gründen. No comment.

Die Sache war also abgemacht. Mit einem kleinen Vorbehalt: Tim hatte nämlich zwei Wochen vorher seinem Bruder geschrieben und gefragt, ob er mitsegeln wolle. Bisher hatte er noch keine Antwort erhalten. Die musste er allerdings abwarten, bevor er uns endgültig zusagen konnte. Sollte sein Bruder mitkommen, würde Christian mit Leart segeln und ich alleine weiterreisen. Aber der Törn sollte ohnehin erst Mitte September beginnen. Christian und ich würden also erst mal weiter nach Nicaragua und Guatemala reisen, bis die beiden Segler uns in Guatemala-Stadt postlagernd informieren würden, ob, wann und wo wir uns trafen.

Freundliches Militär in Nicaragua

Über Liberia fuhren wir zur Grenze nach Nicaragua. Es war gerade mal zwei Jahre her, dass die Revolution den Diktator Anastasio Somoza Debayle aus dem Amt gejagt hatte. Was mir sofort auffiel: Die Menschen, egal, ob jung oder alt, strahlten ein in Lateinamerika ungewöhnliches Selbstbewusstsein aus. Zum ersten Mal auf unserer Reise durch die von Diktaturen und Militärherrschaft gebeutelten Länder trafen wir Bewaffnete, die eben nicht nervös an ihren MG herumfingerten, sondern entspannt und freundlich waren. Sie wurden von der Bevölkerung nicht gehasst, sondern ganz im Gegenteil geachtet und vielleicht sogar ein bisschen verehrt. Waren es doch Leute aus dem Volk, waren sie es doch, die das Land befreit hatten.

In Managua trafen wir auch viele Ausländer. Manche waren einfach neugierig, was zwei Jahre nach der Revolution aus dem Land geworden war, andere waren hier, um zu helfen. Deutsche, Schweizer, Engländer und Franzosen, Amerikaner und Kanadier: Sie schnappten sich Schaufel und Eimer, bauten Krankenhäuser, Schulen und Gemeindehäuser. Man muss nicht viel von Politik verstehen, um zu begreifen, dass es den Menschen nach der Revolution besser ging. Kinos, Theater und Konzertsäle waren voll, denn plötzlich konnte das Volk sich Kultur leisten. Es gab Alphabetisierungskampagnen, die Schulpflicht und ein für jedermann zugängliches Gesundheitssystem. Überall sah man Jugendliche mit anpacken, auch an Sonn- und Feiertagen wurde gearbeitet. Es herrschte Aufbruchstimmung.

Trotzdem sah es in Managua aus wie nach einem Krieg. Das hatte aber nichts mit der Revolution zu tun, sondern vielmehr mit dem verheerenden Erdbeben von 1972. Einen Tag vor Heiligabend hatte es mit einer Stärke von 7,3 über 90 Prozent der Bausubstanz zerstört. Zehntausend Menschen waren gestorben. Jetzt, neun Jahre später, herrschte immer noch Chaos in der Stadt, die eigentlich längst keine mehr zu sein schien. Vereinzelt zeugten gespenstische Ruinen, wie die der immer noch sehr eindrucksvollen Kathedrale, von einer anderen Zeit. Ansonsten bestand die Hauptstadt Nicaraguas im Wesentlichen aus viel Vegetation, geteerten und ungeteerten Straßen, ärmlichen und schnell zusammengezimmerten Bretterbuden und einem großen See. Mitten in dem Wirrwarr stand das einzige nach dem Beben erbaute Hochhaus, damals Sitz der Bank of America, verloren herum. Die USA hatten schon 1979 wirtschaftliche Sanktionen gegen das sozialistische Nicaragua verhängt und damit die Wirtschaft destabilisiert. Die Handelsbeziehungen waren komplett zum Erliegen gekommen. Managua war eine merkwürdige Stadt. Und doch mochte ich sie wegen der positiven und friedlichen Grundstimmung.

Alles beim Alten

Wieder einmal kehre ich zurück. Nach über dreißig Jahren, erneut in beruflicher Mission. Und es scheint sich nichts verändert zu haben. Es ist genau wie damals, nur dass ich diesmal am Flughafen ankomme und nicht am Busbahnhof. Ankommen in Managua heißt für mich: ein riesiges Fragezeichen auf der Stirn, das sich erst beim Abflug wieder auflöst. Keine Stadt, und schon gar keine Hauptstadt, ist wie diese. Es ist eine »Ohne-Stadt«, die Stadt ohne Zentrum, die Stadt ohne Klubs, die Stadt ohne Städter, die Stadt ohne Straßennamen und ohne Hausnummern. Immer noch. Wohl dem, der ein Taxi erwischt. Und weiß, wohin er will.

Das Auffinden einer Adresse in Managua ist nämlich eine besondere Herausforderung. Vor allem für Menschen, die hier nicht die letzten vierzig Jahre gelebt haben – demnach für alle Besucher. Eine Adresse lautet zum Beispiel: »*De donde fue la Pepsi dos cuadras al este.* Wo einmal Pepsi war, zwei Häuserblöcke weiter östlich.« Pepsi steht seit 1972 nicht mehr, und auch die Häuserblöcke sind verschwunden. Wer glaubt, er könne sich mithilfe des Kompasses wenigstens nach Osten orientieren, der irrt. Denn die Managuas haben eine ganz eigene Vorstellung von Himmelsrichtungen: Der Westen wird als *abajo*, also unten, bezeichnet, weil dort die Sonne untergeht. Da, wo der Europäer den Norden vermutet, nämlich oben beziehungsweise *arriba*, ist in Managua der Osten. Da dieser ja logischerweise gegenüber von Westen, also von *abajo*, unten, liegt. Alles klar? Und der Norden heißt in Managua *al lago*, Richtung See, und der liegt – aufatmen – tatsächlich im Norden der Stadt.

Während ich noch über diese Logik grübele, fährt mein Taxi auf einer der wenigen breiten asphaltierten Straßen Richtung See, und plötzlich taucht wie Kai aus der Kiste ein riesiger Platz vor uns auf: die »Hugo Chávez Eternal Comandante Rotonda«, übersetzt die »Des-unsterblichen-Kommandanten-Hugo-Chávez-Rotonde«. Der (Platz) oder die (Rotonde) oder das (Monster) ist neu. Ich sehe und staune: in der Mitte ein etwa acht Meter hohes Monument mit dem Konterfei von Hugo Chávez. Schön bunt, es könnte glatt aus einem Kaugummiautomaten sein. Drum herum quietschgelbe Skulpturen, die aussehen wie Bäume aus einem Legokasten. Den äußeren Rand zieren kleine grüne Plastiktannen, die ohne Weiteres als übrig gebliebene künstliche Weihnachtsdekoration aus dem Discounter durchgehen könnten. Ansonsten ist der Platz leer, ein einsamer Verkehrspolizist regelt den nicht vorhandenen Verkehr. Das Gute in der »Ohne-Stadt«: Wir kommen ohne Stau durch.

Mein Hotel ist eine der Ausnahmeerscheinungen, die nicht nur aus Stein gebaut sind, sondern auch mehrere Stockwerke haben. Es liegt wie eine Pyramide mitten im Grünen und wirkt, als wäre es von einem anderen Stern. Ich wohne in der achten Etage und mache mich als Erstes mit den Evakuierungsmaßnahmen vertraut. Dafür gehe ich vom Zimmer aus den Flur entlang und die Treppen hinunter. Einmal Testlauf.

Das ist keine Paranoia, sondern gesunder Menschenverstand. Ich gehöre zu denen, die im Flugzeug auch gerne belächelt werden, weil sie aufmerksam zuhören, wenn die Sicherheitseinweisung erfolgt. Allerdings mache ich das nicht nur aus Höflichkeit dem Personal gegenüber. Nein. Menschen, die sich schon vorher mit möglichen Notfällen auseinandersetzen, haben eine ungleich höhere Überlebenschance, wenn so eine Ausnahmesituation tatsächlich eintritt.

Das bedeutet jedoch nicht, dass ich auch in Deutschland in jedem größeren Gebäude die Notfallpläne studieren würde. Das wäre in der Tat Paranoia. Aber in Nicaragua ist das Risiko, ein Erdbeben zu erleben, sehr real. Selbst Schulen und andere öffentliche Gebäude machen hier regelmäßig Übungen für den Fall der Fälle. Im Nachttisch des Hotelzimmers liegt neben der Bibel ein Notfallplan, falls der liebe Gott mal pennt. Darauf lese ich, dass ich nicht am Fenster stehen soll, wenn die Erde wackelt. Der beste Ort sei der Boden, und zwar neben dem Bett. So befände sich mein Körper in einem Winkel, in dem er einigermaßen geschützt sei, falls Trümmer herabfielen. *Na gut*, denke ich, *ob mir das in der achten Etage hilft, wenn das ganze Haus einstürzt?* Aber was soll's, mehr, als mich zu informieren, kann ich sowieso nicht tun.

Von der achten Etage aus blicke ich auf die Stadt. Verrückte Stadt. Die »Ohne-Stadt« ist auch eine Stadt ohne Stadtbild. Ich sehe auf eine wunderbar grüne Landschaft, in der sich exotische Vögel zu Hause fühlen. Ich höre Papageien und Tukane, Hunde und Katzen. Aber was ist mit den Menschen? Irgendwo unter den Baumwipfeln befinden sich ihre Häuser, die man eigentlich gar nicht so nennen kann. »Baracken« oder »Bretterverschläge mit Wellblechdächern« wäre wohl treffender. In der Zeitung lese ich von einer internationalen Studie. Sie besagt, dass über 85 Prozent aller Behausungen in Managua nicht einmal den einfachsten Ansprüchen einer menschenwürdigen Unterkunft entsprächen. Keine Sanitäranlagen, keine Wasserabläufe, keine festen Fußböden. Wenn die tropischen Regengüsse kommen, versinkt alles in Matsch und dampfender Feuchtigkeit.

Da hilft am Abend nur noch ein kühles Bier, ein Toña, zusammen mit guten Freunden. Und das ist genau der Moment, in dem die »Ohne-Stadt« zur »Mit-Stadt« wird. Denn die Managuas sind immer noch überaus freundlich und liebenswert und machen damit alle Defizite wett. Auch daran hat sich in all den Jahren nichts geändert.

Reisen durch die »Bananenrepubliken«

Von Nicaragua aus fuhren Christian und ich über Honduras nach Guatemala. Auf dem Weg dorthin wurden wir an der Grenze zu Honduras drei Stunden lang gefilzt. Vor allem unsere Bücher wurden Blatt für Blatt auseinandergenommen. Offenbar ging hier die Angst um, das revolutionäre Gedankengut aus Nicaragua könnte herüberschwappen. Ich hatte *Traurige Tropen* von Claude Lévi-Strauss dabei sowie *Das andere Geschlecht* von Simone de Beauvoir. Beide auf Französisch. Was das für Bücher seien, ob sie politisch seien, vielleicht ein kommunistisches Manifest? »Nein«, antwortete ich, »das eine ist ein Reisebericht und das andere Frauenkram.«

Frauenkram klang gut für die Grenzbeamten, so etwas konnte ja nichts Böses sein. Wenn die gewusst hätten, wer Simone de Beauvoir wirklich war! Beide Bücher hatte ich erst in der Woche zuvor gegen *Reise ans Ende der Nacht* von Louis-Ferdinand Céline getauscht, eine bitterböse Abrechnung mit dem Bürgertum und ein Protest gegen die Ungleichheit. Zum Glück hatte ich das nicht mehr dabei.

Büchertausch

Mit dem Büchertausch war das so eine Sache: Man nahm, was man gerne las oder was einen hohen Tauschwert hatte. Bei den Franzosen genossen natürlich französische Bücher einen sehr hohen Tauschwert, weil die wenigsten von ihnen eine andere Sprache sprachen geschweige denn lasen.

»Warum ist das eigentlich so?«, habe ich Christian einmal gefragt.

»Franzosen glauben immer noch, sie seien der Mittelpunkt der Welt, und wer sich mit ihnen verständigen will, solle doch bitte Französisch lernen«, war seine knappe Erklärung.

Wir hatten zuletzt in Granada, Nicaragua, getauscht. Mit einem französischen Pärchen aus Montpellier. Von ihm, einem Anthropologen, habe ich den Lévi-Strauss bekommen und von ihr den Klassiker der Feministin. Deutsche Bücher kursierten selten. Großes Glück hatten zu Beginn unserer Reise zwei Deutsche, die mir meinen Hermann Hesse abluchsen konnten. Gegen einen Johannes Mario Simmel! Das war definitiv ein schlechter Tausch. Aber am Strand ließ sich auch ein Simmel lesen. Und sein großer Vorteil: Ein fettes Buch hält lange vor; ist allerdings auch schwer zu tragen, also am besten geeignet für einen längeren Aufenthalt in einem Badeort. Das Gute an diesen Tauschaktionen war, dass man Bücher las, die man sonst nie gelesen hätte. Da musste man mangels Angebot schon mal Toleranz walten lassen. Wir lasen einfach das, was da war. So konnte man auch seinen Horizont erweitern.

Schließlich hatten die Grenzbeamten genug in unseren Büchern geschnüffelt, ein paar Dollar eingesteckt und ihren Stempel in unsere Pässe geknallt. Abends kamen wir müde in Tegucigalpa an. Unsere Mission in der Hauptstadt von Honduras: die Botschaft aufsuchen und ein Visum für Guatemala beantragen. Dann ging es weiter nach San Pedro Sula und Copán. Von dort weiter mit einem Minibus zur Grenze nach Guatemala.

Auszug aus meinem Reisetagebuch 18. 7. 1981:
Es sind nur noch 16 Kilometer bis zur Grenze – eine Strecke, die wir so schnell nicht vergessen werden. Der Bus holpert von einem Schlag-

loch ins nächste, rutscht auf schlammigem Grund nah am Abhang vorbei. Die Aussicht auf die Landschaft ist so umwerfend wie die Fahrt an sich: Wir werden gerüttelt und geschüttelt, während der Fahrer ununterbrochen singt und die Menschen im Bus bei jedem Hüpfer aus ihren Sitzen katapultiert werden und dabei lachen und kreischen, als ob es sich um eine lustige Achterbahnfahrt handelte. Irgendwie ansteckend. Wir sind überaus gut gelaunt, als wir an der Grenze ankommen.

Von dort fuhren wir weitere zwei Stunden bis Chiquimula und dann noch mal fünf Stunden bis Guatemala-Stadt, wo wir im Hotel Chalet Suizo unterkamen, das seinem Namen alle Ehre machte: absolut clean und ruhig. Genau das, was wir jetzt brauchten. Mit sechs Dollar für ein Doppelzimmer aber auch teuer für uns. Trotzdem blieben wir eine ganze Woche. Man musste sich schließlich auch mal was gönnen, fand ich und setzte mich gegen Christians Sparfuchs durch. Wenn er allerdings nicht so gut unser Geld zusammengehalten hätte, wäre die Reise wohl ziemlich früh beendet gewesen. Und wenn ich nicht ab und zu auf ein bisschen Komfort bestanden hätte, wäre sie vielleicht an anderen Dingen gescheitert. Insofern ergänzten wir uns gut.

Auf der Hauptpost warteten drei Briefe auf mich: zwei aus Deutschland und einer aus Bolivien. Auch in der französischen Botschaft holten wir zwei Briefe von Freunden aus Paris ab. Den Abend verbrachten wir genüsslich bei Bier und Kerzenlicht mit Lesen.

Der letzte Film

In Guatemala war es so weit: Christian legte unseren letzten Film in die Kamera ein. »Ist das wirklich der letzte?«, fragte ich ungläubig. Immerhin hatten wir zehn Filme mit jeweils 24 Bildern eingepackt. Das bedeutete, wir hatten schon über 200 Bilder gemacht. Unglaublich! Zweihundert Bilder in zehn Monaten. Heute knipse ich die locker an einem Tag. Für die Jüngeren: Wir fotografierten damals analog. Man legte einen Film ein, und wenn man auf den Auslöser drückte, war das Foto unwiderruflich gemacht. Man konnte es nicht löschen oder neu belichten. Deshalb musste so ein Foto wohlüberlegt sein. Für Christian war das ein richtiges Ritual. Er probierte erst verschiedene Einstellungen aus, indem er einfach durch den Sucher sah. Mit der Kamera vor der Nase lief er in den Ruinen umher auf der Jagd nach dem idealen Bild. Manchmal wunderte ich mich, dass es dabei keine Unfälle gab. Damit auf einem Foto möglichst viel drauf war, verwendeten wir fast immer eine Großeinstellung nach dem Motto: Was ich habe, kann mir kein Vogel rauben. Was drauf ist auf dem Bild, ist drauf. Wir fotografierten uns niemals selbst und sehr selten gegenseitig. Wozu auch? Wir sahen uns jeden Tag. Aber Landschaften, Ruinen und exotische Tiere, die wollten wir für immer als Erinnerung festhalten.

Die Bilder, die wir damals geschossen haben, von Machu Picchu, Tiahuanaco oder Sacsayhuamán, enthalten großartige Zeugnisse präkolumbianischer Kultur und könnten so heute gar nicht mehr gemacht werden. Denn sie zeigen etwas ganz Besonderes: Ruinen, Tempel und Mauern ohne Menschen! Ohne Touristen, die sich davor ablichten lassen oder einen Selfie-Stick zum Himmel recken.

Die wenigen Reisenden, die damals dort unterwegs waren, traten wie wir ein paar Schritte zurück, um möglichst viel vom Motiv zu erwischen. Weil wir die Fotos weder löschen, wiederholen noch in irgendeiner Form korrigieren konnten, warteten wir manchmal stundenlang, bis die Sonne unser Motiv ins rechte Licht gerückt hatte. Wenn wir dann den Auslöser betätigten, war das unglaublich spannend. Denn wir hielten diesen einen Moment für die Ewigkeit fest. Das war beinahe magisch.

Die Filme von Agfa und Kodak hatten wir in Frankreich gekauft. Sie enthielten einen Umschlag, mit dem man den einmal belichteten Film zur Entwicklung ins Werk schickte. Die entwickelten Negative wurden dann an die gewünschte Heimatadresse versandt. Das heißt, wir hatten während der Reise keine Ahnung, ob die Bilder etwas geworden waren, ob die Belichtung und der Fokus stimmten. Am Ende wussten wir nicht mal mehr, was wir eigentlich fotografiert hatten. Die Überraschung, das Auspacken der Negativstreifen nach über einem Jahr, war dann umso größer.

Von zehn Filmen kamen zwei leider niemals an. Wir wissen nicht, ob sie auf dem Weg von Südamerika nach Frankreich oder von Frankreich nach Deutschland verloren gegangen sind. Wir wissen auch nicht mehr, was wir darauf abgelichtet hatten. Manchmal hört man ja, dass ein Brief nach Jahrzehnten seinen Adressaten erreicht. Darum malen wir uns ab und zu aus, wie es wäre, wenn diese beiden Rollen fünfzig Jahre später wieder auftauchten. Dann würden auf jeden Fall Sektkorken knallen.

Jede Menge Touristen im Bürgerkriegsland

In kaum einem anderen Land, mit Ausnahme von Peru, waren wir so vielen Touristen begegnet wie in Guatemala. Und das, obwohl sich das Land in einem Bürgerkrieg befand, der insgesamt 36 Jahre dauern sollte. Angefangen hatte es in den Fünfzigerjahren, nachdem der demokratisch gewählte Präsident Jacobo Árbenz Guzmán eine Landreform durchgesetzt hatte. Ungenutzter Großgrundbesitz, unter anderem der United Fruit Company (später Chiquita), sollte an die besitzlose, meist indigene Landbevölkerung verteilt werden. In den USA war es die Zeit der »Roten Angst«, die Angst vor dem Kommunismus. Mithilfe der CIA wurde deshalb der unbequeme Präsident gestürzt und ein Diktator eingesetzt. Kleines Detail am Rande: Der damalige CIA-Chef war auch als Anwalt und Lobbyist für die United Fruit Company tätig. Im Untergrund formierte sich Widerstand, und die Handlungen der Guerilla lieferten den Regierungen einen Vorwand, mit brutalster Gewalt gegen die ländliche, indigene Maya-Bevölkerung vorzugehen. Offiziell nennt man das, was nun 36 Jahre dauern sollte, einen »internen bewaffneten Konflikt«. Von 1979 bis 1981 agierte die Todesschwadron »Ejército Secreto Anticomunista« (geheime antikommunistische Armee). Nach Schätzungen starben während des Bürgerkriegs etwa 250000 Menschen. In Europa nahm man kaum Notiz davon. Wir auch nicht. Wir hatten keine Ahnung. Aber hin und wieder zeigte der Krieg sich auch uns Touristen.

Auszug aus meinem Reisetagebuch 7.8.1981:
Lago Atitlán: Wir waren am Strand von Panajachel und haben dort auf die Vulkane Tolimán, Santiago und San Pedro geschaut, während wir im samtweichen und glasklaren Wasser badeten, das mal grün, mal blau schimmerte. Wir haben einen Spaziergang entlang des Lago Atitlán nach Santa Catarina gemacht, sind nach Sololá gefahren und haben einen Ausflug nach San Pedro unternommen. Was noch passierte: Eine Bombe ist in Panajachel hochgegangen. Brutales Wecken um 4:30 Uhr. Zur gleichen Zeit soll eine Bombe in Antigua explodiert sein, direkt neben dem Hotel, in dem wir vorher übernachtet hatten.

In unserem Hotel hatte man uns dringend davon abgeraten, nach Quiché zu fahren. Wir fuhren trotzdem, nachdem wir den Markt von Chichicastenango besucht und einen Bus mit der Aufschrift »Santa Cruz del Quiché« entdeckt hatten. Wir sprangen hinein, noch bevor uns jemand daran hindern konnte.

Auszug aus meinem Reisetagebuch 9.8.1981:
Quiché: Es ist das erste Mal in Guatemala, dass ich ein Dorf ohne Touristen sehe. Dafür gibt es hier umso mehr Militär. Bis an die

Zähne bewaffnet und ziemlich grimmig dreinblickend. Was ist hier
eigentlich los? Sogar im Kirchturm sitzen Personen und zielen mit
ihren MG auf den Dorfplatz. Irgendwie unheimlich. Über uns zieht
ein Militärhubschrauber seine Kreise und kommt immer tiefer.
Aus seinen Fenstern sieht man deutlich die Mündungen von vier
Maschinengewehren lugen. Ich glaube, wir sollten zusehen, dass wir
hier schnell wieder wegkommen.

Es ist mir heute noch ein Rätsel, wie leichtfertig wir damals damit
umgegangen sind. Konnte es sein, dass wir so unbedarft waren?
So blind, dass wir nichts mitbekommen haben? So naiv? Oder haben wir geglaubt, was in der Zeitung stand? Dass es sich um böse
Buben handele, Verbrecher, Räuber und Mörder, die von der Regierung bekämpft werden müssten? Als ich den Eintrag Jahre später in meinem Tagebuch wiederfand, waren die Ereignisse komplett aus meinem Gedächtnis gelöscht. Christian erinnerte sich
sogar an Tote, die am Straßenrand lagen. Ich habe das wohl alles
verdrängt.

Abschied in Guatemala

»Das ist aber blöd!« Ich war wirklich geknickt. Wir hatten Post von
Tim und Leart bekommen. Tims Bruder hatte den Segeltörn zu-
gesagt. Damit war er für mich vorbei, bevor er begonnen hatte.
Obwohl ich fest damit gerechnet hatte, dass wir beide – Christian
auf Learts Boot und ich auf Tims – diese Reise machen würden.

»Willst du an meiner Stelle fahren?«, fragte Christian vorsichtig, und in seinen Augen stand fett unterstrichen ein flehendes
»bitte, sag jetzt bloß nicht Ja«. Nein, natürlich nicht. Das konnte
ich ihm niemals antun. Er, der Segelfreak, sollte sich endlich
seinen Traum erfüllen. Ohne ihn wäre ich schließlich überhaupt
nicht auf die Idee gekommen.

Schon in drei Tagen sollte Christian Leart in Costa Rica treffen. Er musste also schleunigst los. Morgens um sechs Uhr nahm er den Bus, ich blieb allein zurück. Allein. Das war ungewohnt. Ich freute mich wirklich sehr für Christian, dass er diese Chance bekam. Aber ich fühlte mich schlecht. Tieftraurig. Und nicht mehr komplett. Wie amputiert. Kaum war er weg, begannen die Tränen zu fließen. In Sturzbächen. Nicht nur, dass wir seit fünf Jahren ununterbrochen zusammen waren und unsere gemeinsame Reise hier zu Ende ging. Ich spürte, dass auch unsere Beziehung zu Ende war. Beides tat weh. Wer reist, reist auch innerlich, und hinterher ist er nicht mehr derselbe. Plötzlich sieht er die Dinge anders, manches wird wichtig, was vorher keine Bedeutung hatte, und umgekehrt. Wir mochten uns immer noch sehr, und eine tiefe Freundschaft würde uns auch in Zukunft verbinden. Dessen war ich mir sicher. Aber alles andere war vorbei. Auch wenn der Verstand es noch nicht erklären konnte, der Bauch wusste längst Bescheid.

Ich schlich durch Panajachel wie ein Häufchen Elend. Tagelang. Ich heulte Rotz und Wasser. Menschen sprachen mich an: »*Are you okay? Do you need help?*«, »*Qué le pasa? Porque llora tanto?*« Ich sagte, dass ich traurig sei, weil ich meinen Freund vermisste. Einige nahmen mich spontan in den Arm. Andere luden mich zum Essen ein oder auf eine heiße Schokolade mit Honig. Aber ich brachte nichts davon herunter.

Zweimal waren Christian und ich zum Telefonieren verabredet. Ich wartete in der Post, und als es endlich so weit war, kam kaum ein Wort an dem Kloß in meinem Hals vorbei. Trotzdem halfen mir die Gespräche zu begreifen, dass Christian nicht tot war, sondern nur an einem anderen Ort.

So weiterzureisen wie bisher kam für mich nicht infrage. Ich hätte Christian zu sehr vermisst. Außerdem besaß ich nur noch 600 Dollar. Ich fuhr also nach Guatemala-Stadt und buchte einen günstigen Flug nach Miami und von dort mit Freddie Laker, einem der ersten »Billigflieger«, einen weiteren nach London. Die Flüge kosteten zusammen 450 Dollar und gingen in drei Wochen. So lange mussten die letzten 150 Dollar reichen.

Weben auf Maya-Art am Lago Atitlán

Ich kehrte zurück zum Lago Atitlán, wo ich Felipa kennenlernte, eine Maya-Frau, Mutter von neun Kindern. Auf einem einsamen Spaziergang am Ufer des Atitlánsees kam ich an ihrem Haus vorbei. Sie saß vor einem Baum, an dem ihr Webstuhl befestigt war, und ging konzentriert ihrer Arbeit nach. Ich sprach sie auf Spanisch an, aber sie verstand mich nicht. Mit Gesten und Mimik gab ich ihr zu verstehen, dass ich den Schal, den sie gerade webte, sehr schön fand. Ich wollte das auch gerne lernen. Felipa nahm mich mit nach Sololá, und zusammen kauften wir einen Webstuhl und Garn für mich. Jetzt, nachdem ich mit Christian gesprochen hatte und wusste, dass er wohlbehalten an Bord bei Leart angekommen war, hatte ich mich ein bisschen beruhigt. Die ganz große Trauer war vorüber.

Jeden Morgen ging ich den Pfad am See entlang zu Felipas Haus, vorbei an kleinen Gehöften, man winkte mir zu und grüßte mich. Ich mochte den Geruch des Wassers, sein Gluckern und das knisternde Geräusch von brennendem Holz, wenn Felipa Tortillas backte. Unsere Webstühle hingen an einem Baum, und so saßen wir still arbeitend nebeneinander. Mein Geist kam endlich zur Ruhe angesichts der vielen feinen Fäden, die meine Hände zu zähmen hatten. Während wir webten, erzählte ich Felipa die Geschichte von der verlorenen Liebe. Ich weiß, dass sie mich nicht verstand, trotzdem hörte sie mir aufmerksam zu.

Manchmal saß ich einfach nur da und schaute auf den See. Ich ließ die Reise Revue passieren, musste lachen und weinen. Vieles ruhte noch in meinem Gedächtnis, war noch nicht verarbeitet.

Aber eines wusste ich: Ich hatte mich verändert. Das Leben, das ich vorher geführt hatte, war vorbei. Wieder in einem Büro zu arbeiten kam mir völlig absurd vor. Ich würde mich noch einmal ganz neu erfinden müssen. Mit 25! Ein bisschen beunruhigend war das schon. Die Gedanken an morgen, an Deutschland, an meine Zukunft rumorten in mir und drohten, die Leichtigkeit zu verdrängen, mit der ich die letzten elf Monate unterwegs gewesen war. Ich würde mich wieder an ein geregeltes Leben gewöhnen müssen, an frühes Aufstehen, an den grau verhangenen Himmel, an übel gelaunte Blicke, an unfreundliche Begegnungen. Je näher der Abflug kam, desto größer wurde die Angst. Ich hatte mich verändert, ja. Würden mich die anderen zu Hause überhaupt noch verstehen?

Und dann betrachtete ich diese formvollendeten Vulkane, die sich aus dem See erhoben. *Weshalb machst du dir Sorgen?*, dachte ich. *Du gehst weg, aber all diese Landschaften, der Lago Atitlán, die Anden, der Titicacasee, all das, was dein Herz zum Schwingen gebracht hat, es bleibt.* Jetzt, wo ich gelernt hatte, mit offenen Augen durch die Welt zu gehen, konnte ich auch zu Hause schöne neue Dinge entdecken. *Und überhaupt*, redete ich weiter auf mich ein, *du hast das Altiplano gesehen, die Sechstausender der Anden. Das wird dir keiner mehr nehmen. Außerdem kannst du jederzeit zurückkommen.*

Auszug aus meinem Reisetagebuch 7. 9. 1981:
Gatwick: Habe mich kurz vor der Landung richtig schön ausgekotzt. War es der Gedanke an die Rückkehr oder das Essen von gestern? Fahre zur Victoria Station und kriege gerade noch den Zug. Es bleibt keine Zeit mehr anzurufen. Dann komme ich eben als Überraschungspaket!

Vom Heimkehren

Auch mein Comeback mit Backpack neigt sich irgendwann dem Ende zu. Ich wäre gern noch länger in Cabo Polonio geblieben, aber für morgen ist der Rückflug nach Deutschland gebucht. Nun sitze ich wieder hier, auf der Kaimauer von Montevideo, und schaue ein letztes Mal auf das Meer. Seit meiner ersten Rucksackreise sind 35 Jahre vergangen. Mittlerweile bin ich so oft nach Hause zurückgekehrt, dass ich mich daran gewöhnt habe.

Das erste Mal Heimkommen, damals 1981, war ein Schock. Genau so, wie ich es befürchtet hatte, als ich am Lago Atitlán in Guatemala saß. Kaum war ich zurück, fühlte ich mich fremd. Ich fühlte mich fremder in meiner Heimat als ein Jahr zuvor bei unserer Ankunft in Französisch-Guayana. Das war erschütternd. Um drei Uhr morgens erreichte ich nach über 48 Stunden Reise den Hauptbahnhof in Köln. Völlig euphorisch rief ich zu Hause an, kehrte ich doch nach fast einem Jahr in der Ferne überraschend in den Schoß der Familie zurück. Mein jüngerer Bruder ging ans Telefon: »Bist du verrückt, um diese Uhrzeit anzurufen?«

Willkommen zurück, du bist wieder in Deutschland! Diese unerfreuliche, wenngleich angesichts der Uhrzeit nachvollziehbare Art der Begrüßung hatte beinahe Symbolcharakter für alles, was in den nächsten Tagen und Wochen folgte. Für mich war nichts mehr wie vorher, ich sah die Dinge jetzt mit anderen Augen. Aber in meiner Heimat schien die Zeit stehen geblieben zu sein. Dort hatte sich nichts verändert. Als wäre ich nie weg gewesen. Dabei war doch so viel passiert. In meiner Welt, in Südamerika und in meinem Innersten. Ich fühlte mich wie eine Außerirdische. Zumal sich niemand dafür zu interessieren schien, was ich erlebt hatte.

Natürlich wurde ich gefragt, wie es gewesen sei. Aber sobald ich anfing zu erzählen, wechselte man schnell das Thema. Als ob einem die Beschreibungen von der anderen Seite der Welt, von einer möglichen Alternative zu allem Bekannten, zum eigenen Alltag gefährlich werden, einen aus den eigenen Trott reißen könnten. Mir kam es so vor, als trennten mich all die Erfahrungen, die ich gemacht hatte, von den Menschen, denen ich mich vorher so verbunden gefühlt hatte.

Weshalb drängelten und schimpften sie auf der Autobahn, wenn ich, verwirrt von all dem Verkehr, auf der rechten Spur langsamer fuhr? Warum schauten sie alle so mürrisch in den Zügen und auf den Straßen? Worüber beklagten sie sich immerzu? Wussten sie nicht, wie gut wir es haben, da wir nur den Wasserhahn aufdrehen müssen, um an Trinkwasser zu gelangen? Wie viele Durchfälle uns erspart bleiben, weil wir einen Kühlschrank haben? Wie bequem es ist, einfach einen Schalter zu drücken, um das Licht anzumachen? Was für ein Glück es ist, in einem friedlichen Land zu leben, wo wir nachts durch die Straßen laufen können, ohne uns fürchten zu müssen? Wie viel Sicherheit wir in diesem demokratischen Land genießen, weil uns niemand einfach so verhaften oder gar erschießen kann? Weil wir glauben dürfen, was wir wollen, und wählen dürfen, wen wir wollen? Weil wir sagen dürfen, was wir denken, ohne dafür ins Gefängnis zu kommen? Weil wir ein Dach über dem Kopf, im Winter eine Heizung und stets genug zu essen haben? Wussten sie denn nicht, wie privilegiert wir sind?

Was war das für eine verkehrte Welt, in der sich alle nur daran maßen, was sie besaßen! An dem Einfamilienhaus, dem Auto, ihrem Status. Ich dachte an den entführten und gefolterten Bruder einer chilenischen Freundin, die ich in Santiago kennengelernt hatte. Ich dachte an die hustenden Bergarbeiter aus Potosí und an die bolivianischen Kinder aus dem Hochland, die barfuß über gefrorene Pfützen sprangen. Und ich dachte an die bettelnden Leprakranken in den Straßen von Recife.

Wochenlang taumelte ich durch diese verkehrte Welt auf der Suche nach meinem Platz, nach der Verbindung zu innen und außen. Der Kulturschock war größer als zu Beginn meiner Reise. Meine eigene Kultur schockte mich. Ich schlief im Gästezimmer meiner Eltern und weinte nachts still in mein Kissen. Eine große schwarze Wolke umhüllte mich, ein Nebel war zwischen mich und den Rest der Welt getreten.

Mit der Zeit wurde es besser. Der innere Dunst verzog sich, und ich begann, die Dinge in einem positiven Licht zu sehen. Manches, was mich vor meiner Reise noch genervt hatte, wie zum Beispiel Sauberkeit und Ordnung, bekam plötzlich einen Sinn. Ja, es war gut, dass wir unseren Abfall nicht einfach irgendwo am Straßenrand entsorgten. Es war gut, dass die Leute pünktlich zu einer Verabredung kamen. Es war gut, dass wir eine Polizei hatten, die sich als »Freund und Helfer« verstand. Es war gut, dass ich frei entscheiden konnte, ob ich weiter in meinem Beruf arbeiten, studieren oder etwas ganz Neues wagen wollte.

Nach jeder Reise wurde das Heimkommen ein bisschen leichter. Denn nun wusste ich, was mich erwartete. Ich hatte verstanden, dass die, die bleiben, die Welt anders sehen als die, die reisen. Heute komme ich gerne nach Hause. Ich freue mich auf meine Wohnung, auf meine Familie, auf meine Freunde. Auf den Kühlschrank, auf mein Bett, auf fließend Wasser. Ich muss nicht gleich für ein ganzes Jahr die Brücken hinter mir abbrechen, wenn ich verreise. Ich muss nicht mehr von vorne anfangen, wenn ich zurückkomme. Ich muss nicht mehr entscheiden, in welche Stadt ich nun ziehe, welche Arbeit ich annehme, muss keinen neuen Haushalt gründen und Möbel vom Sperrmüll zusammensuchen.

Das ist das Privileg des Alters. Ich kann mir ganz gepflegt eine Auszeit nehmen, mal kürzer, mal länger, und dann in mein altes Leben zurückkehren. Nur eben mit neuen Ideen, mit neuer Kraft, mit neuem Selbstbewusstsein. Und wenn es mir in meiner Komfortzone dann wieder zu gemütlich wird, gehe ich in den Keller und hole den Rucksack hoch – für die nächste Reise.

Allein reisen, na und?

Nach der ersten großen Reise bin ich in den Achtzigerjahren wiederholt allein durch Südamerika gereist. Manchmal werde ich gefragt: Würdest du das wieder tun, als junge Frau, allein? Ist das nicht zu gefährlich? Hast du das jemals bereut?

Die Antwort auf die letzten beiden Fragen ist Nein. Die Antwort auf die erste Frage ist dagegen nicht ganz so einfach und hängt sehr vom Alter und von der jeweiligen Situation ab, in der man sich gerade befindet. Bis zum dreißigsten Lebensjahr hätte die Antwort einfach und fraglos Ja gelautet. Ich würde das jederzeit wieder tun. Zwischen dreißig und fünfzig hätte ich wahrscheinlich geantwortet: »Vielleicht. Vielleicht ist es aber auch zu gefährlich.« Seitdem ich fünfzig bin, sage ich wieder uneingeschränkt: »Ja, das würde ich noch mal machen.«

Die Erklärung ist denkbar einfach: Als junge Frau hatte ich keine Angst. Ich bin zu Fremden ins Auto gestiegen und mit ihnen nach Hause gegangen. Ich habe Fremde auf der Straße aufgesammelt und mit nach Hause genommen. Aber längst nicht jeden. Ich habe meiner inneren Ampel vertraut. Zeigte sie Grün, war es okay. Zeigte sie Rot, ließ ich es sein. Unter Alkohol oder in einer besonders fröhlichen Gruppe konnte es natürlich passieren, dass ich etwas farbenblind wurde. Die Strategie hätte genauso gut schiefgehen können. Jederzeit.

Ich war ein ziemlich hübsches 49-Kilo-Leichtgewicht mit ausgeprägten weiblichen Attributen, hüftlangen Haaren und grünen Katzenaugen. Ich konnte weder Karate noch Judo und war auch beim Weglaufen nicht besonders schnell. Ich glaubte damals, ich könnte eindeutig unterscheiden zwischen einem guten und einem bösen Menschen. Natürlich war ich jung und naiv. Doch ein Irrer trägt kein Schild um den Hals, auf dem steht: »Achtung, Psychopath!« Trotzdem glaubte ich an mein Bauchgefühl. Und das war gut so. Denn andernfalls hätte ich mir vieles versagt, wäre das Leben weniger bunt gewesen. Die Wahrscheinlichkeit, auf einen Psychopathen zu treffen, ist verhältnismäßig gering. Und es spielt dabei überhaupt keine Rolle, wo ich mich aufhalte. Den paar Exemplaren, die es auf der Welt gibt, könnte man genauso gut in Deutschland wie auf einer Insel im Titicacasee begegnen.

Das gute Bauchgefühl

Ich halte noch heute große Stücke auf mein Bauchgefühl. Aber Intuition ist keine Zauberei, keine Gabe. Sie ist nichts anderes als das spontane Entscheiden, nachdem ich schnell und unbewusst aus vielen Informationen und Erfahrungen meine Schlüsse gezogen habe. Das funktioniert umso zuverlässiger, je mehr ich davon gesammelt und in den Tiefen meines Hirns abgespeichert habe, auch wenn ich mich manchmal nicht daran erinnern kann. Oder anders gesagt: Intuition im Alter ist wohl treffsicherer als in jungen Jahren, wo sich noch nicht so viele Erfahrungswerte im Unterbewusstsein angereichert haben.

Wenn mir all die Jahre nichts passiert ist, spricht das also nicht unbedingt für die Qualität meines Bauchgefühls. Es war sicher viel Glück mit im Spiel. Vielleicht wirkte auch das positive Grundgefühl wie ein Schutzschild gegen Negatives. Nach dem Motto: Wer Positives ausstrahlt, wehrt Negatives ab.

Über all diese Dinge habe ich mit Anfang zwanzig aber nicht nachgedacht. Es ist das Privileg der Jugend, angstfrei zu sein und Risiken einzugehen, Grenzen auszutesten. Vor allem Frauen neigen dazu, ängstlicher oder vorsichtiger zu werden, sobald sie Mütter sind. Zwischen dreißig und fünfzig hätte ich also wahrscheinlich gesagt: »Ja, es ist vermutlich gefährlich, allein durch Südamerika zu reisen. Und nein, ich würde nicht wollen, dass meine Tochter so etwas macht.« Sie würde es natürlich trotzdem tun, und ich würde sie nicht daran hindern. Aber leicht wäre es nicht loszulassen. Nun habe ich keine Tochter, sondern einen Sohn. Aber auch um Jungs sorgen sich Mütter. Obwohl ich meinen Sohn dazu ermuntert habe, eine Rucksackreise durch Zentralamerika zu machen, war ich keineswegs gelassen, als es dann endlich so weit war.

Es gibt heute Risiken, die es damals nicht gab. K.-o.-Tropfen, die den jungen Leuten eingeflößt werden, um sie willenlos zu machen, sie auszurauben oder sexuell zu belästigen. Drogen, die ihnen untergeschoben werden. Zudem sind die Begehrlichkeiten allerorten gestiegen. Auch in den entferntesten Winkeln der Welt wissen die Menschen durch das Internet von den technologischen Errungenschaften und wie diese zu nutzen sind. Die Werbung dringt zu ihnen vor und weckt Bedürfnisse nach Smartphones, Tablets und Kreditkarten. Also mehr Risiken.

Andererseits sind die Verhältnisse sicherer. In den meisten südamerikanischen Staaten werden die Regierungen heute demokratisch gewählt, und es bestehen diplomatische Beziehungen zu Deutschland. Die Willkür von damals ist passé. Es ist kaum noch möglich, dort als Deutsche unschuldig und ohne Prozess ins Gefängnis zu kommen. Die Unfallrate im Verkehr ist um ein Vielfaches geringer. Die Straßen sind ausgebaut, die Busse modern, Flugzeuge werden (in der Regel) ordentlich gewartet, Führerscheine können nicht mehr gekauft werden, sondern über die Fahrtauglichkeit wird mithilfe eines Tests entschieden. Busfahrer müssen einen Führerschein nachweisen. Autos sind versichert und unterliegen in vielen Ländern einer technischen Prüfung. Dank WhatsApp und sozialer Netzwerke ist es ein Leichtes, seinen Aufenthaltsort mitzuteilen und mit den Angehörigen in Kontakt zu bleiben. Höchst unwahrscheinlich also, dass jemand einfach verschwindet.

Trotzdem gibt es keine Garantie auf Unversehrtheit, kein Recht auf Leben oder Glück, das einzufordern wäre. Das ist die Erkenntnis einer über Fünfzigjährigen. Und damit kommen wir zum letzten Punkt. Würde ich heute gefragt, ob ich es wieder machen würde, lautete die Antwort: »Ja, immer wieder.« Es gibt keinen besseren Moment als jetzt. Die Verhältnisse sind gemäßigt, das Reisen ist leichter. *On the road* zu sein, noch dazu mit über fünfzig, birgt eine Menge Vorteile. Zehn gute Gründe, als Frau über fünfzig allein durch die Welt zu reisen:

1. Zu Hause bin ich als Frau längst unsichtbar, in Südamerika hingegen bekomme ich nette Komplimente und werde *guapa*, *linda* und *corazón* genannt.
2. Pöbelhafte Anmachen wie Hinterherpfeifen oder obszöne Sprüche entfallen. Männer sind freundlich, rasten allerdings nicht mehr aus, wenn sie mich sehen.
3. Ich brauche weder einen Föhn noch ein Schminkköfferchen. Ich bin auch so schön.
4. Ältere Menschen werden in Südamerika sehr geschätzt. Ein respektvoller Umgang ist mir demnach sicher.
5. Ich muss mir nichts mehr beweisen. Wenn mir etwas zu viel wird, ziehe ich die Notbremse.
6. Ich kenne meine Bedürfnisse und meine Grenzen. Ich weiß, was ich brauche, damit es mir gut geht. Wenn ich es mal nicht weiß, frage ich meine beste Freundin über WhatsApp.
7. Dank meiner Auslandsversicherung bin ich besser abgesichert als zu Hause über die heimische Krankenkasse. Ziept es unterwegs, gehe ich in eine Privatklinik. Die Ärzte sind zum Teil besser ausgebildet als bei uns und nehmen sich Zeit für ihre Patienten.

8. Ich treffe Reisende jedes Alters und unterschiedlicher Herkunft. Ich erweitere meinen Horizont. Junge Reisende sind viel toleranter, als wir es damals waren. Sie akzeptieren uns wie selbstverständlich in ihrer Community.

9. Ich erweitere meine Komfortzone und werde mit jedem bestandenen Abenteuer selbstsicherer.

10. Ich lerne viel Neues. Mein Gehirn dankt es mir mit frischen Zellen und neuen Verbindungen. Da, wo es altersbedingte Schwächen aufzeigt, lernt es zu kompensieren.

Und wenn ich zurückkomme, freue ich mich auf zu Hause und habe tausend neue Ideen für die Zukunft im Gepäck. Also allein als Ü50-Frau durch Südamerika? Wenn nicht jetzt, wann dann?

»Und was ist mit den Ü50-Männern?«, werden Sie jetzt vielleicht fragen. Nicht jeder ist kraft seines männlichen Geschlechts ein Superheld. Und selbst Superhelden mögen sich aufgrund unterschiedlicher Bedenken scheuen, allein durch die Welt zu reisen. Hier sind zehn Gründe, warum auch die männlichen Exemplare es ausprobieren sollten:

1. Ihre Frau kauft Outdoorequipment immer im Doppelpack, und Sie sind es müde, als doppeltes Lottchen die Welt zu bereisen.

2. Sie haben keine Lust, immer zwei Rucksäcke die Treppe hinaufzuschleppen.

3. Sie tragen viel Verantwortung im Job und zu Hause und möchten sich mal frei und leicht wie eine Feder fühlen.

4. Sie genießen den Anblick einer schönen Landschaft gerne, ohne ihn kommentieren zu müssen.

5. Sie haben es satt, immer der Macher zu sein, und möchten sich mal treiben lassen, sich anderen Menschen anschließen.

6. Sie müssen sich nichts mehr beweisen, aber möchten gerne die eine oder andere Herausforderung annehmen.

7. Sie haben immer davon geträumt, einmal der Held aus der Marlboro-Werbung zu sein, und durchqueren Uruguay auf dem Rücken eines Pferdes. Abends verdrücken Sie am offenen Feuer so viele Lammkottelets, wie Sie wollen, und zwar mit knuspriger Fettkruste. Denn niemand erinnert Sie an Ihren Cholesterinspiegel.
8. Sie lassen sich einen Bart wachsen. Niemand wird Ihnen mit einem befeuchteten Serviettenzipfel die Essensreste wegtupfen.
9. Sie schnarchen, was das Zeug hält, und niemanden kümmert es.
10. Lassen Sie mal getrost den Macho raushängen. Betrachten Sie es als Integrationsmaßnahme.

Und wenn Sie nach Hause kommen, freuen Sie sich auf Ihre Partnerin, oder wenn Sie Single sind, erobern Sie mit neuen Abenteuergeschichten die Herzen Ihrer weiblichen Bekanntschaften im Sturm.

In Südamerika wird Spanisch gesprochen. Dennoch sind Redewendungen oder Ausdrücke in den einzelnen Ländern oft sehr verschieden. Ein Beispiel: In Costa Rica heißt »das Kind« *guila*, in Nicaragua *chigüin*, in Honduras *cipote*, in El Salvador *bicho*, in Panama *pelado*, in Guatemala *patojo*, in Bolivien *wawa* oder *pelado*, in Chile *guagua*. Aber Achtung: In Kuba heißt *guagua* Autobus!

Top 5 Aymara

Aski urupanaya tata/mama!	Guten Tag!
Kamisaki?	Wie geht es dir?
Manqañ muntati?	Möchtest du etwas essen?
	(Wenn man etwas anbietet)
Akhullt'asiñäni!	Lass uns Coca kauen!
	(Wenn man den anderen zur Coca einlädt)
Pachamamatakiw	für Pachamama
	(ein paar Tropfen des ersten Glases gehen immer an Mutter Erde)

Top 5 Bolivien

curar el ch'aki	den Kater kurieren
	(nach einer durchzechten Nacht)
Estoy muy lagarto.	Ich bin träge/faul/will abhängen.

Te seguiré amando hasta que	Ich werde dich lieben, bis
florezca el chuño.	die getrocknete Kartoffel blüht.
Cuánto vale estito?	Was kostet das?
Ahorita vengo.	Ich komme gleich.

Das in Bolivien gesprochene Spanisch wird stark von den nativen Sprachen beeinflusst (davon gibt es über dreißig), im Hochland besonders von Aymara und Quechua.

Top 5 Costa Rica

Estoy de goma.	Ich habe einen Kater.
Estoy limpio.	Ich bin pleite.
Que lindas guilas!	Was für schöne Mädels!
Estoy de cabanga.	Ich bin traurig, weil ich verlassen wurde.
Pura vida!	Alles klar! / Kein Problem! / Gern geschehen!

Top 5 Uruguay

Guri, quieres mate?	Junge (junger Mann), willst du Mate?
gurisa	Mädchen, junge Frau
ensillar el mate	ein wenig frische Matekräuter hinzufügen
Estoy al pedo.	Ich hänge gerade rum.
Me alegro pila!	Das freut mich!

Dank

an meinen Sohn Nino Müller fürs Mutmachen; meine Eltern,
dass sie mich ziehen ließen; Bettina Feldweg und Margret Kirsch
für die Zusammenarbeit am Buch; Roland Rast, Elke Renning,
Hajo Müller und Ingrid Blessing für das Coverfoto; Anja Theiss-
mann, Michael Küster, Johannes Metzler und Silvia Cámpora für
die Fachberatung; Johannes Klaus für die Eintrittskarte; Manuel
Estevez und Sandra Morrel für Unterschlupf; Jaime Acosta, Laura
Riera, Alejandro Molina in Uruguay; Xavier Gutierrez, Michael
Schloenvoigt in Costa Rica; Sidney Torres, Freddy Calle, Tatiana
Fernandez, Darius Morgan in Bolivien.

Und an meine Weggefährten von damals: Christian Dessertaine,
Roger Fraenkel, Mario Berndt, Fri Berndt, Lucio Melendres-
Tambo, Eusebia Tambo, Nancy Melendres, Teresa Valiente und an
alle anderen, die mich auf meinem Weg ein Stück begleitet haben.